T0287695

Sudhir Kakar
y Katharina Kakar

LA INDIA

Retrato de una sociedad

Traducción del inglés de Patricia Palomar Recio

editorial Kairós

Este libro ha recibido una ayuda a la investigación del programa de becas integradas Ruy Clavijo 2012, concedida anualmente por Casa Asia.

CASA ASIA

Título original: THE INDIANS. *Portrait of a People*
by Sudhir Kakar & Katharina Kakar

© Sudhir Kakar and Katharina Kakar 2007
© de la edición en castellano:
2012 by Editorial Kairós, S. A.
Numancia 117-121, 08029 Barcelona, España
www.editorialkairos.com

© de la traducción del inglés: Patricia Palomar Recio
Diseño de cubierta: Katrien van Steen
Primera edición: Diciembre 2012

ISBN: 978-84-9988-193-5
Depósito legal: B 30.371/2012

Fotocomposición: Grafime. Mallorca 1. 08014 Barcelona
Tipografía: Times, cuerpo 11, interlineado 12,8
Impresión y encuadernación: Romanyà-Valls. Verdaguer, 1. 08786 Capellades

SUMARIO

INTRODUCCIÓN

Nuestro libro versa sobre la identidad india, la "indianidad", esa parte cultural de la mente que conforma las actividades y preocupaciones de la vida diaria de un gran número de indios sirviéndoles de guía en el viaje de la vida. La actitud hacia superiores y subordinados, la elección de la comida para gozar de salud y vitalidad, la red de deberes y obligaciones en la vida familiar, esferas en las que influye la parte cultural de la mente tanto o más que en las ideas sobre la relación adecuada entre los dos sexos, o sobre la relación ideal con dios. Por supuesto, los elementos culturales propios de la familia, la casta, la clase o el grupo étnico pueden modificar y revestir la herencia que la civilización pueda dejar en una persona india. Con todo y con ello, se mantiene una sensación subyacente de indianidad, incluso en la tercera o cuarta generación en la diáspora india en todo el mundo –y no solo cuando se reúnen para la celebración de *Diwali** o para ver una película de Bollywood–.

La identidad no es un rol, o sucesión de roles, con lo que a menudo se la confunde. No es una prenda que uno pueda ponerse o quitarse según qué tiempo haga; no es "fluida", pero sí está marcada por un sentimiento de continuidad y unifor-

---

* *Diwali* es una festividad hindú, sikh y jainista que se celebra entre mediados de octubre y diciembre. La celebración hindú consiste en encender lámparas de aceite (hoy en día, también luces y fuegos artificiales) para celebrar el triunfo del bien sobre el mal. (*N. de la T.*)

midad independientemente de dónde se encuentre la persona a lo largo de su vida. La identidad de un ser humano –de la cual la cultura en la que ha crecido es una parte esencial– es lo que le hace reconocerse a sí mismo y *ser reconocido* por las personas que constituyen su mundo. No es algo que el ser humano haya escogido, sino algo que se ha apoderado de él. Es algo que puede doler, que uno puede maldecir o lamentar, pero de lo que uno no puede desprenderse, aunque pueda ocultarlo a los otros o, tristemente, a sí mismo.

La parte cultural de nuestra identidad personal, según apunta la neurociencia moderna, está conectada a nuestro cerebro. La cultura en la que crece un niño es como el *software* del cerebro, que en gran medida ya está instalado al llegar a la adolescencia. Esto no quiere decir que el cerebro, órgano social y cultural tanto o más que biológico, no siga cambiando a lo largo de la vida por las interacciones con el entorno. Como el agua del río en el que uno no puede bañarse dos veces, no se utiliza el mismo cerebro dos veces. Incluso si nuestro bagaje genético determinara el 50 % de nuestra psique y las experiencias de la niñez otro 30 %, todavía quedaría un 20 % que se modifica a lo largo de la vida. Aun así, tal y como señala el neurólogo y filósofo Gerhard Roth: «Independientemente del bagaje genético, un bebé que crezca en África, Europa o Japón se convertirá en un africano, un europeo o un japonés. Y cuando uno ha crecido en una cultura determinada y tiene, digamos, 20 años, nunca podrá tener una comprensión completa de otras culturas puesto que el cerebro ya ha pasado por el estrecho cuello de botella de la "culturalización"».[1] En otras palabras, es muy poco probable que en la edad adulta se tengan identidades "fluidas" y cambiantes y, lo que es más, pocas veces afectan a las capas más profundas de la psique. Por tanto, en cierto modo, somos españoles o coreanos –o indios– mucho antes de elegir o identificar esto como parte esencial de nuestra identidad.

Somos muy conscientes de que a primera vista puede parecer inverosímil el concepto de una indianidad particular. ¿Cómo se puede generalizar sobre un país de 1 000 millones de personas –hindúes, musulmanes, sikhs, cristianos, jainistas– que hablan 14 lenguas principales y con profundas diferencias regionales? ¿Cómo podría darse por supuesto que existe un elemento común entre personas divididas no solo por clases sociales, sino también por el sistema de castas tan característico de la India, y con una diversidad étnica más bien propia de imperios del pasado que de los Estados-nación de hoy en día? Aun así, desde tiempos inmemoriales los viajeros europeos, chinos y árabes han identificado rasgos comunes entre los pueblos indios. Han sido testigos de una unidad subyacente a una aparente diversidad, una unidad a menudo ignorada o pasada por alto en estos tiempos en que nuestros modernos ojos están más acostumbrados a identificar la divergencia que la semejanza. De ahí que en el 300 a. de C., Megástenes, embajador griego ante la corte de Chandragupta Maurya, comentara lo que hoy se denominaría la preocupación india por la espiritualidad:

> «Entre ellos la muerte es tema de conversación muy frecuente. Consideran esta vida, por así decirlo, como el tiempo en el que el niño dentro del útero llega a la madurez, y la muerte como el nacimiento a una vida real y feliz para los devotos de la filosofía. Debido a esto soportan mucha disciplina como preparación para la muerte. Consideran que nada de lo que sucede a los hombres es bueno ni malo, y que suponer otra cosa es una ilusión o un sueño, pues de otro modo, ¿cómo puede ser que algunos sientan dolor y otros placer por las mismas cosas, y cómo pueden las mis-

mas cosas afectar a los mismos individuos en diferentes momentos con esas emociones opuestas?».[2]

Más recientemente, el primer ministro de la India, Jawaharlal
Nehru, escribía en su libro *El descubrimiento de la India* lo
siguiente:

> «La unidad de la India ya no era para mí una mera concep-
> ción intelectual: era una experiencia emocional que me sub-
> yugaba. […] Era absurdo, desde luego, pensar en la India o
> en cualquier país como una especie de entidad antropomór-
> fica. No lo hice. […] Sin embargo, creo que un país con un
> pasado cultural largo y una visión de la vida común desarro-
> lla un espíritu que le es peculiar y que imprime a todos sus
> hijos, por mucho que puedan diferir entre ellos…».[3]

Este "espíritu de la India" no es algo etéreo, presente tan solo
en la enrarecida atmósfera de la religión, la estética y la filosofía, sino que aparece reflejado, por ejemplo, en fábulas
de animales del *Panchatantra* o en cuentos del *Mahabharata*
y el *Ramayana* que en todo el país los adultos cuentan a los
niños. Brilla con todo su esplendor en las distintas manifestaciones musicales indias pero también se percibe en temas
más mundanos de la higiene personal como el limpiarse el
orificio rectal con agua y los dedos de la mano izquierda, o
en objetos tan insignificantes como un raspador de lengua,
una tira doblada de cobre (o plata en el caso de los más pu-
dientes) que se emplea para quitar la película blanca que re-
cubre la lengua.

La indianidad, por tanto, tiene que ver con las similitudes que se dan en una extensa civilización índica predominantemente hindú que ha contribuido con la mejor parte
a lo que podríamos llamar el "patrimonio genético cultu-

ral" de los pueblos de la India. En otras palabras, los patrones de la cultura hindú –que son el objeto de estudio de este
libro– han desempeñado un importante papel en la construcción de la indianidad, aunque no iríamos tan lejos como
el severo crítico de la filosofía hindú, el escritor Nirad C.
Chaudhuri, quien sostenía que la historia de la India de los
últimos 1 000 años se había conformado por el carácter hindú y consideraba con «la misma certeza que así seguiría
siendo, dando forma a todo lo que se ponga en marcha para
y en el país».[4]

En este libro solo podremos mencionar algunos de los
pilares clave que conforman la indianidad: unos ideales de
la familia y de otras relaciones cruciales que derivan de la
institución de la familia extensa, una visión de las relaciones
sociales que recibe gran influencia de la institución de la casta, una imagen del cuerpo humano y de los procesos corporales basada en el sistema médico del ayurveda, y un imaginario cultural repleto de mitos y leyendas, principalmente de
las epopeyas del *Ramayana* y el *Mahabharata*, que proyectan una visión "romántica" de la vida humana y una forma de
pensar relativista y dependiente del contexto.

No pretendemos dar a entender que la identidad india
es una constante fija, inalterable a lo largo de la historia.
La antigua civilización de la India ha estado en constante
ebullición durante el proceso de asimilación, transformación, reafirmación y recreación posterior a los encuentros
con otras civilizaciones y fuerzas culturales, como los que
se produjeron con la llegada del islam en la época medieval
y el colonialismo europeo más recientemente. No hay prácticamente ningún aspecto de la civilización índica que haya
quedado inalterado tras estos encuentros, ya sea música clásica, arquitectura, cocina india "tradicional" o las bandas
sonoras de Bollywood. La civilización índica, más que ab-

sorber las fuerzas culturales extranjeras, las ha traducido a su propio idioma, sin pensar o incluso sintiéndose orgullosa de lo que se pierde en la traducción. El zarandeo contemporáneo al que le somete la globalización que gira en torno a Occidente es tan solo uno de los últimos coletazos de varios encuentros culturales estimulantes, que se podrían denominar "choques" si se consideran solo en un estrecho marco cronológico y desde una perspectiva limitada. La antigua civilización india, separada de y al mismo tiempo vinculada al hinduismo como religión, es, por tanto, el patrimonio común de todos los indios, independientemente del credo que profesen.

Así pues, los indios comparten un sentimiento de familia en el sentido de que hay una marca característica india en ciertas experiencias universales que se tratarán en este libro: crecer siendo hombre o mujer, el sexo y el matrimonio, el comportamiento en el trabajo, el estatus y la discriminación, la salud y la enfermedad del cuerpo, la vida religiosa y, por último, el conflicto étnico. En un panorama políticamente controvertido, donde diversos grupos reclaman el reconocimiento de sus divergencias, se echa en falta la consciencia de una indianidad común, el sentimiento de "unidad en la diversidad". Del mismo modo que el escritor argentino Jorge Luis Borges señala la ausencia de camellos en el Corán porque estos no eran lo suficientemente exóticos entre los árabes como para atraer su atención, para la mayoría de los indios el camello de la indianidad es invisible o lo dan por supuesto. El sentimiento de familia sale a la superficie solo en contraposición con los perfiles de los pueblos de otras grandes civilizaciones o grupos culturales. Un hombre que es un amritsari en el Punjab, por ejemplo, es un punjabi para el resto de la India, pero es un indio en Europa; en este último caso, el "círculo externo" de su identidad –su indianidad– se convierte en un elemento clave para definirse a sí mismo y ser reconocido por los demás.[5] Por ello, a pesar de las continuas críticas académicas hay personas (incluidos académicos cogidos en un renuncio) que siguen utilizando la referencia de "los indios" –al igual que la de "los chinos", "los europeos" o "los americanos"– como un atajo necesario y legítimo a una realidad más compleja.

Nuestro objetivo en este libro es presentar un retrato heterogéneo en el que los indios se reconozcan a sí mismos y sean reconocidos por los demás. Este reconocimiento no puede ser uniforme, ni siquiera si nuestra intención es identificar los puntos en común que subyacen a lo que el antropólogo Robin Fox denomina el "hechizo" de las diferencias superficiales. Sospechamos que los hindúes de clase alta y media verán un retrato con muchos rasgos con los que se sentirán familiarizados. Otros más al margen de la sociedad hindú (como los *dalits* y los tribales, o los cristianos y los musulmanes) tan solo vislumbrarán efímeras similitudes.

Ni siquiera en el caso de los hindúes, que suponen más del 80 % de la población india, este retrato es una fotografía, pero tampoco es una representación cubista al estilo de Picasso donde prácticamente no se podría reconocer al sujeto. Nuestros esfuerzos van en la línea de los estudios psicológicos de pintores expresionistas tales como Max Beckman y Oskar Kokoschka o, más próximos a nuestra época, los retratos de Lucien Freud que se sirven del realismo para explorar la profundidad psicológica.

Asimismo, somos conscientes de que lo que pretendemos con este libro es ofrecer una "visión amplia" pasada de moda, y una "gran narrativa" ante las que muchos que profesan el credo postmodernista pueden reaccionar con hostilidad. Es igualmente cierto que hay algo de especulación en este ejercicio de decidirse por determinados patrones de la indianidad. Aun así, sin la "visión amplia" –con sus defectos e inexactitudes– las visiones más pequeñas, locales, aunque más precisas, serían miopes, una mezcla de difícil comprensión de árboles que no dejarían ver el bosque.

EL HOMBRE JERÁRQUICO

El famoso periodista indio Sunanda K. Datta-Ray, en un artículo titulado «Where rank alone matters», señala que la satisfacción de 300 millones de consumidores de clase media, los "nuevos brahmanes", no radica en el hecho de que sean consumidores en un mercado global, sino en ser "alguien" en una sociedad profundamente jerárquica.[1] Nunca encontraremos a jueces jubilados, exembajadores y otros funcionarios del Estado indio que ya no prestan servicio sin una tarjeta de visita que muestre de forma destacada quiénes fueron en su día. La India no es un país para el anonimato, concluye. Hay que ser "alguien" para sobrevivir con dignidad, puesto que el estatus es lo único que puede reemplazar al dinero. Podría haber añadido que la India es con diferencia la principal fuente de aspirantes para el *Libro Guinness de los récords*. La capacidad de inventiva india para encontrar nuevos campos en los que establecer récords (y no nos referimos a los archiconocidos por tener las uñas o el bigote más largos) es llamativa, divertida y en cierto modo enternecedora. Las editoriales británicas y norteamericanas de diccionarios biográficos y recopilatorios de «quién es quién» –una lucrativa rama de autobombo– han descubierto, con gran astucia comercial, que la India representa el mayor mercado de personas que quieren aparecer en este tipo de publicaciones para después exhibirlas en el salón de casa.

La necesidad de llamar la atención, de sobresalir en una masa anónima, por supuesto que no se puede atribuir en ex-

clusiva a los indios, sino que forma parte del legado narcisista de todos los seres humanos. Lo que hace que este fenómeno esté curiosamente omnipresente –y sea patético– en la
India es que la autoestima viene determinada casi exclusivamente por el estatus que la persona (ya sea de forma individual o como parte de una familia) tiene en el seno tan jerárquico de la sociedad india. Si bien la percepción del otro se
rige en primer lugar por el sexo de la persona («¿Es hombre
o mujer?»), seguido de la edad («¿Es joven o vieja?») y de
otras señas de identidad, en la India la determinación del estatus relativo («¿Es esta persona superior o inferior a mí?»)
es de las primeras preguntas subconscientes que surgen en
un encuentro interpersonal. Es posible que los indios sean el
pueblo menos democrático del mundo a pesar de vivir en la
mayor democracia del mundo y la más plural.

Este principio jerárquico tan profundamente interiorizado, la lente a través de la que hombres y mujeres en la India
conciben su mundo social, se origina en los primeros años
de la vida de un niño en la familia. De hecho, es vital entender la dinámica psicológica de la vida familiar para comprender el comportamiento indio no solo hacia la autoridad,
sino también en otras muchas situaciones sociales.

LA RED DE LA VIDA FAMILIAR

La familia india es grande y ruidosa: padres e hijos, tíos y en
ocasiones primos, presididos por abuelos benevolentes, conviven bajo un mismo techo, en el que se dan conspiraciones
y relaciones secretas, amor intenso y arrebatos de celos. Los
miembros de la familia a menudo se pelean pero siguen siendo, en la mayoría de los casos, muy leales los unos a los otros
y siempre se muestran como un frente único de cara al exte-

rior. Así es la familia india, con un sentido de la vida tan poderoso que la separación de sus miembros del núcleo familiar les provoca un permanente sentimiento de estar en el exilio. Esta es la familia "extensa" de las películas de Bollywood que, según los sociólogos, nunca ha sido la norma universal. Tampoco es cierto que la amplia familia extensa se dé con más frecuencia en los pueblos que en las ciudades; los estudios muestran que es más común en las zonas urbanas y entre las castas altas terratenientes que entre las castas más bajas de la India rural. Las razones económicas, especialmente el elevado coste de vida en las zonas urbanas, suponen sin duda alguna uno de los motivos por los que este modelo de familia sobrevive. Esa nostalgia de hoy en día ante el supuesto agostamiento de la familia india por el ritmo acelerado de la modernización podría estar fuera de lugar, ya que es posible que la prevalencia de las familias extensas esté aumentando en lugar de disminuyendo.[2] Es importante señalar que, independientemente de los cambios demográficos y del deseo de muchas parejas modernas de clase media de escapar de las tensiones de la gran familia y vivir por su cuenta, la familia extensa sigue siendo la forma de organización familiar preferida por los indios y presenta una "realidad psíquica" que nada tiene que ver con su incidencia real.[3]

¿En qué consiste esta familia "extensa" que tiene tanto peso en el fuero interno de un indio, incluso en lugares y estratos sociales donde ya no es la forma de organización familiar predominante?[4] La familia extensa ideal es aquella en la que los hermanos siguen juntos después de haberse casado y traen a sus esposas a casa de los padres. Se rige por ideales de lealtad fraternal y obediencia filial, que establecen que hay que vivir bajo un mismo techo y compartir actividades económicas, sociales y rituales. Además de este núcleo principal, puede haber otras personas que residan de forma permanente o temporal en el hogar: hermanas o tías viudas o abandonadas por sus maridos, o familiares lejanos, llamados de forma eufemística "tíos", que no tienen otra familia a la que recurrir. En la práctica, por supuesto, puede que los hermanos y sus familias no compartan la misma cocina, o que vivan en casas adosadas en lugar de en una sola vivienda, o es posible que algún hermano haya emigrado a la ciudad en busca de oportunidades económicas. Incluso en el caso de muchas familias que parecen "nucleares", en el sentido de que están compuestas por padres e hijos no casados, persiste una "cohesión" social y psicológica. Cuando un hermano se muda a la ciudad, por ejemplo, su mujer e hijos suelen quedarse viviendo con la familia en el pueblo mientras él envía dinero para contribuir a los ingresos familiares, o bien, si se lleva a la familia con él, vuelven a "casa" tanto como pueden. Incluso en las clases altas y medias-altas, la realidad psíquica de la familia extensa les hace dar por supuesto que pueden ir de visita e instalarse durante semanas, si no meses, con los hijos adultos ya casados que están trabajando en partes lejanas del país o incluso fuera de la India.

Lo que queremos destacar aquí es que la mayoría de los indios pasan la etapa formativa de su vida en escenarios familiares más similares al de la familia extensa que al de la nuclear. No obstante, los hijos ya mayores que supuestamente viven solos o en una familia nuclear visitan con frecuencia y durante largos periodos de tiempo a los miembros de la familia extensa. Las personas no solo se reúnen con su familia para celebrar festividades, sino que también prefieren estar en compañía de sus familiares cuando van de vacaciones o de peregrinaje religioso. Los ideales de solidaridad fraternal y devoción filial son tan fuertes que se hacen esfuerzos continuamente para mantener esa "cohesión" tan característica, al menos en el sentido social de la palabra. Cualquiera que se haya visto alguna vez atrapado en un atasco en una ciudad india un domingo por la mañana solo tiene que recordar que muchos de los hombres, mujeres y niños que están vestidos con sus mejores galas, sentados de mala manera en motos o enlatados en autobuses o pequeños coches *Maruti*, van de camino a visitar a familiares que viven en la otra punta de la ciudad.

Los datos demográficos de la población infantil reflejan en cierto modo los patrones matrimoniales indios. Si exceptuamos a las clases medias y altas de las zonas urbanas, donde han empezado a casarse a edades más tardías, la mayoría de las parejas se casan en la adolescencia, en un momento en el que no disponen de los recursos económicos o psicológicos para formar una familia en un hogar independiente. La separación de la familia extensa, si es que se produce, llega después, en plena niñez de los hijos. Por tanto, no es de extrañar que tíos, primos y, cómo no, abuelos estén muy presentes en los recuerdos de la infancia de la mayoría de los indios. Estas figuras tienen un mayor peso en el mundo interior de los indios que en el de los europeos y norteamericanos, que crecen en familias nucleares en las que son el padre y la madre (y quizá también los hermanos) los que siguen de cerca su vida emocional.

Más que ningún otro factor, como pudiera ser el reciente aumento en la tasa de crecimiento económico, la mejora del estatus de las capas más oprimidas de la sociedad e incluso la fuerza de la creencia religiosa, lo que mantiene unida a la sociedad india es la familia, y el papel que desempeñan las obligaciones familiares en la vida de un indio. Sin duda, la otra cara de la moneda –porque las monedas tienen siempre dos caras– es que centrarse tanto en la familia como única fuente de satisfacción de las necesidades de la persona refleja una persistente falta de fe en prácticamente cualquier otra institución social. Como consecuencia, se observa una tendencia extrema a las divisiones y una falta de compromiso con nadie o nada que esté fuera de los límites de la familia más cercana.

En un país sin amplios programas gubernamentales de seguridad social, subsidios por desempleo o sistemas de pensiones, la familia ha de proporcionar ayuda temporal cuando un hombre pierde su trabajo, una joven madre está enferma o las inundaciones por el monzón arrasan la cosecha. Para la mayoría de los indios, con excepción de la creciente clase media y la reducida élite de clase alta, la familia es el único seguro de vida con el que cuentan. Por tanto, como es lógico, en el imaginario de la mayoría de los indios el valor y, de hecho, la identidad de una persona son indisociables de la reputación de su familia. Cómo vive una persona y lo que hace no se suele ver como el resultado del esfuerzo o las aspiraciones de esa persona exclusivamente, sino que se interpreta en función de las circunstancias de su familia e incluyendo en la ecuación el espectro más amplio de la sociedad. El éxito o fracaso individual solo cobra sentido en el contexto de la familia. «¿Cómo puede comportarse así el hijo de la familia X?» es tanto una expresión de desprecio como lo es de aprobación el decir «¿Cómo no va a triunfar? Después de todo, ¡es hijo de la familia Y!».

Desde un punto de vista psicológico, la persona conforma gran parte de su autoestima a partir de los mitos que le confieren a su familia una especie de distinción o prominencia en el pasado o exageran su importancia en el presente. Los vínculos más estrechos –a veces incluso los de amistad– se forjarán dentro de la familia y no fuera. Como dice un proverbio hindú, «vale más un grano de mostaza de parentesco que un carro entero de amistad». Estas relaciones especiales que se forjan en la familia extensa son una gran fuente de apoyo, necesaria para avanzar en la vida y para la afirmación constante de la identidad de una persona.

No obstante, las interacciones y obligaciones familiares no se han mantenido inalteradas. Los escritos nacionalistas hindúes y algunas revistas para mujeres están plagados de textos alarmistas sobre el ataque a la familia india por parte de las fuerzas de la modernización occidental. Muchos de estos cambios en parte tienen que ver con el aumento del individualismo y el papel de las mujeres en las zonas urbanas, tema que retomaremos más adelante. También las obligaciones familiares están en proceso de cambio: hace 30 años se daba por supuesto que cualquier hombre cuidaría de su primo o sobrino si este iba a su casa y se quedaba varios años para poder ir al colegio, puesto que en su ciudad o pueblo no había escuela. Hoy en día, en cambio, la mayoría de las familias de clase media se lo pensaría dos veces antes de tomarse tantas molestias. Sin embargo, si bien las obligaciones familiares se han reducido, no han desaparecido por completo. Es posible que los indios ya no sientan esa obligación de cuidar de sus tías lejanas, pero no dudan en ocuparse de las necesidades emocionales, sociales y financieras de los padres cuando alcanzan la madurez. En términos generales, la familia india sigue siendo muy particular (y particularmente conservadora) en lo que respecta al matrimonio, la condición de padres y la red de responsabilidades y obligaciones mutuas en las relaciones de parentesco más amplias.[5]

La inquebrantable solidaridad entre hermanos, como uno de los principales ideales de la vida familiar, puede conducir a situaciones que podrían resultar extrañas para la "sensibilidad moderna", que considera la pareja marido-mujer como el punto de apoyo de la vida familiar. Por ejemplo, un hombre tolerará a menudo las relaciones adúlteras de su esposa con su hermano —en las clases altas, principalmente por un desconocimiento fingido; las capas más pobres de la sociedad prescinden de esta pudorosa hoja de parra–. De ahí que se produjera la siguiente situación cuando un cocinero del estado montañoso de Uttarakhand en una ocasión le pidió a su jefe vacaciones para ir a su pueblo porque su esposa acababa de dar a luz a un niño:

–¿Cómo puede tu esposa dar a luz a un niño cuando no has estado en tu pueblo durante este último año? –preguntó el jefe.

–¿Y eso qué importancia tiene? –respondió el hombre–. Mi hermano sí…

Puede que este sea un ejemplo llevado al extremo, pero solo porque se menciona explícitamente; la situación en sí misma es más común de lo que se piensa. Durante un tiempo, en la historia social de la India, la importancia erótica del hermano menor del marido –en el sentido de que tuviera o pudiera tener relaciones sexuales con la viuda de su hermano mayor– se reconoció oficialmente en la costumbre de *niyoga*. Esta costumbre se remonta miles de años hasta el *Rig-veda*, en el que se describe cómo un hombre, identificado como el cuñado por los comentaristas del texto, le tiende la mano prometiéndole matrimonio a una viuda dispuesta a compartir la pira funeraria con su marido.

Aunque la costumbre fue cayendo en desuso, especialmente a raíz de la prohibición de que una viuda volviera a casarse (aunque se sigue dando en algunas comunidades), se mantiene muy vivo el núcleo psicológico del *niyoga,* es decir, que tanto la mujer casada como su cuñado más joven son conscientes de que son o pueden ser pareja sexual. En las consultas de psicoterapia se observa que pocas mujeres de clase media se sienten culpables por tener relaciones de intimidad sexual con el cuñado. Su angustia se manifiesta más bien cuando este se va de casa o ante su inminente boda, pues la mujer percibe esta situación como el fin de su vida sensual y emocional.

LA AUTORIDAD EN LA CULTURA INDIA

El indio tiene tan interiorizada su posición familiar y social relativas que podría ser calificado, en palabras de Louis Dumont, como el verdadero *homo hierarchicus*.[6] La interiorización de la jerarquía se produce a la par que la adquisición del lenguaje. Hay seis sonidos infantiles básicos, un lenguaje universal empleado por los niños de todo el mundo con ligeras variaciones entre una sociedad y otra.[7] Estas "palabras" son una repetición de combinaciones del sonido vocálico 'a' precedido de distintas consonantes: 'dada', 'mama', 'baba', 'nana', 'papa' y 'tata'. Los niños repiten una y otra vez estos sonidos, u otros muy similares, como respuesta a su propio balbuceo y a la imitación modificada que hacen los padres de los sonidos de sus hijos. En la mayoría de los países occidentales, los padres reconocen y repiten tan solo unos pocos de estos sonidos repetitivos, por ejemplo, 'mama', 'dada' o 'papa', reforzándolos de este modo en el niño. En la India, por el contrario, prácticamente todos estos sonidos tan parecidos se repiten y refuerzan, puesto que cada uno es el nombre de varios familiares mayores que el niño ha de aprender a identificar según la posición que él o ella ocupa en la jerarquía de la familia. Así, por ejemplo, en punjabi *ma* es madre, *mama* es el hermano de la madre, *dada* es el padre del padre, *nana* es el padre de la madre, *chacha* es el hermano menor del padre, *taya* es el hermano mayor del padre, *masi* es la hermana de la madre, y así sucesivamente.

Esta transformación del lenguaje infantil básico en nombres para las relaciones de parentesco de la familia extensa es característica de todas las lenguas indias. No solo simboliza las múltiples relaciones del niño con una variedad de posibles figuras protectoras en la generación más mayor, sino que enfatiza asimismo la importancia del conocimiento que el niño tiene de la jerarquía de la organización familiar. Los indios deben aprender a adaptarse, desde una edad muy temprana, a las personalidades y estados de ánimo de muchas figuras de autoridad, aparte de sus padres. No queremos entrar a juzgar si esa capacidad tan desarrollada de un indio de poder prácticamente prever los deseos de un superior y amoldar su comportamiento a estos ha de calificarse de "flexibilidad" o de "falta de afirmación de sí mismo". La cuestión está en que esas vivencias tempranas en la familia extensa y el hecho de que el niño sepa a una edad tan precoz cuándo retirarse, cuándo convencer con zalamerías y cuándo ser testarudo para conseguir lo que quiere hacen del indio un excelente negociador en las futuras relaciones de negocios de su vida profesional.

Independientemente del talento o de los logros personales, o de los cambios en las circunstancias de su vida o de las de los demás, la posición relativa de un indio en la jerarquía de la familia, sus obligaciones para con quienes están "por encima" de él y sus expectativas de los que están "por debajo" son inalterables y de por vida. Ya en la niñez empieza a aprender que debe preocuparse por el bienestar de sus subordinados en la jerarquía familiar, para que no sufran por los juicios erróneos que ellos mismos o los demás puedan emitir, y que tiene derecho a que estos a su vez le obedezcan y respeten.

Por lo general, en las familias indias los jóvenes se ven colmados de atenciones y cuidados por parte de las generaciones más mayores, y se le otorga más valor a mantener la integridad familiar que a desarrollar las capacidades individuales. Por tanto, un indio joven no busca desmarcarse radicalmente de la generación de sus padres, ni se siente empujado a derrocar su autoridad para "vivir a su aire". Esto contrasta sobremanera con Occidente, donde no solo se espera que haya un "conflicto generacional", sino que este se considera necesario para la renovación de las instituciones sociales y, lo que es más, se asume (a nuestro parecer, de forma errónea) como una verdad psicológica universalmente válida. En la India, lo que ayuda al joven a hacer realidad sus sueños en la vida no es la ruptura total con los valores tradicionales, sino la maleabilidad de los mismos. Es revelador que, a pesar de la fascinación por el deporte y las estrellas de cine y la omnipresencia de estos famosos en la publicidad, la mayoría de los jóvenes indios encuentran sus principales modelos de comportamiento en la familia, siendo muy a menudo uno de los dos padres.

A pesar de los rápidos cambios sociales de las últimas décadas, el indio sigue siendo parte de una red ordenada jerárquicamente y, sobre todo, estable a lo largo de su vida. Este complejo patrón de comportamiento basado en las relaciones se manifiesta también en el ámbito laboral. Aunque a nivel intelectual el profesional o burócrata indio podría compartir la opinión de su homólogo occidental de que, por ejemplo, el criterio para ser nombrado o promocionado para un puesto de trabajo ha de ser objetivo, que ha de ser una decisión basada exclusivamente en los requisitos del puesto y los "méritos del caso", a nivel emocional se verá obligado a luchar contra la convicción cultural de que su relación con la persona en cuestión (si existe tal relación) es el único factor y el más importante en la decisión que esta tome. Para la gran mayoría de los compatriotas con una mentalidad tradicional (ya se trate de un comerciante que quebranta la ley para facilitar la transacción de negocios de un compañero de la misma casta, de un empresario que contrata como administrador a un candidato que, a pesar de no estar suficiente cualificado para el puesto, es un familiar lejano, o del funcionario en la oficina municipal que acepta sobornos para matricular a una sobrina huérfana), la falta de honestidad, el nepotismo y la corrupción no son más que conceptos abstractos. Estas construcciones negativas son irrelevantes para un indio, quien desde la niñez desarrolla un único estándar de comportamiento responsable propio de un adulto: las obligaciones de por vida de una persona para con sus familiares y amigos. Los sentimientos de culpa y ansiedad surgen solo cuando las acciones individuales entran en colisión con el principio de primacía de las relaciones, pero no cuando se incumplen los estándares éticos "foráneos" de honradez, equidad y justicia.

Aunque las relaciones familiares se estructuran de forma jerárquica, el modo de relacionarse se caracteriza por un comportamiento casi maternal por parte del superior, un respeto y docilidad filial por parte del subordinado y una sensación compartida de tener un vínculo muy personal. Encontramos este tipo de superior –rey, padre, gurú– en los libros de texto donde, en las historias que ilustran situaciones de autoridad, el líder ideal es un patriarca benevolente que cuida de los suyos de forma que estos prevén sus deseos o los aceptan sin cuestionarlos.[8] Consigue que su gente le obedezca atendiendo a sus necesidades, dándole recompensas emocionales de aprobación, alabanzas y afecto, o suscitando un sentimiento de culpa. Los intentos prepotentes de regular el comportamiento mediante amenazas o castigos, rechazo o humillación, provocan en el subordinado, más que una rebeldía manifiesta, enrevesados intentos de evitar a su superior.

Otro de los aspectos que se heredan desde la infancia respecto a las relaciones entre superior y subordinado o líder y seguidor es la idealización del primero. La necesidad de con-

ferirle *maana* a nuestros superiores y líderes para poder ser
nosotros mismos partícipes de este poder mágico es un intento inconsciente de recuperar la perfección narcisista de la infancia: «Eres perfecto y soy parte de ti». Está claro que esta es
una tendencia universal, pero en la India la veneración por los
superiores es un fenómeno psicológico muy extendido. A los
líderes en cada capa de la sociedad, pero especialmente los
patriarcas mayores de las familias extensas y de los grupos de
castas, se les otorga cierta importancia emocional, sin llegar a
valorar de forma realista su comportamiento y menos aún reconocer sus debilidades humanas. Por tanto, para los indios
el carisma adquiere una inusual relevancia y es un elemento
decisivo a la hora de ejercer un liderazgo efectivo en las instituciones.[9] En contraposición a lo que ocurre en Occidente,
los indios están más dispuestos a venerar que a admirar.

No es que los indios no muestren escepticismo ante las figuras de autoridad. De hecho, su cinismo hacia los líderes,
particularmente hacia los políticos, puede llegar a ser exage-
rado. Lo que ocurre es que, cuando un indio confiere autoridad a un líder, su credulidad puede más que su capacidad de
crítica. Otorgar autoridad es un acto involuntario en el caso
de la familia y del liderazgo de casta durante la niñez. Puede
que sea voluntario –hacia gurús varios, por ejemplo– en situaciones de angustia o crisis personal grave, razón por la
cual curanderos de todo tipo crecen como champiñones por
todo el país. La efectividad de estos curanderos no depende
tanto de sus regímenes de sanación, sino de las fuerzas vitales inconscientes que su carisma despierta en el paciente que
busca la sanación. ¿Encontramos estos patrones de vida familiar, especialmente los que tienen que ver con el orden jerárquico de las relaciones, en otras instituciones que no sean
el hogar, a saber, departamentos de universidad, despachos,
partidos políticos y oficinas de la Administración? Los datos

parecen indicar que sí. Las relaciones de autoridad en la familia india suponen un modelo para el funcionamiento de la mayoría de las organizaciones empresariales, educativas, políticas y científicas.

En primer lugar, se prefiere mayoritariamente a un líder que se imponga, autocrático incluso (que no autoritario), que sea estricto, exigente pero comprensivo y protector al mismo tiempo –muy similar al *karta*, el dirigente paternalista de la familia extensa–. El psicólogo organizacional Jai Sinha ha definido este tipo de líder como un líder "de función protectora", que se muestra estricto para que sus subordinados realicen las tareas e intenta dominar las actividades de estos.[10] Sin embargo, no es autoritario sino protector, en el sentido de ser un guía benevolente para sus subordinados y alguien que se implica personalmente en su bienestar y crecimiento.

A ello se ha de sumar, por otro lado, la tendencia de los subordinados a idealizar al líder y considerarlo como el receptor de todas las virtudes, una figura casi suprahumana merecedora de su fe y respeto. Incluso en los niveles más altos de las organizaciones empresariales modernas, para los altos directivos que han estado en contacto con las prácticas y las formas empresariales occidentales, la cultura india sigue teniendo mucho peso en su percepción del liderazgo de alto nivel. El presidente de una empresa moderna es objeto de idealización mucho más de lo que lo sería en Occidente.[11] Esto se considera un punto fuerte en las organizaciones indias y tiene muchas ventajas, tales como un mayor espíritu corporativo entre los altos directivos y un mayor grado de lealtad, satisfacción y compromiso hacia la organización por parte de todo el equipo directivo. También puede conducir a un comportamiento y ética profesionales superiores a lo que un líder en cualquier empresa europea o norteamericana podría esperar. No obstante, la idealización, ese gran constructo de la imaginación del ser humano que es capaz de concebir, como si fuera un hecho por todos conocido, una realidad más perfecta y valiosa que la existente, puede distorsionar la percepción del liderazgo. El líder indio, por tanto, no cuenta con la retroalimentación de las personas senior de su organización, lo que le ayudaría a desarrollar prácticas de liderazgo más efectivas.

La marcada jerarquía de las instituciones indias hace que sea complicado trabajar en equipo entre los distintos niveles de estatus y poder. Se tiende a trasladar la toma de decisiones a los niveles más elevados, y los altos mandos a menudo acaban interviniendo en los procesos organizativos. Con mayor incidencia que en la mayoría de las culturas occidentales, el legado de la familia y la niñez indias hace que la calidad del liderazgo sea clave para el éxito o el fracaso de una institución.

La dificultad de trabajar en equipo se agrava ante la escasa aceptación que tiene el criticar y aceptar críticas en la cultura india. El principio primordial que rige las acciones de los indios en las situaciones interpersonales es mantener la relación, por lo que les resulta muy difícil decir "no" ante peticiones que no pueden o no quieren hacer. Se ha de interpretar la negativa a hacerlo en función de las palabras con las que se formula («Ya veremos» o «Es difícil pero lo intentaré», etcétera), según el tono indeciso de voz y el lenguaje corporal comedido. En la India se debe aplicar el mismo tipo de juicio al pedir indicaciones en la calle. El hombre que, aunque no tenga ni la más remota idea, siga guiándole hasta su destino no solo está guardando la compostura, sino que además no quiere que haya ninguna vibración negativa en la fugaz relación que acaba de surgir.

La ausencia de un *modus operandi* democrático en las instituciones indias no se echa en falta siempre y cuando los que ocupan las posiciones de liderazgo desarrollen una estrecha relación personal con aquellos a los que dirigen. De hecho, los líderes que son eficientes en la India, tanto en el trabajo como en la arena política, ponen un gran énfasis en entablar y cultivar relaciones. Tal y como hemos visto anteriormente, esto es una constante en la vivencia de un indio desde sus primeros años, en los que aprende que la clave de cualquier relación –en la familia, en la casta, en el colegio o en el trabajo– radica en que ambas partes se impliquen y se preocupen por la relación. De lo que debería ser consciente (y de lo que debería preocuparse) no es de los objetivos del trabajo, que son ajenos a la relación, sino de la relación en sí misma, del desarrollo de una afinidad emocional.

Como ocurre en la familia extensa, donde se ha de evitar el favoritismo en aras de la armonía (por ejemplo, según los ideales de la familia extensa no se debería ver a un padre favoreciendo a su propio hijo frente a los hijos de sus hermanos), las personas en las organizaciones indias desarrollan habilidades casi paranoicas para detectar indicios de favoritismo por parte de un líder hacia determinados subordinados. El nepotismo no es algo que les importe mucho, siempre y cuando sean "ellos" quienes se van a beneficiar. La mayoría acepta que las personas con autoridad hagan distinciones entre "su gente" y los que no están en la misma posición privilegiada. Sienten empatía ante la incrédula reacción de un alto mandatario en relación a un periodista que cuestiona la designación de su propio hijo para ocupar un alto cargo en su partido: «¿A quién iba a nombrar, a "tu" hijo?». Si hay unos ideales que rigen la sociedad india y sus instituciones, estos son, sin duda, los de la familia.

Teniendo en cuenta lo mucho que un indio necesita estar cerca de su superior para ser considerado "su hombre", puede ser mortificante sentir que ha sido excluido del círculo mágico que disfruta de un trato de favor del superior. El resultado, en la mayoría de los casos, es mucha rabia contenida y un comportamiento agresivo pasivo hacia el superior. De ahí que los líderes eficientes en las instituciones indias estén constantemente en guardia para no mostrar gestos de favoritismo, pues podrían dañar la moral de la institución.

Mediante el proyecto de investigación GLOBE (*Global Leadership and Organizational Behaviour Effectiveness*),* en el que se hizo una encuesta a 17 000 mandos intermedios en diversos sectores en 62 países, se ha demostrado empíricamente que algunos de los valores antes mencionados que rigen la vida institucional y laboral india son más característicos de esta cultura que de ninguna otra cultura del mundo.[12] Para este proyecto se clasificaron 62 países en 10 grupos culturales: la Europa latina, la Europa germana, la Europa anglosajona, la Europa nórdica, Europa del Este, Latinoamérica, Asia confuciana, países anglosajones (fuera de Europa), África subsahariana, sur de Asia y Oriente Medio.

Si nos fijamos en el sur de Asia, en el que la India es con diferencia el país más grande, este grupo cultural destaca notoriamente en tres de las nueve dimensiones del estudio. El sur de Asia presenta la mayor "distancia de poder", es decir, el grado en el que las personas de esa cultura están separadas por poder, autoridad y prestigio.[13] En otras palabras, la diferencia de estatus entre el director ejecutivo y el oficinista (*raja* y *runk*) es máxima en el caso de la India (la mínima se da en la Europa nórdica, es decir, en Escandinavia). Independientemente de su nivel educativo, y más que en cualquier otra cultura en el mundo, un indio es un *homo hie-*

* Liderazgo global y eficacia del comportamiento organizacional. *(N. de la T)*

rarchicus. Este es el caso incluso si el directivo indio moderno –por lo general de clase media, con estudios universitarios– desearía que no fuera así y, tal y como veremos posteriormente, de forma consciente aspira a ver reducida la distancia de poder.

La segunda dimensión en la que destaca el sur de Asia si lo comparamos con el resto de regiones es la "orientación humana", es decir, hasta qué punto las personas son bondadosas, altruistas, generosas y amables. (El último puesto en esta ocasión lo ocupa la Europa germana. Estrechamente relacionada con el concepto de orientación humana, aunque como antónimo, está la asertividad, hasta qué punto las personas de una cultura son asertivas, polémicas y agresivas. En este caso, seguido inmediatamente después por Escandinavia, el sur de Asia es la cultura menos asertiva, y la Europa germana y Europa del Este son las más agresivas y polémicas.) La combinación de la orientación humana con una gran distancia de poder da como resultado el tipo de líder indio del que hablábamos anteriormente: que se imponga sin ser autocrático, quizá despótico a veces, pero por lo general benevolente.

El sur de Asia también obtiene la mayor puntuación en "colectivismo dentro del grupo", es decir, el grado en el que las personas sienten lealtad hacia grupos pequeños como la familia o el círculo de amigos (Escandinavia, seguida de la Europa germánica y Norteamérica, ocupa el último puesto). Ya se ha señalado que se les inculca desde muy pequeños la costumbre de mostrarse solidarios, primero, con la familia y, después, con los miembros de la casta, y este se considera uno de los valores más importantes que han de regir la vida de una persona. Esta solidaridad tiene todas las ventajas económicas de las redes informales que se basan en la confianza antes que en las obligaciones contractuales. Ya hemos hablado de ese espíritu de equipo que se da cuando las personas que trabajan en una organización se ven a sí mismas como una "cuadrilla de hermanos" e idealizan al líder-padre. El riesgo que esto implica es la tendencia a refugiarse en grupos pequeños, lo que torna difícil, cuando no imposible, la colaboración con otros grupos externos en las grandes organizaciones.

Esta instantánea de las prácticas de liderazgo indias no refleja los cambios que están aconteciendo en las familias urbanas modernas, que sin duda afectarán a las instituciones indias. El estudio GLOBE confirma que lo que los directivos indios jóvenes desean más fervientemente es una disminución de la distancia de poder entre el líder y el subordinado.[14] Creemos que el liderazgo en esta dimensión está en estado de transición. No es coincidencia el hecho de que se busque minimizar la distancia psicológica entre el líder y el subordinado, sino que va de la mano de los cambios que se están produciendo en la relación padre-hijo en las familias de clase media. Veámoslo con más detenimiento.

En la India tradicional, el padre entra a formar parte de la vida del hijo más bien en los últimos años de la niñez. En los primeros años, lo que caracterizaba –y en muchas partes del país sigue caracterizando– la relación era la formalidad y el contacto superficial en el día a día.[15] En antiguos relatos autobiográficos se retrata a los padres como distantes, ya sean estrictos o indulgentes, fríos o afectuosos. La voz del padre como referente, un elemento fundamental en la concepción de la identidad de un hombre, se difumina entre las voces de muchos otros miembros masculinos de la familia, quedando apagada la exclusividad de su paternidad.

No es difícil descifrar por qué un padre no adopta un rol notoriamente más activo en la educación de su hijo. Un padre tradicional actúa según la lógica de una familia extensa, lo que implica que, para prevenir la creación de células nucleares dentro de la familia que puedan destruir su cohesión, ha de reprimirse ante su propio hijo y repartir su interés y apoyo de forma equitativa entre sus hijos y los de su hermano. Además, tal y como veremos posteriormente en el capítulo dedicado a la sexualidad, muchos padres jóvenes se avergüenzan de coger a su bebé en brazos delante de familiares más mayores, puesto que su vástago es el testimonio viviente de su actividad sexual.

El segundo elemento ideológico que afecta a los padres tradicionales en la India –y que es común a otras sociedades patriarcales– es la dicotomía de género en los roles y obligaciones en el cuidado de los hijos. Nos referimos a las ideas ya establecidas sobre las tareas de casa que los hombres hacen y las que no. Los padres no juegan con los hijos pequeños o cuidan de ellos; su papel principal consiste en impartir disciplina al niño. Como bien resume un proverbio del norte de la India dirigido a los hombres, «trata a tu hijo como un rey durante los cinco primeros años de su vida, como un esclavo en los diez siguientes y como un amigo de ahí en adelante».

Es evidente que, tras esta necesaria fachada de actitud distante e imparcial, un padre indio tradicional lo pasará mal a la hora de expresar amor por su hijo. El amor paternal no es menor en la India en comparación con otras sociedades; incluso en los textos antiguos religiosos y literarios, un hijo no solo es decisivo para la realización de un deber sagrado, sino que a menudo se le describe como una fuente de intensa gratificación emocional.[16] Los relatos autobiográficos antiguos en ocasiones describen al padre indio como un hombre sensible y lleno de sentimientos hacia su hijo que no expresa abiertamente. Yogananda, en *Autobiografía de un yogui*, describe de esta forma el reencuentro con su padre tras haber estado separados durante mucho tiempo: «Cuando entré en nuestra casa, mi padre me abrazó con ternura. "Has venido", dijo cariñosamente, mientras caían de sus ojos dos gruesas lágrimas. Por lo general no era un hombre muy expresivo, y nunca antes me había dado muestras tan significativas de su afecto. Exteriormente era un padre adusto y serio, pero interiormente poseía el corazón dulce y amoroso de una madre».[17]

Uno de los cambios más llamativos relacionados con la modernidad y el crecimiento de la clase media urbana es la implicación activa del padre en la educación de los bebés e hijos pequeños.[18] Teniendo en cuenta la intensidad y ambivalencia de la conexión madre-hijo en el contexto indio, este acercamiento atiende a una necesidad apremiante de contacto físico con el padre, de tener su voz como guía, su apoyo e incluso su ánimo –a menudo inconsciente– para separarse de la madre. Los padres modernos, normalmente con estudios y de zonas urbanas, han empezado a ofrecer este apoyo al hijo, no solo atenuando la excesiva intensidad del vínculo madre-hijo, sino también sentando los cimientos de una relación padre-hijo más cercana y menos jerárquica. Las primeras vivencias con unos padres que ya no son figuras distantes y prohibidas, que están disponibles tanto para los hijos como para las hijas, a menudo como compañeros de juegos, ayudan a cambiar las ideas de la distancia de poder deseable en las instituciones y de las expectativas que los jóvenes indios tendrán de sus líderes.

LA INTERIORIZACIÓN
DE LA CASTA

La institución de la casta se sitúa en segundo lugar, inmediatamente después de la familia, como dimensión social dominante de la identidad india. Aunque el uso del término "casta" sea problemático (deriva de la palabra "casta", en portugués 'raza', 'ascendencia'), el término se ha incorporado al inglés y a otras lenguas europeas como expresión de la segmentación horizontal de la sociedad india. En realidad, el término "casta" hace referencia no a un concepto sino a dos: *varna* y *jaati*. *Varna* –que literalmente significa 'color'– es la antigua división de la sociedad hindú en las cuatro clases, de mayor a menor, de los sacerdotes (*brahmin*), los guerreros *(kshatriya),* los comerciantes (*vaisha*) y los sirvientes (*shudra*), tal y como aparecen en los *Vedas* y otros textos fundacionales del hinduismo. Esta clasificación todavía se emplea para situar a una persona en el espacio social amplio, como cuando un periodista habla de movilizar el voto de la casta de los sacerdotes, de los comerciantes o las castas atrasadas (como se denomina actualmente a los *shudras*) para las elecciones estatales.

Sin embargo, hoy en día la casta hace referencia mayoritariamente a la *jaati,* casta en cuanto a la inmediatez de las relaciones sociales diarias y de la especialización profesional. El sistema de *jaatis* está compuesto por más de 3 000 castas. El orden jerárquico de estas castas no es estático, sino que cambia de un pueblo a otro y de una región a otra, aunque alguien de las castas brahmanes estará casi siempre en el nivel más alto de la jerarquía. En este libro nos referiremos a casta solo en el sentido de *jaati*.

Básicamente, la *jaati* es un grupo social al que una persona pertenece por nacimiento, y, aunque ahora esto esté cambiando, un miembro de una *jaati* normalmente seguirá el oficio tradicional de la casta. Su esposa, incluso hoy en día, en nueve de cada diez casos, será, o bien de su misma casta, o bien de la subcasta de la que se le permite escoger pareja. Por tanto, no es sorprendente que, junto con la jerarquía, la restricción para que la esposa sea de la misma casta sea el segundo pilar del sistema de castas. Excepto en el caso de los indios "modernos", los amigos más cercanos de una persona también pertenecen a su propia casta. Las relaciones con personas de otra casta son más formales y se rigen por códigos –prescripciones y prohibiciones– tácitos.

Si bien las familias de una determinada casta pueden vivir juntas en el mismo pueblo, la casta en sí misma va más allá de los confines de cualquier demarcación. Puede que una casta grande y prominente tenga millones de miembros y que se extienda por un territorio geográfico considerablemente extenso, lo que la convierte en un grupo atractivo para los políticos en términos de movilización electoral. De hecho, es posible que la democracia india, con su militarismo a favor de la identidad de casta, sea el nuevo pilar, en tercer lugar, después de la endogamia y la jerarquía, que sostiene la institución de la casta.

Del mismo modo que la familia es la primera capa que va conformando la identidad en ciernes de un niño, la casta es la siguiente capa en el espectro social más amplio. Los valores, creencias, prejuicios, mandamientos y distorsiones de la realidad característicos de la casta forman parte de la mente de la persona y de los contenidos de su conciencia. Las normas que rigen el proceso de interiorización de la casta definen la "acción correcta" o *dharma* para la persona, le hacen sentirse bien y querido cuando vive acorde a estas normas e intranquilo y culpable cuando las transgrede.

Partiendo de la base de que el desasosiego de una persona puede ser también el reflejo de las preocupaciones latentes del grupo al que pertenece, conocer la casta de un indio, con sus aspiraciones y temores, nos permitirá tener una visión más amplia de cómo está conformada su identidad. Por ejemplo, la reacción violenta de una persona ante un desprecio aparentemente insignificante puede que no sea tan solo el resultado de un problema individual por no saber "gestionar la agresión", sino que nazca de un resentimiento histórico común a toda su casta y que se ha ido heredando de generación en generación como parte de su identidad de casta.

Si el matrimonio y el parentesco son el cuerpo de la institución de la casta, la jerarquía es el alma. El puesto que ocupa una casta en el orden social, y por tanto el capital de narcisismo del que puede disponer una persona perteneciente a esa casta en particular, se define por lo general en función del criterio de la pureza frente a la contaminación.[1] La posición de una casta en la escala social es alta si su modo de vida se considera puro, y baja si se considera relativamente contaminado. Un brahmán es el más puro (aunque habrá grados de pureza en muchas de las castas brahmanes) y un intocable, un *dalit* (literalmente 'oprimido'), el más contaminado. Se podrían refutar con firmeza los diversos rangos que hay entre los dos extremos en un pueblo en concreto, como ocurre cuando una casta reclama un modo de vida más puro que el que se le supone. Con todo y con ello, por lo general hay consenso en que lo que determina la pureza y la contaminación es el modo de vida de la casta, en el que los elementos más importantes son la alimentación (por ejemplo, si son vegetarianos o comen carne) y el oficio que tradicionalmente desempeñan. Los oficios que hacen que la persona entre en contacto con sustancias muertas o corporales (barrendero, lavandero, barbero, curtidor, zapatero) se consideran los más contaminados.

La preocupación en el sistema de castas por lo superior y lo inferior está relacionada con el sufrimiento y la humillación de millones de indios durante siglos. Tal y como lo describe el poeta marathi* Govindraj, la sociedad hindú está compuesta por hombres «que agachan la cabeza ante las patadas que vienen de arriba y que al mismo tiempo dan patadas hacia abajo, sin pensar jamás en oponer resistencia ante aquellas ni abstenerse de proferir estas».[2] La jerarquía está tan bien hilada que incluso una casta baja tendrá siempre otra casta por debajo, lo que sin duda cura algunas de las heridas narcisistas que provoca el verse considerado inferior. De ahí que, por ejemplo, «incluso entre las clases más bajas que se dedican a rebuscar en la basura y a retirar los desechos fecales por la mañana se haga una distinción: los que sirven en casas privadas se consideran de un estatus mayor que los que limpian los retretes públicos».[3]

La jerarquía de castas y la discriminación que conlleva no son fenómenos exclusivamente hindúes. Tal y como ha señalado Dumont, ningún movimiento religioso que se haya opuesto al sistema de castas ha tenido éxito a largo plazo.[4] Aunque no de forma tan extensa y violenta como en el hinduismo, el principio jerárquico encarnado en el sistema de castas también ha dejado huella en las prácticas sociales de otras religiones como el islam, el cristianismo y el sikhismo, todas ellas con mayores reivindicaciones por la igualdad que

---

* Marathi, originario de Maharashtra, estado suroccidental de la India, y consecuentemente, la lengua de la rama indo-aria que se habla en esta región. (*N. de la T.*)

el hinduismo. Por ejemplo, en el estado de Goa es común utilizar el término "católico brahmán" para referirse a una persona de estatus alto en la comunidad cristiana. Por poner otro ejemplo, entre los musulmanes, los *ashraf* (nobles), descendientes de turcos, árabes y persas que se establecieron en la India durante los ocho siglos de soberanía musulmana, miran por encima del hombro y discriminan a la amplia mayoría de los *ajlaf* (base) del mismo credo, cuyos antepasados eran indígenas de casta baja conversos. En una posición más baja se sitúan los *arzal*, los homólogos musulmanes de los intocables en la sociedad hindú.

Una de las principales razones por las que muy pocos hindúes de casta alta se convirtieron al islam o al cristianismo durante los siglos de dominio musulmán o británico tiene que ver con la fuerza de sus identidades de casta. A pesar de la ausencia de cualquier prohibición para cambiar de creencia religiosa, el archiconocido respeto hindú por todas las corrientes teológicas en todas sus formas y la apertura a una gran variedad de creencias espirituales, fue la perspectiva de estar junto a conversos intocables en la misma congregación lo que actuó como un fuerte elemento disuasorio para la conversión. Por el contrario, un gran número de intocables se convirtió al islam, al cristianismo y, desde los años cincuenta (debido a la sensacionalista conversión del líder *dalit* B.R. Ambedkar), al budismo para escapar de las prácticas discriminatorias del sistema de castas.

LA SUCIEDAD Y LA DISCRIMINACIÓN

Un aspecto fundamental de la casta que marca la diferencia en cuanto a la pertenencia a un clan o una tribu es el fenómeno de la intocabilidad.

Los 150 millones de intocables (*dalits*) de la India agrupan una serie de castas "impuras" que ocupan las posiciones más bajas de la jerarquía en la sociedad hindú. Antiguamente –y en muchas partes de la India rural todavía hoy en día–, la repulsión a estar cerca de un *dalit* era tan fuerte que se les negaba el acceso a los templos, las carreteras y otros espacios públicos. Sus casas estaban apartadas, los niños no podían ir al colegio del pueblo y a las mujeres se les prohibía coger agua del pozo público por miedo a que el agua potable se contaminara.

La degradación de un gran número de seres humanos, hasta el punto de que los miembros de las castas superiores en ciertas partes de la India rural rehúyen no solo tocarlos sino también de su sombra, sigue siendo una cuestión de la que muchos indios se avergüenzan. Mahatma Gandhi consideraba la intocabilidad como la peor lacra de la sociedad hindú y luchó fervientemente por erradicarla durante toda su vida adulta. En una carta a un corresponsal que había hablado sobre la intolerancia de las castas altas hacia los intocables, escribe:

«Aborrezco con toda mi alma el sistema que ha reducido a un gran número de hindúes a un nivel inferior al de las bestias. Este controvertido problema se solucionaría si al pobre *panchama* [literalmente, 'quinto', es decir, por debajo de la cuarta casta de los *shudras* en la clasificación de las *varnas*, por no utilizar la palabra "intocable"] se le permitiera pensar en sus cosas. Desafortunadamente, no tiene ni pensamiento ni cosas que pueda considerar suyas. ¿Tiene la bestia pensamiento o cuestiones aparte de las de su maestro? ¿Tiene un *panchama* un lugar que pueda llamar suyo? Puede incluso que camine por las calles que él mismo limpia y por las que paga con el sudor de su frente. Quizá ni siquiera vista como lo hacen los otros… es un abuso del lenguaje decir que los hindúes extienden la tolerancia a los hermanos *panchama*. Los hemos degradado y después hemos tenido el atrevimiento de utilizar su estado de degradación como argumento en contra de su ascenso».[5]

Los agitados movimientos sociales y políticos del siglo pasado, al igual que el proceso de urbanización, han atenuado notablemente los horrores de la intocabilidad, pero en modo alguno los han hecho desaparecer. En el número de 19 de diciembre de 2005, la revista *India Today* publicó un reportaje de un pueblo en Odhisa* donde, por primera vez, habían admitido a una joven *dalit* en la universidad para cursar estudios superiores. Cuando la chica de 18 años fue en bicicleta a clase, el pueblo, dominado por las castas altas, amenazó a los *dalits* con el boicot social si la chica no iba andando. Según las costumbres de este pueblo, los *dalits* solo pueden andar descalzos. No se les permite hacer procesiones de boda por el pueblo o incinerar a sus muertos en el crematorio común. Si se les invita a bodas de castas superiores, es tan solo para lavar los pies de los invitados.

Las modernas tendencias ideológicas de igualdad han provocado que determinadas capas de la sociedad, especialmente las castas más bajas, cuestionen el principio jerárquico. No obstante, estas tendencias ideológicas no han tenido tanto éxito en romper el fuerte anclaje de la jerarquía en la mentalidad india. Lo que sin duda ha conseguido esta corriente igualitaria es aumentar la hipocresía, la brecha entre la denigración en privado y una postura pública socialmente correcta hacia los *dalits*.

* El 4 de noviembre de 2011, el estado de Orissa pasó a denominarse oficialmente Odisha.

Ya se ha mencionado que la mayoría de los expertos en antropología de la sociedad hindú coinciden en que la "contaminación" o "impureza" es el principio clave que rige el sistema de castas y, consecuentemente, la intocabilidad. ¿Cuál es el trasfondo psicológico de una tradición que menosprecia y degrada a tantos indios? El ilustre experto en folclore Alan Dundes, en el único estudio psicológico riguroso sobre la intocabilidad, postula que en la mente hindú, el intocable está estrechamente ligado a las heces, y el horror hindú por estas, inculcado por la forma de esta cultura de aprender a ir al baño, es la "causa" de que perdure la intocabilidad.[6] Si bien compartimos el planteamiento de Dundes de que la suciedad es un elemento psicológico primordial en el fenómeno de la intocabilidad, nos mostramos escépticos ante la responsabilidad (freudiana) que pueda tener cómo han aprendido a ir al baño. No hay equivalente en la India, por ejemplo, de las manías lingüísticas escatológicas occidentales. No encontramos en ninguna lengua india equivalentes de "*Merde!*", "¡Mierda!", "*Scheisse!*" como expresiones comunes de frustración; ni hay un equivalente para "¡Tonto del culo!" o "*Arschloch!*" como término familiar de insulto que permite a los niños dar rienda suelta a su rabia –los indios se inclinan por otras opciones más bien incestuosas–. En otras palabras, no es en el habla india sino en la europea o anglo-americana en la que se acaba oyendo la expresión de la venganza de un niño, reprimida durante mucho tiempo, por haber tenido que controlar sus impulsos.

Nuestra explicación, que difiere de la de Dundes en algunos puntos, sería la siguiente: traducido al idioma de la experiencia psicológica, ser puro es ser limpio, mientras que estar contaminado es estar sucio. Para el niño de clase alta, un *dalit* es un miembro de un grupo que está permanente e inevitablemente sucio. El conocimiento del niño no es antropológico ni procede de los textos religiosos, sino que es más bien un *conocimiento instintivo*, que es anterior a la palabra y ha calado al niño, por así decirlo, hasta los huesos. Muchas veces en sus primeros años de vida, el niño ha sentido la repentina tensión quinestésica en el cuerpo de su madre, padre, tía o tío cuando un *dalit* se ha acercado demasiado. Se le han quedado grabadas las expresiones de repugnancia, y las ha acabado imitando de forma inconsciente con su propia cara y cuerpo ante la amenaza de un posible contacto con un *dalit*. Teniendo en cuenta que los niños tienden a sentir que cualquier vivencia gira en torno a ellos, inmediatamente relacionan la desaprobación y la repulsión de la familia hacia el intocable con esos momentos en los que él mismo fue un "intocable", es decir, cuando fue el protagonista de berrinches como muestra de rebeldía, impulsos irrefrenables por la comida y, sobre todo, cuando se ha regocijado impunemente en su propia suciedad.

Todos los niños, en cualquier parte del mundo, intentan renegar de su comportamiento sucio, "malo" y que provoca rechazo social, proyectándolo al exterior. Primero lo proyectan en los animales y más tarde en otras personas y grupos de personas –"reservas", como las denomina el psicoanalista Vamik Volkan–.[7] La propia casta del niño ya se ha encargado de preseleccionar estas reservas y ponerlas a su disposición. Desde hace mucho tiempo, los intocables han sido esa reserva de suciedad seleccionada por los niños de las castas altas, como lo fueron y todavía lo son los musulmanes para los hindúes (y viceversa). Es significativo cómo Gandhi recuerda que su madre le decía cuando era niño que la vía más rápida para la purificación después de haber tocado a un intocable era cancelar esa acción tocando a alguien más sucio aún: un musulmán.[8]

Es moneda corriente en un conflicto étnico considerar al grupo antagónico como sucio, y por tanto infrahumano, mientras que la limpieza de uno mismo es un signo no solo de civilización humana sino prácticamente de divinidad. "Sucio negro" y "sucio judío" son epítetos muy comunes en los Estados Unidos. Los chinos piensan que los tibetanos no se lavan y que siempre apestan a mantequilla de yak, mientras que en Israel se educa a los niños judíos en la creencia de que los árabes son sucios. En los anuncios de radio de Ruanda que incitaban a los hutus a masacrar a los tutsis, estos últimos eran constantemente calificados con apelativos como ratas, cucarachas, criaturas asociadas con la suciedad y las cloacas, alimañas que debían ser exterminadas.

Tal y como señala el psicoanalista Lawrence Kubie en uno de sus escritos clásicos, en todos nosotros existe, como legado de nuestra temprana niñez, una imagen inconsciente «del cuerpo como una fábrica móvil de porquería, animada, rebosando suciedad por cada orificio».[9] La negación de esta "fantasía de la suciedad" puede adoptar muchas formas, y es interesante ver cuál adopta en cada cultura. En la India no les importa demasiado vociferar, eructar o tirarse pedos en público, o tocar directamente con la mano (la izquierda) materia fecal al lavarse el ano después de defecar. Por el contrario, en Occidente hay marcados tabúes en torno a los orificios corporales, los ruidos u olores que emanan de un orificio; de hecho, muchos de estos tabúes, al centrarse en los orificios, ponen el acento en la fábrica de suciedad que apesta tras ellos. La idea de escupir en público o ir al servicio sin la protección del papel higiénico le provocará a un occidental un asco visceral. Los indios, a su vez, consideran el régimen occidental de limpieza igualmente asqueroso. Hay una divertida anécdota de la famosa cantante de música clásica india Siddheswari Devi de Benarés quien, acompañada de su hija Pappo, fue a Inglaterra para una gira de conciertos durante un mes. A su discípula y biógrafa, Sheila Dhar, le sorprendió verla de vuelta tan solo una semana después de haberse ido.

Al preguntarle el motivo de su vuelta anticipada, Siddheswari Devi explotó: «¡Qué gente más guarra! Nunca volveré a *Vilayat* [término genérico para referirse a Europa, y aquí específicamente a Inglaterra]». Luego le explicó el porqué:

> «Nos asignaron una habitación en la planta de arriba de la casa de una bruja inglesa con cara de malicia. Después del viaje, como es normal, quería bañarme. Nos costó identificar qué era el baño, pues ¡tenía moqueta en el suelo! En seguida sospeché que esta gente no podía tomarse muy en serio la limpieza corporal si eran capaces de tener moqueta en el suelo. No había *lota* [taza de latón] ni *patta* [banqueta pequeña de madera] en la que sentarse y restregarse los talones. Nada, sólo moqueta con estampado de flores. En una pared había una tina blanca con forma de ataúd que, según Pappo, se llenaba de agua y hacía las veces de cubo. Me dijo que me echaría agua por encima con una taza de plástico que había encontrado en la habitación. ¿Pero dónde me iba a sentar? Qué demonios hace esta gente, me preguntaba. Pappo me informó de que simplemente se sientan en esa tina y se echan su propia suciedad por encima... ¡y a eso lo llaman baño!».

Siddheswari Devi le pide a su hija que retire la moqueta para utilizar las tablas de madera que hay debajo como asiento y que le eche agua encima. Se oyen gritos desde abajo cuando el agua del baño de la cantante gotea sobre el guiso de pescado de su anfitriona inglesa.

A la mañana siguiente, a Siddeshwari Devi le escandaliza no encontrar la taza para el agua cuando quiere utilizar el inodoro. «¿No necesitan agua para lavarse después?», pregunta a su hija. «No», responde esta, mostrándole un rollo de papel higiénico. «Con esto es con lo que se limpian.»

«No daba crédito. Le pedí que me jurara y perjurara que eso era todo lo que utilizaban para limpiarse, y así lo hizo. En ese momento empecé a encontrarme mal. Sentí que me desmayaba y no podía siquiera respirar con normalidad... Le pedí a Pappo que bajara y afrontara la ira de la bruja, pidiéndole sin pudor una segunda taza porque yo insistía... La bruja subió las escaleras a saltos para comprobar con sus propios ojos qué necesitaba... ¿Para qué queríamos una segunda taza? Pappo se lo explicó lo mejor que pudo. Nosotros nos limpiamos con agua y con la mano, y la taza que utilizamos ha de ser distinta de la que utilizamos después para lavarnos el cuerpo. La bruja estaba intentando asimilar lo que Pappo le estaba contando, pero no podía creer que alguien pudiera utilizar las manos para lavarse, aunque fuera con agua. Cuando por fin lo entendió todo, esta vez fue la bruja quien estuvo a punto de desmayarse. De la impresión, cayó planchada en la silla. Lo único que deseaba era volverme a casa lo antes posible.»[10]

En la India, esta "fantasía de la suciedad" por lo general se asimila proyectando la imagen inconsciente de la fábrica móvil de suciedad, de ese animal salvaje que escarba en la mugre de sus propios excrementos, en el grupo de "extraños": los intocables. El brahmán solo puede ser puro en tanto en cuanto el *dalit* está contaminado.[11] Un cuerpo puro no debe entrar en contacto con sustancias impuras; aquel que es puro evita las comidas impuras como la carne (en gran parte del país), los oficios y actividades impuros como las del zapatero o el barrendero, y hasta el contacto con personas a las que se considera impuras.

Mientras que en Occidente se hacen muchos esfuerzos para enmascarar la suciedad del interior, en la India estos se concentran en sacar la suciedad fuera, lo que se traduce en la predilección psicológica por la limpieza inmaculada dentro de los hogares indios y la basura que se vierte fuera, a los espacios públicos. Como ya se ha señalado con gran acierto en muchas ocasiones, los indios son un pueblo muy limpio que vive en un país muy sucio.

Muchos occidentales, que han sido testigos del comportamiento de las familias indias al comienzo del día, han tildado de obsesivas las animadas conversaciones familiares sobre el movimiento de los intestinos (al expulsar las heces). Sin embargo, lo que les preocupa a los indios no son las heces en sí, sino toda la cadena de sustancias de la que las heces son solo el último eslabón. En términos freudianos (y en las palabras del psicoanalista Donald Winnicott), lo que se produce en la mente india es una "fantasía oral" básica que consiste en la siguiente concatenación de pensamientos: «Cuando tengo hambre, pienso en comida; cuando como, pienso en ingerir la comida. Pienso en lo que quiero mantener dentro y de lo que me quiero deshacer y pienso en deshacerme de ello».[12] Los elementos que mayoritariamente contribuyen a un interior sucio son el consumo de comida "sucia" y la retención de la parte "sucia" –«de lo que me quiero deshacer»– en la transformación de los alimentos, es decir, las heces. (Volveremos a tratar el pensamiento tradicional sobre la comida y cuáles son los alimentos "sucios" o malos –los que rebajan la consciencia humana– en el capítulo sobre la salud.) No es de extrañar que la mayoría de las prohibiciones en las interacciones entre castas tengan que ver con la comida, y que la primera cosa que hace una casta que intenta elevar su estatus es anunciar públicamente un cambio en sus hábitos alimenticios.

En gran medida, por tanto, la equiparación de los intocables con la suciedad tiene que ver con que consumen alimentos "sucios", incluyendo las sobras de las castas más altas que han sido contaminadas con la saliva, otro producto de esa fábrica de porquería que es el cuerpo. Aceptar comida o agua de un intocable era –y para muchos indios hoy en día sigue siendo– la vía más rápida para perder el estatus de la casta. Durante siglos, la historia preferida por los reformistas hindúes que luchan contra el mal de la intocabilidad es la del dios-rey Rama, que acepta unas bayas que le da una mujer tribal intocable llamada Shabari.

Puesto que la presencia de heces en el cuerpo es el segundo elemento definitorio de un interior sucio, se da una fuerte asociación psicológica entre la intocabilidad y las heces incluso si en la India no hay, como en Europa, tabúes relativos a los orificios del cuerpo. Este vínculo se ve reforzado por el mundo exterior, ya que algunas castas intocables han desempeñado tradicionalmente el oficio de limpiadores de letrinas, llevando cubos de desechos fecales en la cabeza.

Una cuestión relativa a las fuentes psicológicas de la intocabilidad, que en ocasiones se pasa por alto, es el aspecto visual de la suciedad, la oscuridad en comparación con el claro matiz de la limpieza. En esa "fantasía de suciedad" universal, lo oscuro es más sucio (y más siniestro) que lo claro. En términos generales, un brahmán será más claro que un intocable, que suele ser el que tiene la complexión más oscura de todas las castas. Cualquier niño indio de clase alta es totalmente consciente de esta equiparación de la suciedad con el color oscuro, especialmente si es una niña, pues su madre le habrá venido diciendo que se frote la cara con una especie de pasta y crema, y está convencida de que las virutillas que se desprenden de la cara o los brazos son pruebas tangibles de que se le está aclarando la piel.

Hay pruebas por doquier de esa preferencia panindia por la piel clara y el menosprecio, que roza el desprecio absoluto, a los de piel oscura. Mientras que en Occidente las cremas antiarrugas y otros productos antienvejecimiento son una mina de oro para las farmacéuticas, en la India, especialmente entre la clase media, los productos que prometen el blanqueo de la piel registran beneficios récord. Se aceptan como lo más normal del mundo los anuncios de televisión de la crema para mujeres *Fair and Lovely* [Clara y adorable] y recientemente *Fair and Handsome* [Claro y apuesto] para hombres; la equiparación natural de piel clara con la nobleza, la belleza y la alta cuna en los refranes, los cuentos y leyendas; los anuncios de matrimonio en los periódicos y en sitios de internet que solicitan específicamente novias "claras". «¡Lo negro es bello!» no es un eslogan que cuajará en la India en los próximos años. La piel clara, por tanto, es deseable y dan ganas de tocarla, mientras que la piel oscura es una manifestación externa de la suciedad interior y, por tanto, es "intocable".

Esto nos conduce al caso del extranjero de piel blanca y la ambivalencia con la que se le suele tratar. Por un lado es un consumidor de suciedad, de alimentos prohibidos (especialmente de ternera), lo que lo acerca al extremo intocable en la jerarquía de las castas. De hecho, como veremos en el capítulo dedicado a la salud, los brahmanes más tradicionales no permitirán al extranjero que venga a su casa entrar o acercarse siquiera a la cocina. Por otro lado, la piel clara del extranjero niega la presunción de suciedad e intocabilidad. La asociación psicológica de la piel clara con todo lo que es "limpio", "majestuoso" y "deseable", junto con los recuerdos de haber sido dominados por invasores de piel clara, y la presunción de riqueza asociada a los visitantes de piel clara, hacen que la mayoría de los indios se muestren lisonjeros con los *goras* (blancos). Un africano de piel oscura, por el contrario, recibirá por lo general un trato condescendiente o será incluso sometido al ridículo. No es de extrañar que muchos *gora,* que en sus países tendrían una vida anónima y del montón, se sientan alguien especial en la India, viendo su autoestima y narcisismo constantemente alimentados por miradas de admiración y aduladores tonos de voz.

Retomando el tema de la conexión entre "suciedad" (y necesariamente "oscuridad") y discriminación, concluiremos esta sección con una historia. Los cuentos y leyendas desempeñan un papel crucial a la hora de presentarle al niño cómo es la sociedad. El cuento del cuervo y el gorrión, que se escucha, con ligeras variaciones, en muchas regiones de la India, es un medio de transmitir –de forma narrativa y no discursiva– al niño en pleno crecimiento la visión que la cultura tiene sobre la intocabilidad. Alan Dundes, en su libro *Two Tales of Crow and Sparrow*, relata la versión del cuento del estado de Maharashtra.[13]

«Érase una vez un cuervo que quería comerse a los polluelos de una gorriona. Una vez fue a visitar a la gorriona y le pidió el deseado manjar. La gorriona era muy astuta y sabía que no podía enzarzarse abiertamente en una pelea con su oponente, pues este era más fuerte. Se paró a pensar y dijo sumisa: "¡Oh, cuervo! Si quieres puedes comerte a mis retoños, pero con una condición: Ya sabes que eres un *mahar*,* un intocable, y yo soy brahmán, así que por favor no toques a mis retoños tal y como estás. Tienes que lavarte, incluido el pico. Después podrás comértelos".

–Que así sea –dijo el cuervo, y se fue al río. Cuando estaba a punto de zambullirse en el agua, el río dijo:

---

* *Mahar* es una de las castas intocables presente mayoritariamente en el estado de Maharashtra. Hoy en día, prácticamente no quedan miembros de esta casta en la India, pues se convirtieron al budismo siguiendo el ejemplo del líder B.R. Ambedkar. (*N. de la T.*)

–¡Oh, cuervo!, eres un *mahar*, no entres en mis aguas.

–¡Oh, río!, tengo que bañarme en el río y después ir a comerme los polluelos de gorrión.

–En ese caso, trae un jarrón y utilízalo para coger agua.

El cuervo fue al alfarero y dijo:

–Alfarero, dame un jarrón. Con el jarrón cogeré agua. Con el agua me bañaré. Y después de bañarme me comeré a los polluelos de gorrión.

–En ese caso –dijo el alfarero– tienes que conseguirme arcilla, porque todos los jarrones que tengo están rotos.

El cuervo se fue y empezó a escarbar en la tierra sólo con el pico, así que poco pudo hacer. Se dirigió al ciervo y le rogó que le dejara uno de sus cuernos. El ciervo le dijo que si podía amañar una pelea con un perro, sólo así se le rompería el cuerno. El cuervo acudió a un perro y le rogó que luchara con el ciervo para así ayudarle a conseguir el cuerno, para poder escarbar la tierra, y conseguir de esta forma un jarrón hecho por el alfarero y, después de haberse lavado, poder darse un festín con los polluelos de gorrión. El perro accedió a luchar pero dijo:

–¡Oh, cuervo!, necesito una bola de hierro para tirársela al ciervo, así que ve a por ella.

El cuervo fue al herrero y le suplicó que le diera una bola. El herrero hizo una bola en el fuego y se la dio al cuervo. El cuervo cogió la bola ardiendo con su pico y ardió hasta morir. Así fue cómo la gorriona salvó a sus polluelos».

Para el niño que escucha este cuento, queda claro el mensaje sobre la naturaleza del intocable. El cuervo (intocable) es negro, tiene un pico que escarba en algo equivalente a las heces, los desperdicios o la basura. (Además, el cuervo es un pájaro de mal agüero puesto que, según la creencia popular, se asocia con la muerte;[14] soñar con un cuervo es signo de estar cercano a la muerte, lo que a veces aparece en otras versiones de la historia.) Así pues, como es natural, el cuervo, por aspirar a comerse al gorrión de casta alta, recibe el castigo que merece.

Estos son algunos de los aspectos básicos de la intocabilidad que se incorporan a la parte cultural de la mente del niño según va creciendo como una "verdad" subyacente del mundo social en el que vivirá y morirá.

La casta, o más bien lo que se ha denominado "el mal del sistema de castas", fue continuamente criticada por los reformistas hindúes –con Mahatma Gandhi como figura principal– durante más de un siglo. De hecho, hoy en día lo que se considera noticia no es que alguien ataque la institución de la casta, sino que alguien se atreva a defenderla públicamente. Los ataques contra los fundamentos religiosos y morales de la casta y los golpes del Estado contra sus pretensiones legales sin duda han restado fuerza a algunos de sus aspectos en la mentalidad de los indios, al menos de los de clase media en las zonas urbanas. El conocido sociólogo André Béteille da fe de este cambio al escribir lo siguiente: «El médico en su consulta, el abogado en su bufete, el funcionario o incluso el oficinista en su despacho ya no están vinculados a la autoridad moral de su casta o subcasta, como lo estaban en los pueblos tradicionales el brahmán, el *rajput*,* el *nai* (barbero) o el *dhobi* (lavandero). La emancipación de la persona de las exigencias de su casta y subcasta ha sido un proceso complejo e interminable, que ni de lejos ha llegado a su fin todavía [...]. Lo que está claro, sin embargo, es que cada vez más

---

* *Rajput* es un miembro de uno de los clanes patrilineales territoriales del norte y centro de la India. Se consideran a sí mismos descendientes de una de las castas de guerreros, reivindicación que ha sido refutada por varios historiadores y estudiosos desde la época medieval. (*N. de la T.*)

profesionales, funcionarios, jefes y demás sienten la libertad de repudiar estos requisitos morales que se les pueden exigir en nombre de la casta a la que pertenecen [...]. En este sentido, las posturas del indio de clase media ante la casta y la familia son muy diferentes. No puede negar sus obligaciones para con la familia, aunque le parezcan irritantes, pero puede rechazar sin dificultad alguna las exigencias de su casta si las considera inconvenientes».[15]

Con todo y con ello, incluso para la clase media india de las ciudades, algunas de las exigencias de su identidad de casta se encuentran tremendamente arraigadas en las capas más profundas de la consciencia y, por tanto, son menos susceptibles al examen consciente y al consiguiente rechazo. El oficio asignado a su casta es lo más fácil de rechazar; lo que más les preocupa a los padres de clase media es que sus hijos sean admitidos en los colegios, universidades e instituciones profesionales que se consideran una puerta a prometedoras carreras en la economía moderna. La casta también desempeña hoy en día un papel cada vez menor en las amistades entre la clase media, y los matrimonios entre castas, aunque todavía escasos, han empezado a aparecer en el horizonte de la mentalidad india. Sin embargo, el pensamiento jerárquico asociado a la casta sigue siendo un elemento muy influyente en la psique de la clase media, como lo es la fantasía que asocia al intocable con un consumidor oscuro de alimentos sucios.

LA MUJER INDIA:
TRADICIÓN Y MODERNIDAD

La India fue y sigue siendo una sociedad patriarcal, con esa subordinación de la mujer y pérdida de poder que por lo general son inherentes al patriarcado. Por tanto, si nos servimos exclusivamente del prisma del patriarcado para entender a las mujeres indias, este arroja una imagen que presenta similitudes artificiales con las mujeres de otras sociedades patriarcales, pero siempre borrosa y poco clara. Si ponemos la lente amplificadora de la cultura india (con la conmoción que atraviesa hoy en día), la imagen se enfoca y se matiza al resaltar ciertos detalles inesperados. Los parecidos con las mujeres de otras sociedades patriarcales no desaparecen, sino que se equilibran y, en parte de la imagen, quedan cubiertos por las diferencias. Por ejemplo, en la India la casta casi siempre está por encima del género en el sentido de que una mujer brahmán siempre tendrá mayor estatus que un hombre de casta baja.[1] O, por poner otro ejemplo, el poderoso papel que desempeñan las diosas-madres en el imaginario cultural indio –y las madres en el mundo interior de sus hijos– tiñe la preponderancia masculina de una gama de colores emocionales tales como el miedo, la fascinación, la nostalgia, la entrega, etcétera.

La interacción de los valores patriarcales universales, de la cultura india y del cambio histórico a raíz del encuentro de la India con Occidente queda más patente en el caso de las mujeres modernas indias de ciudad. El surgimiento de una considerable clase media en las últimas décadas, de carácter panindio, aunque abrumadoramente urbana, es considerado –con optimismo por parte de los "modernizadores" y con desdén por parte de los "tradicionalistas"– el avance más importante en la transformación actual de la sociedad india. Eso no quiere decir que esta clase media sea homogénea en todo el país, menos aún en el caso de las mujeres: en el sur las esposas están más presentes en la vida de sus maridos que en el norte, por ejemplo. No obstante, por lo general las similitudes entre los hombres y mujeres de clase media son mayores que las diferencias por motivos de casta, idioma o región. Es a esta creciente clase media, mayoritariamente urbana y con estudios, a la que pertenece la mujer que está en el punto de mira de los cambios que experimenta la sociedad india contemporánea.

En medio del fuego cruzado entre las ideologías que quieren defender la visión tradicional de la feminidad india y otras que buscan liberarla de lo que se consideran las desigualdades y la represión de los patriarcados amparados por la religión, la mujer india moderna se encuentra en una disyuntiva entre dos fuerzas psíquicas opuestas al intentar reconciliar las ideas tradicionales con las aspiraciones modernas. Se podría contestar a las estridentes críticas, tanto de la extrema izquierda como de la extrema derecha del espectro político, con las palabras del poeta alemán Goethe:

«Sólo eres consciente de un impulso.
¡Nunca aprendes el otro!
Dos almas, ay, viven en mi pecho.
Una quiere separarse de la otra».

Es una niña

Con el fin de valorar la magnitud del cambio que se ha producido en la psique de la mujer india de clase media, es preciso recordar la notable preferencia de esta cultura por los niños, una preferencia que puede haber marcado la psique de generaciones enteras de mujeres.

La vivencia interna de ser niña, de percibir que quizá tu nacimiento no haya traído toda la felicidad que esperaban las personas a las que quieres, de sentir que se te cae el alma a los pies cuando ves un brillo en los ojos de los adultos al mirar a tu hermano pequeño mientras que ese brillo se apaga cuando te miran a ti, puede fácilmente causar una crisis vital en los inicios del desarrollo de la identidad de una niña pequeña. A esta crisis, por lo general silenciosa, curiosamente le pusieron una elocuente voz en los recuerdos novelados de la escritora en hindi Mrinal Pande, que describe las reacciones de su yo ficticio, la pequeña Tinu de siete años, tras el nacimiento de un hermano varón al que precedían tres niñas.

«Una de las tías trae un cuenco reluciente con un caldo especial para madre que huele a hinojo, cilantro y *ghee*.* Trocitos de almendra picada y pistachos flotan en la superficie como pequeños veleros. Madre sonríe y dice que no le apetece beberse el espeso brebaje. "Bébetelo, bébetelo todo —dice mi abuela entrando en la habitación y agachándose para coger en brazos a mi hermana pequeña—. Esta vez amamantarás a un niño." Mi madre se levanta apoyándose en un codo. Le doy un codazo que hace que parte del asqueroso lí-

* El *ghee* es manteca rebajada de grasa que se utiliza como base para la preparación de muchos platos indios. (*N. de la T.*)

quido se derrame. Pienso que me van a gritar, que me van a
zarandear y que me echarán de la habitación por portarme
mal. Pero nada de eso ocurre; hoy no pueden dejar de son-
reír de gozo.

–Esta es la hija de mi Laxmi [diosa de la buena suerte]
–dice mi abuela, apretando a mi hermana pequeña contra
sus enormes pechos–. Ha traído a sus espaldas un hermano.

Todo el mundo sonríe más aún…

–También vosotras tenéis ahora un hermano –nos dice
todo el mundo con alegría–. Os protegerá y perpetuará el
nombre de vuestro padre.

A Dinu [su hermana] y a mí nos entra la risita tonta al
imaginarnos a esa cosita tan pequeña protegiéndonos. La dicha de los mayores es contagiosa.

–Me alegro de que ya haya pasado todo –le dice mi madre a su madre–. Ya no quiero más experiencias traumáti-
cas como esta –añade al tiempo que se tumba, feliz como
una perdiz.

–Shhhhh –nos dice mi abuela de forma poco amable–,
ahora toca que dejemos a vuestra madre descansar.

Estamos casi saliendo por la puerta cuando nuestra madre nos pregunta con angustia si hemos comido. Sus ojos
marrones y profundos nos están diciendo: "No os preocu-
péis, os querré a todos por igual". Dinu y yo sonreímos y
respondemos a la vez: "Sí, hemos comido". Aunque la verdad es que no lo hemos hecho».[2]

La preferencia por el niño varón es tan antigua como la propia sociedad india. Los versos védicos rezan que los hijos
atraerán más prole masculina, nunca femenina. Una plegaria
del *Atharva-veda* añade incluso una nota de malicia: «El nacimiento de una niña concédeselo a otro, aquí concédenos un
hijo». Tal y como señala el indólogo A.A. MacDonnel, «de

hecho las hijas brillan por su ausencia en el *Rig-veda*. Nos encontramos con himnos y plegarias por hijos y nietos, vástagos masculinos, descendencia masculina, con el tema masculino y alguna vez con esposas, pero nunca con hijas. Incluso el perdón se pide para nosotros mismos y nuestros nietos, pero no se reza pidiendo la bendición de una hija».[3]

Cuando nace un hijo en algunas partes del país se toca el tambor, en otras se soplan caracolas y la matrona recibe grandes cantidades de dinero, mientras que el nacimiento de una niña no viene acompañado de este regocijo espontáneo. Las canciones tradicionales cantadas por mujeres muestran cómo son conscientes, no sin dolor, de esta discrepancia en el nacimiento entre las celebraciones de los hijos y la simple tolerancia de las hijas. De ahí que en una canción del norte de la India las mujeres se lamenten de esta forma:

«Escucha, oh, Sukhma, ¡qué tradición ha empezado!
Tocan los tambores por el nacimiento de un niño,
pero en mi nacimiento sólo se golpeó un platillo de latón».

En Maharashtra, la niña, al compararse a sí misma con un blanco jazmín de dulce aroma (*jai*) y al niño con una hoja espinosa de fuerte olor (*kevada*), pregunta quejándose: «¿Alguien notó la dulce fragancia de un *jai*? La robusta *kevada* ha llenado toda la calle con su fuerte aroma». Un proverbio actual de Bengala, en la otra punta del país, expresa esa preferencia culturalmente aceptada de una forma más franca: «Hasta la meada de un hijo trae dinero; que la hija se vaya al infierno».

Es obvio que la preferencia por el nacimiento de un hijo, aunque muy extendida, no es uniforme. Siempre hay una excepción que confirma la regla: en algunas familias, la primera hija, aunque no es tan bien recibida como un hijo, puede ser considerada por los padres como un presagio de buena suerte. Asimismo, en una familia sin niñas el nacimiento de una niña será acogido de buen grado después de una sucesión de hijos. Ahora bien, el nacimiento de una segunda o tercera hija por lo general se considera un infortunio para la familia. El nacimiento de una niña es siempre bien recibido tan solo en algunas partes del país –el noreste y el suroeste–, que tienen ya cierta tradición de sistemas matrilineales de herencia femenina y de residir en la casa de la mujer después de la boda. Sin embargo, estos patrones están cambiando con rapidez acercándose a los que prevalecen en el resto del país.

Aparte de la preocupación patriarcal, universalmente compartida, por preservar el apellido familiar por vía masculina, hay razones económicas y rituales que explican esa notable preferencia por los hijos. La presencia de un hijo es necesaria para el correcto ejercicio de muchos sacramentos, especialmente los que se administran tras la muerte de los padres y son un imperativo para el bienestar de sus almas. Desde un punto de vista económico, a una hija siempre se la considera como un gasto continuo, alguien que nunca contribuirá a los ingresos de la familia y que, tras el matrimonio, se llevará consigo gran parte de la fortuna familiar como dote. En el caso de una familia pobre, los padres quizá tengan incluso que endeudarse para la boda de la hija. En el *Aitareya Brahmana* (al igual que en otros textos antiguos), a lo que más se hace referencia es a la situación económica al afirmar rotundamente que una hija es fuente de miseria mientras que un hijo es el salvador de la familia.

Tal y como muestran los distorsionados datos sobre la ratio hombre-mujer en los estados de Punjab, Haryana y Delhi –que esconden que el feticidio femenino es una práctica muy extendida–, la prosperidad económica y el crecimiento de la clase media en estos estados del norte de la India no han tenido un impacto en la tradicional preferencia por el hijo varón. Sin embargo, es alentador que, a pesar de la decepción inicial ante el nacimiento de una hija, a los padres de clase media les complacen por igual los hijos que las hijas, al menos mientras son pequeños.[4] En su interacción con el bebé, aquellos no muestran preferencia por los niños frente a las niñas, independientemente de si están cuidando a la criatura o jugando con ella. La discriminación, si es que se produce, se da más tarde.

LA DISCRIMINACIÓN Y LA DONCELLA

Según va creciendo, la niña percibe esta preferencia por el varón en el trato diferenciado que reciben las niñas en el seno de la familia. En los recuerdos novelados de Mrinal Pande, la pequeña Tinu, de cuatro años, al visitar a su abuela materna que vive con la familia de su hijo, se da cuenta inmediatamente de la diferencia entre su primo Anu, de su misma edad, y ella. Ya sea mientras preparan banderines de colores para una boda, momento en que Anu se lleva los mejores retales, dejando los peores y más harapientos para Tinu y su hermana, ya sea cuando las hermanas se encuentran un pequeño pavo real hecho de hilo dorado que han de ceder a su primo, por la insistente presión de los adultos –incluida su propia madre–, a Tinu le queda claro que a Anu, por ser el hijo del hijo, nunca le van a negar nada.

Al ir a visitar a su *mami* (tía política por parte de madre), Tinu escucha al padre de esta farfullar: «¡Demasiadas niñas! ¡Demasiadas niñas en todas las buenas casas!», al tiempo que le da un trozo de mango o un caramelo a alguno de sus nietos. En la familia de Tinu, si el tutor de las niñas se queja de su falta de concentración, las hermanas de su madre sonríen y comentan que las niñas al fin y al cabo solo necesitan apren-

der a hacer *chapatis** y cocer lentejas y arroz. La vieja sir-
vienta de la abuela, al encerrar a la perra de la familia por la
noche, dice que así es como le gustaría ver a todas las niñas:
bajo llave y dormidas cuando anochece. Ni siquiera la madre
de Tinu es totalmente inmune a la ideología tradicional sobre
las niñas: «Cuando Dinu y yo nos reímos mucho, mi madre
se enfada y nos dice que ahora sí que vamos a llorar. "Las niñas no deberían reírse tanto" –espeta de mal humor–. A Dinu
y a mí nos da la risa tonta bajo el edredón, y luego con saliva nos ponemos lágrimas de mentira en las mejillas para ahu-
yentar la mala suerte».[5]

La discriminación tradicional hacia las niñas se refleja en
varias estadísticas de las cuales la peor es su *ausencia*, que
se cuenta por millones, de las cifras del último censo.** Junto
con la intocabilidad, el aborto selectivo del feto y el infan-
ticidio femeninos, que a menudo ejerce la matrona a la que
la familia paga para que acabe con la vida de la niña cuando
nace, son quizá las peores lacras de la sociedad india. Las
estadísticas apuntan a que el índice de mortalidad infantil femenina es mayor; a las niñas se las amamanta menos y por
menos tiempo que a los niños; se les da comida de peor calidad, trabajan más horas que los niños y tienen menos acceso
a la escolarización y a la atención sanitaria.[6]

Así pues, estos son los hechos objetivos de la discriminación hacia las hijas en la India tradicional, pero ¿cuál es
la realidad subjetiva? ¿Cómo ven las propias niñas la discri-

---

* El *chapati* es un pan plano de harina de trigo integral que acompaña los platos indios. (*N. de la T.*)

** El censo al que el autor hace referencia es el de 2001; los resultados del más re-
ciente, el de 2011, apuntan incluso a un empeoramiento de la situación. La ratio
hombre-mujer en niños menores de seis años ha descendido en 13 puntos hasta alcanzar 914/1000, cifra más baja desde la independencia. Según la publicación *The
Lancet*, en esta década se podrían haber abortado 6 millones de niñas. *(N. de la T.)*

minación *de facto*? Sabemos que lo que es relevante a nivel psicológico no es lo que nos ha ocurrido, sino lo que creemos que ha sucedido. Es imprescindible que nos inventemos historias sobre nuestro pasado y nuestra vida para mantener a raya una verdad que podría sorprendernos y sacarnos de nuestro ya precario sentido de bienestar y autoestima. Un completo estudio sobre las niñas, que recoge los resultados de las encuestas realizadas a niñas entre 7 y 18 años en 600 hogares rurales y urbanos en 8 estados indios, nos recuerda el abismo que hay entre los hechos objetivos y su percepción subjetiva.[7] Si se planteara la pregunta de si una niña india *se siente* discriminada y tratada de forma distinta con respecto a su hermano, la respuesta no sería tan clara como en el relato de la pequeña Tinu, o como las estadísticas nos habrían hecho creer. En la percepción "consciente" de las niñas indias, más allá de las distinciones por motivos de educación, región o ingresos económicos, la respuesta a la pregunta de discriminación de género es, de hecho, más bien negativa que afirmativa. En este estudio, las chicas no indican que haya diferencias entre chicas y chicos en lo relativo a la atención sanitaria o la alimentación (pese a que es frecuente que las chicas coman las últimas junto con sus madres). Las chicas tampoco ven diferencia en las recompensas y castigos impuestos a chicos y chicas. En lo que respecta a la educación, más del 70 % de las niñas –con un porcentaje mayor en los estados de Kerala y Maharashtra– consideran que es igual de importante para los niños que para las niñas.

La razón principal por la que la percepción subjetiva de las niñas difiere de la realidad objetiva es que esa preferencia cultural por los niños y la discriminación hacia las niñas, que recogen las estadísticas (o el acceso creativo que puede tener un escritor a recuerdos de infancia ya enterrados), no menoscaba la psique de una niña india. La postura patriarcal hacia las niñas se gestiona y ejerce a través del filtro de la familia. En otras palabras, para que esa desvalorización cultural de las mujeres se traduzca en un sentido dominante de inutilidad o resentimiento en una mujer en concreto, el comportamiento y actitud de los padres y otros adultos hacia las niñas de su entorno familiar han de ir acorde a este menosprecio a las féminas. En los recuerdos de infancia de muchas mujeres es común que aparezcan uno o más cuidadores, un familiar mayor por lo general, cuya actitud y forma de interactuar con la niña nada tiene que ver con los dictados del patriarcado.

Asimismo, el hecho de que tanto niñas como mujeres tengan interiorizado un sentimiento de baja autoestima implicaría que estas no tienen una esfera propia, actividad o sustento independiente alguno, un área de responsabilidad y control en la familia o comunidad, un espacio vital más allá del de los hombres, en el que crear y manifestar esos aspectos de la identidad femenina propios de la intimidad y la colaboración con otras mujeres. Muy al contrario, ambas circunstancias se dan, de hecho, en la India tradicional para mitigar la discriminación y desigualdad de la actitud propia de las instituciones patriarcales.

A partir de informes antropológicos y otras fuentes, sabemos que a lo largo de su vida las niñas son depositarias del afecto y la atención a menudo compasiva de sus madres.[8] «Hago girar la piedra del molino de harina con la rapidez de un ciervo corriendo; esto se debe a que mis brazos son fuertes gracias a la leche materna que tomé.» Este y otros pareados que cantan las mujeres en toda la India son el testimonio de los recuerdos de una hija del cariño de su madre por ella y de la autoestima y fuerza de voluntad que a su vez este cariño le inculcó.

A medida que una niña va creciendo, aparte de la empatía de su madre hacia ella, las relaciones con otros miembros de la familia extensa pueden servir para canalizar el posible resentimiento que tenga hacia sus hermanos. Entre los muchos adultos que conforman la familia extensa suele haber alguien que ofrece a la niña pequeña ese tipo de adoración y sensación de ser única que por lo general recibe el hijo varón. Por supuesto, cuando la niña es hija única es más probable aún que así sea: de ahí que en los cuentos tradicionales, por muchos hijos varones que tenga una pareja, siempre hay una hija de entre todos que es la favorita de los padres.

En el caso de Tinu, aparte del regalo de tener una rica vida interior y el recurso de una imaginación poética, lo que le permite afrontar la discriminación de forma creativa sin sentir resentimiento es el hecho de tener acceso emocional a su padre.

> «Si nadie me va a prestar atención, entonces quiero poder flotar libremente, mugrienta y despeinada, por las amplias habitaciones vacías y solitarias donde puedo bailar con las sombras después de que Dinu y mi madre se hayan ido a la casa ruidosa y llena de gente de la abuela […].
>
> Me encanta que se olviden de mí.
>
> En cuanto doblan la esquina, me meto corriendo, pues sé que la casa es sólo para mí. Ahora puedo cantar, reír, poner caras delante del espejo, y escarbar en el jardín en busca de gusanos. Además, puedo tener a mi padre para mí sola cuando viene a comer. Puedo contar una historia tras otra para entretenerlo mientras come, y él asiente con la cabeza de buen humor, sin que le importe en absoluto que tire las cosas de la emoción.
>
> Pero no es fácil que se olviden de ti».[9]

En la India tradicional, toda mujer nace en una comunidad de mujeres bien definida dentro de su familia. Aunque ni por asomo esto sea sinónimo de solidaridad y buena voluntad, la

mera existencia de esta esfera exclusiva de feminidad y do-
mesticidad le ofrece a la mujer una oportunidad tangible de
ser productiva y sentirse viva. Relacionarse con otras mujeres en esta esfera, aprender las destrezas necesarias para
desempeñar las tareas del hogar, cocinar y cuidar de los niños, hacerse su hueco en este mundo primario: estas relaciones y tareas son el día a día de la juventud de las chicas
indias. Además, cuando es necesario, otras mujeres de la familia –su madre, tías, hermanas, cuñadas– se comportan no
solo como profesoras y modelos de referencia para la niña india, sino también como sus aliadas contra la discriminación
y la desigualdad de los valores patriarcales del mundo exterior. Con bastante frecuencia, en la "trastienda" de la cultura
femenina, tal y como reflejan las baladas, canciones de boda
y chascarrillos, las mujeres sí que reaccionan contra la discriminación de su cultura al retratar a los hombres como vani-
dosos, desleales e infantiles.[10]

> «"Nunca digas que una serpiente es 'inofensiva' o que tu
> marido es 'tuyo'", se lamentan las mujeres en Maharashtra;
> "El marido es marido en la cama, *Yama* [dios de la muerte]
> cuando se levanta", dicen las esposas en telugu;* y las mu-
> jeres de Karnataka ironizan diciendo "Un pavo real antes
> de la boda, un león durante el compromiso y una oveja des-
> pués de la boda"».

Por último, las jóvenes cuentan con el ejemplo de otras mujeres mayores que ellas, todas madres, que son respetadas y
tienen poder en los asuntos familiares. El tan criticado legislador hindú Manú es un misógino con reservas. Sus infames

---

* Telugu es una lengua dravídica que se habla principalmente en el estado de Andra
Pradesh, en el sur de la India. (*N. de la T.*)

declaraciones contra las mujeres se limitan a la mujer joven: «Un institutor es más venerable que diez subpreceptores; un padre más que cien institutores; una madre, más venerable que mil padres».[11]

Todos estos factores ayudan a mitigar el daño que se le puede infligir a la autoestima de una niña, cuando esta descubre que, a los ojos de su cultura, es menos que un niño.

Si dejamos de lado los hechos objetivos de discriminación hacia las hijas en las familias de clase media –donde probablemente se produzcan menos que en la India tradicional–, desde un punto de vista subjetivo muchas de estas chicas están convencidas de que sus padres las consideran iguales a sus hermanos. De hecho, el paradigma de la discriminación por cuestión de género ha sufrido un revés a partir de un estudio realizado con 130 chicos y 90 chicas en una escuela en la ciudad de Pune, cuyos resultados indican que las niñas se consideran más respetadas por sus padres que los niños.[12] ¿Y qué pensar ante otro estudio que señala que las mujeres indias de clase media con estudios definen a sus padres como más "cariñosos", es decir, afectivos, empáticos y cercanos, que como los definen mujeres estadounidenses en iguales condiciones?[13] En pocas palabras, la discriminación por cuestión de género que experimentará una chica de clase media en la familia es notablemente menor que la que deparará el destino a su homóloga tradicional en la India rural.

La diferencia entre las chicas de clase media de la ciudad y las chicas tradicionales del campo es más marcada en el ámbito de la educación. Al tiempo que la idea de que las chicas reciban una cierta educación está cada vez cobrando más peso en todo el país, los padres de clase media no ven con malos ojos que sus hijas tengan acceso a la educación superior, pues la consideran necesaria para que la chica alcance cierto grado de autonomía. La educación universitaria le permitirá contribuir a los ingresos familiares después de haberse casado y podrá mantenerse por sí misma si, desafortunadamente, se deshiciera el matrimonio, una posibilidad que recientemente ha empezado a aparecer en el horizonte de la clase media.[14] De ahí que se anime a la hija a dedicarse a fondo a los estudios y sus logros académicos se vean recompensados con la satisfacción y el orgullo de los padres, mientras que su implicación en las tareas domésticas, aunque sigue siendo mayor que la de su hermano, será siempre menor que la de su homóloga en las zonas rurales.

La etapa de la pubertad

Los últimos años de la niñez marcan el inicio de una formación premeditada de las niñas indias para que aprendan a ser buenas mujeres, y por este motivo se les inculcan deliberadamente determinados roles femeninos. Así es para todas las chicas, aunque entre la nueva clase media el salto de los primeros a los últimos años de la niñez no es tan marcado y los valores femeninos tradicionales quedan atenuados por las importaciones modernas.

Como su homóloga tradicional, al entrar en la etapa de la pubertad la niña de clase media aprende que las "virtudes" de la condición de mujer que regirán su vida son la sumisión y la docilidad en el hogar del marido, que el principal objetivo de su vida consiste en satisfacer a su futuro marido y a sus suegros. Este aprendizaje, sin embargo, se ve trastocado por la modernidad de la clase media, que empuja a las chicas al éxito en los estudios, la igualdad y una relativa independencia. El mensaje que reciben de sus padres es contradictorio: la obediencia y el conformismo, el altruismo y la abnegación siguen siendo los ideales de la condición de mujer, así como la idea de que una buena mujer no "agita las aguas", no compromete el orden establecido. Los padres de clase media, sin embargo, también alientan a sus hijas a que tengan éxito en los estudios y se enorgullecen de ello. Mantienen expectativas sobre la carrera profesional de su hija, aunque más ambiguas que las que tendrían para un hijo. Aun así, lo que realmente desean para sus hijas es un "buen" matrimonio. La educación superior de la chica, más que a tener una carrera profesional, la ayudará a encontrar un hombre con estudios, con un buen nivel económico y de una familia respetable, aunque estas expectativas no se cumplen automáticamente. Si una chica continúa con sus estudios con el único y decidido fin de hacer carrera, es porque un familiar adulto cercano, con carácter y determinación, la ha empoderado para hacerlo mostrándole su aprobación y apoyo. La experiencia clínica y los grupos de discusión con mujeres de clase media apuntan a que en las familias en las que las madres no son mujeres con carrera profesional, la hija toma como referencia al padre y lo identifica como el representante del mundo exterior y moderno. La opinión del padre es decisiva a la hora de influir en su elección profesional y legitimar sus aspiraciones intelectuales.

La flaqueza de la autoestima de las chicas indias durante los primeros años de la pubertad está íntimamente relacionada con el hecho de que justo en este periodo del desarrollo, lleno de cambios hormonales y volatilidad emocional, se refuerza la formación en el servicio y la abnegación como preparación para los papeles de nuera y esposa que tendrá que desempeñar de forma inminente. A fin de seguir contando con el amor y la aprobación de su familia –provisiones narcisistas necesarias para reafirmar la autoestima–, las chicas tienden a amoldarse, incluso en exceso, a las prescripciones y expectativas de los que están a su alrededor.

La pubertad es asimismo una etapa de la vida en la que no se puede enmascarar ese trato diferencial a las niñas. Aparte de la formación para ser una buena esposa y nuera, la otra gran diferencia en la educación de chicos y chicas la establecen las limitaciones sobre la libertad de movimiento de una chica. Ya sean impuestas a la fuerza o de forma relativamente indulgente, las restricciones van más allá de las diferencias campo-ciudad, tradición-modernidad o de tipo demográfico. En la India tradicional, a las chicas no se les permite jugar con chicos y se ven confinadas a la compañía de personas de su mismo sexo. Hay muchas prohibiciones sobre el tipo de ropa que pueden llevar. A una chica se le permiten muy pocas actividades ociosas que impliquen salir de casa, como visitar a amigos, ir al mercado o al cine, y que la pueden llevar a entrar en contacto con personas del sexo opuesto. Los ritos de la pubertad en muchas partes del país enfatizan que el cuerpo de la chica está "floreciendo" o "madurando" para ser mujer y, por tanto, preparándose para desempeñar la tarea que, según su cultura, es clave en el ciclo vital de una mujer: la procreación y la maternidad. La madurez sexual de las chicas se percibe como un paso más en el camino a convertirse en una mujer cuya fertilidad añadirá valor a la familia. Aun así, al mismo tiempo se teme el periodo de la pubertad por el peligro que conlleva de desenfreno y despreocupación sexual que podría deshonrar y avergonzar enormemente a la familia y a la comunidad. Se ha de proteger a la chica –tanto de sí misma como de los hombres– en ese periodo tan vulnerable entre la pubertad y el matrimonio, un periodo que hay que procurar que sea lo más corto posible. Esta protección se traduce básicamente en los esfuerzos de la cultura por moldear el modo en que la chica muestra su cuerpo y en limitar sus encuentros con hombres. Por ejemplo, lo que se espera de una chica es que no ande a zancadas "masculinas", sino a pasitos cortos, suaves, prácticamente inaudibles, a lo que la obliga el sari o medio sari que ha de llevar ahora. Desde un punto de vista tradicional, cualquier acción que pueda mínimamente resonar a desenfreno (personificado en una prostituta, una bailarina o una cortesana), como una mirada atrevida o reírse en alto, masticar hojas de betel (*paan*) que dejan la boca roja, apoyarse contra un pilar o en la pared o estar en el quicio de la puerta, recibe la desaprobación manifiesta de la familia.[15]

Hoy en día, esta situación es más común en las comunidades rurales y de pequeñas ciudades de la India. Las restricciones sobre la forma en la que se comporta una chica de clase media son más laxas, pero no por ello inexistentes. Una chica que vaya a la universidad en Delhi, por ejemplo, quizá sonría ante las payasadas que un chico haga para llamar su atención, pero se lo pensará dos veces antes de echarse a reír a carcajada limpia. En cierto modo, la chica todavía es consciente de esa "sabiduría" popular tradicional propia de las interacciones hombre-mujer en este periodo de su vida, que ha adquirido de la familia y la comunidad y que, por ejemplo, establece que los chicos creen que «Jonhasi, wo phansi» (Si una chica se ríe, ya la tengo comiendo de mi mano).

Las chicas no ven las restricciones que les imponen las mujeres de la familia (madres y abuelas) como medidas de castigo, sino como la realidad del mundo en el que viven. Estas limitaciones a su libertad son el estado "natural" de las cosas, y la chica, toda "buena chica", ha de respetarlas para protegerse a sí misma y proteger el buen nombre de la familia. El mensaje que se le transmite a la joven es que ella es la responsable de mantener la distancia con los chicos y los hombres, salvaguardando de esta forma su "pureza", que representa al mismo tiempo el honor (*izzat*) de toda la familia. Se le hace entender, no sin minar su capacidad de gestionar su vida como mujer, que las mujeres jóvenes son débiles y vulnerables, incapaces de resistirse ante determinadas insinuaciones de los hombres o los impulsos de su propia naturaleza sexual.

Ni siquiera las chicas de clase media son rebeldes o críticas respecto a las restricciones que se les imponen en sus relaciones con los chicos. Aunque una abrumadora mayoría está a favor de la educación mixta, a una buena parte de las chicas en la universidad, al menos en los pueblos y ciudades pequeñas, les gustaría que su interacción con los chicos se limitara a las actividades educativas, y que no se llegara a una más personal, y por supuesto nunca hasta el punto de "salir" en el sentido occidental.

En este ambiente que incita a evitar el contacto directo con los hombres hay, sin embargo, un hecho doloroso: el poco tiempo que una hija pasa con su padre. En la India tradicional, en menos de la mitad de las familias (prácticamente dos tercios en Bihar, Odisha y Uttar Pradesh) comen juntos, siendo este el único momento que una hija puede compartir con su padre. Aunque hay más contacto entre padre e hija en las familias de clase media urbana, la figura del padre ausente, que no participa en las actividades de su hija, de hecho «refleja una de las mayores tragedias de la vida familiar india».[16]

Nuestra intención no es exagerar la desolación de la pubertad en el ciclo vital de una chica india tradicional. La recompensa por este periodo se traduce en una mayor indulgencia materna, que paradójicamente goza de aceptación cultural a pesar de que la madre es el agente principal de los esfuerzos de la familia por moldear a la hija según marca la cultura. La chica, considerada como una invitada en su propia familia "natal", a menudo recibe un trato de preocupación aprensiva que normalmente se le daría a una extraña que, de repente, se casará y abandonará a su madre para siempre. Consciente del destino de su hija, la madre vuelve a experimentar los conflictos emocionales que le provocó su separación, lo que la lleva a aumentar su actitud indulgente y solícita con su hija. Como hemos señalado anteriormente, la condición de hija tiene sus ventajas precisamente porque la condición de mujer que le espera será aún más restrictiva. Con razón le resulta totalmente imposible a una chica india rebelarse contra las limitaciones de su condición de mujer y la identidad que esta le impone. Interioriza los ideales propios de la condición de mujer, cuida al detalle su comportamiento para garantizarse el amor y la aprobación de su madre, de los que, ahora más que nunca, se siente dependiente pues está a punto de irse de casa. La ironía de la transición a la madurez para una chica india es que, para ser una buena mujer y una novia correcta, ha de ser más que nunca la hija perfecta.

EL MATRIMONIO: ¿ES EL AMOR NECESARIO?

En la India tradicional, el matrimonio de una hija es un periodo de prueba para toda la familia y, por lo general, una situación abrumadora para la chica. Si nos paramos a pensar, en el norte de la India, teniendo en cuenta las normas que establecen que el matrimonio debería ser con un miembro de la misma casta o de un grupo de subcastas –excluyendo a los familiares (lo que prácticamente elimina a todos los hombres del pueblo)–, es probable que una chica acabe casándose con un extraño de algún sitio lejos del lugar en el que ella se crió. Y lo que es más importante y un fenómeno panindio, puede que tenga poco que decir ante la elección de su futuro compañero.

Como veremos más adelante, las chicas indias modernas también prefieren los matrimonios concertados, aunque se sienten con mayor capacidad para participar en el proceso de decisión. Si por un lado en el entorno tradicional los aspectos que más se valoran en un chico a la hora de concertar el matrimonio tradicional son la casta y el estatus familiar, seguidos del poder adquisitivo, para la clase media los estudios y la "personalidad" del novio cobran cada vez más importancia. Es también en esta clase social en la que no solo se espera que la chica dé su opinión, sino que se le solicita expresamente, ya que suele tener poder de veto sobre cualquier propuesta de unión en matrimonio hecha en su nombre. Paradójicamente, debido a la expansión de la cultura global de consumismo de la que la clase media india es activamente partícipe, la cantidad de dinero y bienes materiales que el novio espera como dote son hoy mucho mayores que las modestas expectativas de intercambio en los matrimonios hindúes tradicionales.

A pesar de sus convicciones internas y resoluciones conscientes de ser una buena esposa y una nuera ejemplar, la novia llega a la casa de la familia del marido con una ansiedad exacerbada y una cierta sensación de pérdida. Muestra una cautela que roza el antagonismo hacia su suegra, quien ha usurpado el lugar de su madre, tan añorada y necesaria, una mezcla de tímida anticipación y resentimiento hacia las hermanas de su marido y las mujeres de la familia que se atrevan a remplazar a las hermanas, primos y amigos que tenía en casa. Y aparte están los sentimientos ambivalentes de esperanza y miedo hacia el desconocido que ahora es su marido y que reclama su intimidad.

Además, en la jerarquía social de la nueva familia, la novia suele situarse en la parte más baja del escalafón. Se da por supuesto que ha de obedecer y cumplir los deseos de su suegra, y cualquier error u omisión por su parte son susceptibles de provocar comentarios sarcásticos sobre sus capacidades, su aspecto o la educación que recibió en casa de su madre. En los matrimonios de clase media, su situación no es tan precaria. Al casarse más tarde, normalmente en la veintena, la mujer de clase media ya no entra a formar parte de la familia de su marido como una nuera sumisa. Gracias a su educación y madurez, desde el principio empieza a desempeñar un papel relevante en los asuntos familiares. Sin embargo, las posibilidades de afirmación personal de la mujer de clase media en el matrimonio y en la nueva familia se ven claramente limitadas por las "marcas" tradicionales, bien grabadas en su mente durante la infancia. Además, ella cree que llevarse bien con su familia política y ganarse la aprobación de sus miembros, incluida la tan temida y tradicionalmente criticada suegra, son obligaciones importantes, incluso si esto implica un cierto sacrificio y abnegación.

En este sentido, resulta útil el haber preparado a la chica india para lo que se va a encontrar cuando vaya a casa de su marido, o al menos haberla puesto en preaviso. Ya se ha concienciado más o menos para la dura transición gracias al asesoramiento que recibe por parte de su madre y de otras mujeres de la familia sobre lo que le espera en su nuevo *hogar*, a las historias, proverbios, canciones e información que deduce de las vivencias de sus amigas recién casadas que vuelven de visita a casa. Si se casa muy joven, la novia se va iniciando en su nueva vida de forma paulatina, intercalando visitas a casa de sus padres donde el amor indulgente que recibe puede aliviar gran parte de la soledad y resentimiento acumulados. Incluso en el hogar del marido, el aislamiento de la joven se ve mitigado gracias a las relaciones de familiaridad informal que puede entablar con ciertos miembros jóvenes de la familia del marido, y especialmente con otras sufridoras, las nueras de la casa.

Hay que añadir que, aunque la relación estereotipada entre una suegra arrogante y una nuera que sufre en silencio es una realidad amarga para muchas mujeres, los cambios que se están produciendo en la estructura de poder de la clase media con estudios han hecho que muchas suegras consideren que siempre tienen todas las de perder. La suegra se siente resentida y defraudada puesto que, si bien ella tuvo que sufrir los antojos y cambios de humor de los familiares mayores cuando era joven, ahora, cuando le toca el turno de recoger los frutos de ser la matriarca de la familia, la madre de los hijos adultos, no puede dar por supuesto que tendrá ni el respeto de su nuera con más estudios ni la lealtad de su hijo.

Aunque el cliché de la suegra cruel y la nuera sufridora (incluso si se contempla el posible triunfo de la mujer joven sobre su contrincante más mayor) es la materia prima para muchas canciones de mujeres, cuentos tradicionales y telenovelas de gran audiencia, rara vez se reconoce que, al fin y al cabo, la suegra no es sino un agente más en la familia india. Si tenemos en cuenta el principio organizativo de la familia india tradicional, en la que los vínculos filiales padre-hijo son más importantes que los lazos marido-mujer (que son el eje de la familia occidental moderna), la nueva novia supone una verdadera amenaza para la unidad de la familia extensa. Siendo perfectamente consciente del poder del sexo para derrocar los valores familiares religiosamente aceptados y las tan arraigadas normas sociales, a la familia le preocupa que la joven esposa pueda hacer que su marido desatienda sus deberes como hijo, hermano, sobrino, tío; es decir, que vuelque en ella su lealtad y afecto en lugar de seguir siendo un buen hijo.

No es que sean actitudes excluyentes, pero la costumbre, la tradición y los intereses de la familia exigen que, en ese reajuste de papeles y relaciones que se inicia cuando se casa el hijo, la pareja no tenga el papel protagonista, al menos no durante los primeros años del matrimonio. Se vigila muy de cerca cualquier indicio de que se están forjando vínculos de apego y ternura entre marido y mujer, y se impide que vayan a más. Las insinuaciones de un "encaprichamiento juvenil" o comentarios descaradamente vergonzosos no dejan lugar a que la joven pareja de marido y mujer expresen públicamente afecto el uno por el otro; y de hecho son escasos los momentos en los que están completamente solos de noche. La tan calumniada suegra, además de (o incluso por) verse animada por su propia actitud posesiva hacia el hijo, ya no es el agente designado por la familia para evitar la creación de una célula "foránea" en el núcleo familiar.

Cabría esperar que la transición al matrimonio fuera más fácil para las mujeres en el sur de la India por la tradición de los matrimonios entre primos o entre tíos y sobrinas, que garantizan que las mujeres no se casen con completos desconocidos y no tengan que asentarse muy lejos de la casa de sus padres. El matrimonio debería ser incluso más fácil para mujeres de lugares como Kerala, por su tradición de familias matrilineales en determinados sectores de la población. Este estatus "más elevado" de las mujeres, sin embargo, no parece aliviar el nivel de estrés y presión que ejerce el matrimonio en las jóvenes: en Kerala, por ejemplo, se han registrado numerosos casos de muertes de mujeres por motivos relacionados con la dote, al tiempo que Thiruvananthapuram (Trivandrum), la capital del estado, registra los índices más elevados de violencia doméstica de las ciudades indias.[17] Los altos índices de alfabetización y participación en el trabajo formal, una mayor libertad y capacidad para tomar decisiones, como es el caso de las mujeres de Tamil Nadu, no son suficientes para derrocar el peso de las normas culturales que rigen el papel y comportamiento que se espera de una mujer recién casada.[18]

Ya hemos señalado que la visión panindia, por todos compartida, sobre el matrimonio es que no es una relación entre dos personas, sino una alianza entre dos familias o, lo que es más, entre dos clanes. La elección de la pareja, por tanto, no es una elección individual, sino que se encarga de ello la familia. Aunque, tal y como hemos visto, en las familias más modernas los jóvenes tienen derecho de veto sobre la pareja que eligen sus padres, incluso en este punto hay una cierta discriminación de género; las consultas a la hija son más superficiales que las que se le hacen al hijo.

No es solo una cuestión de que el matrimonio concertado sea una norma panindia, que no hace distinción por motivos de nivel educativo, clase social, región o religión, sino que pocas veces los jóvenes lo consideran una imposición, pues una abrumadora mayoría los prefieren frente a los matrimonios por amor, típicos de las sociedades occidentales contemporáneas. La preferencia se explica, en parte, porque el joven acepta la definición cultural de matrimonio como un asunto familiar más que individual, donde la armonía y los valores compartidos que nacen de un contexto común son más importantes que la fascinación individual.

Además, el matrimonio por amor cuenta con mala prensa en la India, puesto que se considera que no tiene un final feliz. Esta reputación es algo más que un simple rumor o prejuicio, no por el amor entre los jóvenes que pusieron en marcha el matrimonio, sino por la reacción de la sociedad, que somete al matrimonio a una gran presión. De ahí que, por ejemplo, un estudio de hombres y mujeres de diferentes castas de 15 pueblos en Tamil Nadu revele que solo 5 de cada 70 mujeres se casaron sin concertar el matrimonio. Ninguna de las 5 recibió apoyo por parte de los padres para la boda; tuvieron que fugarse y casarse en un templo. El autor escribe: «Todas menos una se arrepienten de su decisión.

La oposición de los padres del marido ha hecho que sus vidas sean miserables. Sus maridos no han podido separarse de sus padres por cuestiones económicas, y el hecho de que la mujer haya llegado "con las manos vacías" [sin oro ni dinero, como suele ser lo normal en las bodas tradicionales] y sin apoyo alguno de su propia familia no ha hecho más que empeorar las cosas».[19]

Quizá el gran atractivo del matrimonio concertado es el hecho de que libera al joven de la ansiedad que puede provocar el encontrar pareja. Ya sea uno atractivo o del montón, gordo o delgado, puede dar por seguro que le encontrarán una pareja adecuada. Aunque la belleza física es importante para la joven india, a la hora de escoger una pareja no tiene tanta importancia como en las sociedades occidentales. En la India, la industria de la belleza sin duda puede aprovecharse del deseo latente de la mujer de ser guapa, un deseo que posiblemente haya sido reprimido por mucho tiempo en la India tradicional, pero que empieza a tener voz. Sin embargo, no puede, como ocurre en Occidente, jugar con el miedo de una mujer a no encontrar nunca pareja simplemente por no haber hecho lo suficiente por mejorar su aspecto.

Llama poderosamente la atención que este consenso a favor del matrimonio concertado haya perdurado durante siglos; de hecho, el único texto hindú antiguo que considera el matrimonio por amor como la forma suprema de matrimonio es el revolucionario *Kamasutra*. Entonces, ¿qué ocurre con las películas de Bollywood donde reina el matrimonio por amor y se presenta como el único camino a la felicidad?[20]

Hoy en día, el amor y el impulso lírico de su narrativa son verdaderamente universales, una de las pocas constantes que quedan en un mundo que hace del relativismo cultural un fetiche. La pasión erótica, con los tiernos descubrimientos, tormentos repentinos y deseos arrolladores del amor, es uno de los últimos bastiones que comparte la humanidad. Los indios también están enamorados de la historia de amor, de las historias de Bollywood sobre jóvenes amantes que se supone expresan los sentimientos románticos más puros. En la India, como en la mayoría de las culturas a lo largo de la historia, la historia de amor nunca ha sido un reflejo, sino más bien la subversión de las convenciones que rigen las relaciones entre sexos.[21] El placer que se obtiene de esta subversión es una de las muchas fascinaciones duraderas de la historia de amor, que permite satisfacer indirectamente nuestros deseos ocultos y oscuros anhelos.

La historia de amor, ya sea en el cine o en la literatura, refleja el sueño de capturar la frescura y espontaneidad del amor, libre de toda restricción social e inhibición interna, el sueño de volverse uno con el amado, superando las fuerzas que apagarían el deseo y el impulso de fusión. En una sociedad profundamente jerárquica, con las barreras que suponen la casta y las clases sociales y que son difíciles de superar, incluso para el dios del amor Kama, el sueño es el del amor liberado del yugo de las obligaciones y deberes familiares para con los mayores y demás guardianes de las tradiciones sociales. Así pues, las películas de Bollywood no son una guía para el matrimonio indio, sino un pasadizo al sueño universal del amor. Lo que ofrecen no son modelos de conducta para los jóvenes, sino la nostalgia romántica de la frescura del amor a hombres y mujeres de todas las edades.

¿Qué sucede con el amor en un matrimonio concertado? ¿Está condenado a seguir siendo un sueño, una sed no saciada? ¿Tiene que quedar totalmente anegado por el ideal de seguridad del matrimonio concertado? Un matrimonio concertado no anula el encanto del sueño del amor, aunque hay que admitir que apaga los vivos colores de este sueño. Los estudios muestran que, en el caso de las mujeres pobres en la

India tradicional, las expectativas que tienen sobre un futuro marido son muy básicas: «No debería beber ni pegarme, y debería apoyarme a mí y a mi familia».[22] Las mujeres que pertenecen a estratos sociales más elevados pueden tener más expectativas, como que el marido tenga estudios, un empleo remunerado y que sea "moderno" en el sentido de que no restrinja demasiado la libertad de la esposa. En las clases altas, donde las expectativas son incluso mayores, las mujeres jóvenes no se embarcan en el matrimonio con grandes esperanzas como en Occidente. La mujer no espera, como sí ocurre en las sociedades occidentales, que la pareja satisfaga todas sus necesidades y anhelos emocionales, que su marido sea no solo un hombre sexualmente adulto, sino padre, madre, hijo y hermano gemelo (y viceversa en el caso del hombre). El hecho de que exija al marido, mayoritariamente de forma inconsciente, que desempeñe estos múltiples papeles, en lugar de buscarlos en los miembros de la familia extensa como es el caso en la India, probablemente sea una de las causas del malestar en los matrimonios occidentales.

A partir de exhaustivas entrevistas a mujeres de los barrios de chabolas más pobres, sabemos que ni siquiera en la India se ha desvanecido el sueño del amor de combinar la ternura con el erotismo, el respeto mutuo con el cuidado del otro.[23] Sin embargo, lo que marca la diferencia con Occidente es cuándo experimentarlo. No se pretende experimentar el amor antes del matrimonio, sino que idealmente surge en la *jodi* (pareja) que se crea después del matrimonio.

La miseria de la vida en el barrio de chabolas no apaga la luminosidad del anhelo romántico de la mujer por experimentar el amor del marido. Muy al contrario, las pésimas condiciones materiales y la lucha contra la pobreza hacen aflorar en todo su esplendor el "sentido de la vida bajo el prisma del amor", por citar al poeta Philip Larkin. El sueño del poder transformador del amor, de lo que la mujer podría haber sido si su marido la hubiera querido profunda y sinceramente, está fuertemente anclado en medio de (y quizá a causa de) todo el sufrimiento y patetismo de su existencia.

La imagen central de este sueño es la pareja o *jodi*. Ni que decir tiene que la pareja ejerce en todo el mundo una poderosa atracción en el imaginario del ser humano, si tenemos en cuenta nuestros deseos más profundos de que la pareja nos vea como dios lo habría hecho, es decir, con un amor incondicional y una comprensión total. Resulta revelador que, en lugar de que haya un consenso social a favor de la familia extensa y elogios generalizados sobre sus virtudes, la pareja sigue siendo la estrella polar en el imaginario cultural de las mujeres indias. Se simboliza con el *mithuna* (coito) en las esculturas medievales de los templos, y su manifestación mejor lograda es el *Ardhanarishwara*: Shiva, en su forma de mitad mujer mitad hombre, representa la *jodi* como una única entidad de dos personas. A partir de este ideal cultural, el hindú invoca a la deidad no como una unidad sino como a una pareja: Sitarama, y no Sita y Rama; Radhakrishna, y no Radha y Krishna.

El hecho de que la *jodi* esté tan presente y sea tan importante para el sentido de identidad de una mujer nos ayuda a entender mejor por qué muchas mujeres, a pesar de ser económicamente independientes, optan por seguir siendo humilladas en lugar de abandonar a un marido opresivo; por qué algunas mujeres, en momentos de mucho estrés conyugal y de furia explosiva contra la pareja, optan por suicidarse en lugar de separarse. La persistencia de este ideal explica por qué una mujer, de cualquier clase, tiende a negar que tenga problemas en su matrimonio (que su marido sea alcohólico o que la pegue), para mantener en pie la imagen de una pareja feliz. Confesar que no es feliz en su matrimonio no solo implica resignarse al hecho de no haber alcanzado un objetivo personal deseado, sino que también supone traicionar un fuerte ideal cultural.

El profundo deseo que tiene una esposa, como mujer, de tener intimidad con su marido, como hombre, es un tema muy presente en la literatura y en las vidas de las pacientes de clase media que acuden a psicoterapia. Pasando por todas las etapas de la edad adulta de una mujer, desde la novia expectante a la abuela más sobria, en su consciencia siempre está presente ese intenso deseo de crear un universo para dos con el marido, donde finalmente poder "reconocer" al otro. Es un rayo de esperanza en medio del trabajo duro y pesado, las peleas, los desencantos y las raras alegrías de su tormentosa existencia en la familia extensa. El sueño de experimentar amor en el matrimonio está bien anclado en medio del sufrimiento y el patetismo de su existencia como una novia joven. Este amor es más calmado, sin el delicioso delirio que caracteriza al cortejo y los inicios del matrimonio en Occidente; el tono sentimental que prevalece es el de la satisfacción, y no el éxtasis, que aporta la unión. En otras palabras, el sueño del amor sigue siendo necesario en el matrimonio. La diferencia es que en los matrimonios indios este amor tiene una calidad distinta; es menos dominante en términos románticos y eróticos, y no tiene que preceder al matrimonio, sino que puede aparecer más tarde, a veces incluso años después, cuando ya la pareja está en la edad adulta.

Evidentemente, hay condiciones objetivas para que la pareja se enamore después de casarse. Los matrimonios concertados funcionan mejor, y quizá solo pueden funcionar si chicos y chicas han estado separados en la juventud y se casan a una edad temprana, antes de que tengan la oportunidad de comparar entre toda una gama de posibles parejas. Salvo en el caso de una minoritaria clase alta, estas condiciones se cumplen en el resto de la sociedad india. La presión hormonal que genera el celibato forzado durante la juventud y la falta de experiencia con el sexo opuesto garantizan que la persona joven esté biológica y emocionalmente preparada para enamorarse si el cónyuge satisface razonablemente sus expectativas.

EL HOGAR Y EL MUNDO*

Las mujeres de clase alta de zonas urbanas y con estudios empezaron a trabajar fuera de casa a partir de los años cuarenta. Antes habría sido impensable que una chica de una familia respetable entrara en el mercado laboral y buscara trabajo. Este fenómeno de las mujeres de clase media con trabajos remunerados se ha acelerado desde los años setenta, principalmente por dos razones. Por un lado, el cambio de la visión tradicional sobre la educación de una hija que ahora fomenta la educación superior de las chicas y permite que desempeñen trabajos que cuentan con aceptación social. Y por otro lado, las necesidades económicas cada vez mayores de las familias de clase media, que se explican en parte por unas aspiraciones de consumo más elevadas.

La mayoría de las mujeres de clase media ocupan puestos de nivel bajo o medio, como empleadas de oficina, secretarias, operadoras telefónicas, o puestos mejor remunerados en los centros de atención telefónica que proliferan en el país. Las que tienen cualificación profesional trabajan en los ámbitos de la enseñanza en escuelas y universidades, medicina e investigación. En la última década, un número pequeño pero

---

* *El hogar y el mundo* es el título de una obra del escritor bengalí Rabindranath Tagore, en la que el autor narra su propia lucha interna entre seguir las ideas de la cultura occidental o revelarse ante estas. (*N. de la T.*)

significativo de mujeres de clase media se han desencasilla-
do de los que durante mucho tiempo se consideraban puestos para mujeres y han entrado en el mercado de la publicidad, el *software*, la gestión empresarial, o se han establecido
como empresarias a pequeña escala. La mayoría de estas mujeres, sin embargo, dan muestras de invertir mucho más en su
carrera profesional que la mayoría de las mujeres trabajadoras de clase media.

Las mujeres que tienen o han tenido un trabajo remunerado sienten que, en comparación con sus madres, el hecho
de poseer estudios superiores y una cualificación profesional ha sido determinante para mejorar su estatus social y autoestima. Es evidente que las mujeres que siguen trabajando
se sienten satisfechas con la libertad de movimiento y la independencia que les concede el trabajo. Incluso las mujeres
de clase media que no trabajan destilan más confianza en sí
mismas que la generación de sus madres. Creen que tienen
un mayor control sobre su propio destino, ya que sus estudios
les permitirán entrar en el mercado laboral en caso de que hiciera falta. Lo que refuerza su autoestima no es tanto el hecho
de tener un trabajo, como el de estar cualificada para tenerlo.

Tal y como es de esperar, el interés de una mujer de clase
media por los asuntos sociales, culturales y políticos, alimen-
tado por lo que ve en televisión, lee en las revistas y, en menor medida, en los periódicos, es mucho mayor que el de una
mujer tradicional. En otro orden de cosas, la mujer de clase
media, sin embargo, se encuentra más sola que la mujer tradicional. Para esta última, su inmersión en la vida de la familia extensa y en determinados sectores de actividades domésticas, sociales y rituales que se practican en las comunidades
de mujeres ha consumido su energía y satisfecho gran parte de sus necesidades de amistad e intimidad. Los vínculos
de la mujer moderna de clase media con la familia –la suya

propia y la de su marido– son más débiles, sus amistades intermitentes y su círculo social más limitado. En cuanto a la tan deseada intimidad en su vida, la busca cada vez más en el marido, y, con algo de suerte, este se la acaba proporcionando.

La tradición sigue anclada en la mentalidad de la mujer de clase media en tanto en cuanto esta considera que las obligaciones domésticas y maternales son una parte clave de su identidad, y esto es válido tanto para el ama de casa como para la mujer con una carrera profesional de alto nivel. Parece ser que el nivel educativo o profesional de una mujer no influye en manera alguna en las normas tradicionales que marcan que su compromiso ha de ser primero con sus hijos y en segundo lugar con su marido. Las esposas que trabajan y se muestran satisfechas con su carrera profesional siguen considerando que cuidar de los hijos es el principal objetivo de la vida de una mujer. Llegado a este punto se hace evidente el desfase entre los valores de los esposos y los de las esposas de clase media. En un estudio que se realizó hace 15 años en Bangalore sobre la finalidad del matrimonio, la mayoría de las esposas situaron en los primeros puestos propósitos tradicionales como los hijos, el amor y la afectividad o satisfacer las necesidades sexuales del marido (en lugar de las propias). Los maridos, por el contrario, valoraban más que sus esposas los objetivos propios de una vida matrimonial más moderna: la compañía y la satisfacción de sus propias necesidades sexuales.[24] Nuestra impresión es que no se han registrado cambios sustanciales en lo que las mujeres indias (exceptuando quizá a las mujeres de clase media-alta) buscan conscientemente en un matrimonio –en comparación con sus deseos más profundos sobre la *jodi*–.

En cierto modo, la mujer de clase media, independientemente de si trabaja o no, está más centrada en los niños que su homóloga tradicional. Por ejemplo, ha asumido la responsabilidad primordial de la educación de sus hijos cuando son jóvenes y desempeña un papel clave en gestionar sus actividades de ocio, áreas que anteriormente solían ser competencia del marido y otros familiares mayores. La vida de la mujer no trabajadora parece girar completamente en torno a las necesidades de sus hijos, viéndose el ritmo de su día marcado por las diversas actividades de estos. Los logros de los niños, especialmente los académicos, son su mayor fuente de satisfacción y validación como mujer. Independientemente de si trabaja o no, el papel materno de la mujer de clase media no le viene impuesto, sino que lo escoge feliz y libremente; la maternidad sigue siendo el súmmum de una vida plena.

Así es, pues, la mujer india moderna: con un sari de algodón blanco unas veces, practicando un antiquísimo ritual, prestando tanta atención al detalle que la absorbe y anima al mismo tiempo, y otras veces con unos vaqueros, despanzurrada en el sofá frente a la televisión viendo una serie de intrigas familiares con un interés tal que se le ilumina la cara. Su fuerza motriz es la que provoca los cambios en la familia india, una institución que es inherentemente conservadora y que cambia a un ritmo más lento que las instituciones políticas, económicas y de otro tipo en la sociedad. Con paso corto pero firme, la mujer de clase media está empujando a la familia, lo quiera o no, a un mayor reconocimiento de la importancia –que no primacía– del vínculo conyugal. El proceso de nuclearización de la familia extensa traerá consigo inevitablemente una mayor individualización del niño, y supondrá también un empujón en las penas y alegrías de la individualidad.

No obstante, el papel central que ocupará la pareja en la vida de una familia india –tendencia que se empieza a detectar en la clase media-alta– está abocado también a ser un pun-

to de fricción en el matrimonio de hoy en día. Como ha señalado el psicoanalista Otto Kernberg, la paradoja de la pareja
es que su intimidad choca inevitablemente con el grupo más
amplio y aun así necesita de este grupo para sobrevivir.[25] Para
que una pareja pueda definir su identidad y emprender el viaje juntos, se ha de oponer a la moralidad convencional de la
familia y los correspondientes rituales ideológicos del compromiso a la familia extensa y la tradición familiar. Las relaciones íntimas de una pareja son un aspecto implícitamen-
te rebelde y desafiante, pues no solo provoca que los que se
erigen en representantes del orden familiar lo sancionen, sino
que también suscita un sentimiento de culpa en los miembros
de la pareja, el marido o la mujer. Por tanto, siempre será tentadora la opción de eliminar esa barrera con la familia, volviendo a adoptar sus cimientos ideológicos y diluyéndose en
el grupo más grande para acabar con el desasosiego provocado por las sanciones y la culpa. Sobre todo si una pareja ya
ha permitido que se abriera una brecha en esa barrera a causa
de los hijos, dado que muchas parejas indias siguen asumien-
do de forma inconsciente que la función parental inevitablemente debería reemplazar la función sexual de la pareja una
vez que se haya tenido un hijo.

Algunas parejas de clase media-alta intentan solucionar
este problema cortando por lo sano con la familia extensa.
El peligro que vemos aquí es que el inevitable aumento de la
agresividad en la relación de pareja no tendrá otra vía de escape, pudiendo causar gran daño al matrimonio. La familia
extensa mitiga el efecto de la agresividad, pues, o bien algunos de los familiares son los receptores de esta, o bien brinda
el escenario en el que marido y mujer pueden mostrar agresividad con el otro con la relativa seguridad que garantiza el
encontrarse entre conocidos.

Además, el hecho de vivir en estrecha convivencia con

otras parejas en la familia extensa, que se percatan de su vida sexual al menos de una forma preconsciente (y también a partir de las señales que ven en el rostro y en el cuerpo), es una fuente constante de excitación que puede ayudar a mantener viva la vida erótica de la pareja. La familia extensa india no es solo un sistema de deberes y obligaciones, sino también un campo minado de erotismo. El peligro, sin lugar a dudas, es que otro miembro de la familia –una cuñada, un cuñado, un primo, una sobrina– suponga una tentación sexual que el hombre o la mujer no pueda resistir, destruyendo por tanto la intimidad de la pareja. No obstante, este peligro es aún mayor en la red social de amigos y colegas que ha empezado a remplazar a la familia en la vida de muchas parejas de clase media, sobre todo porque en este contexto la tolerancia a ese tipo de deslices es, por lo general, menor que si se dieran en el seno de la familia.

Estos retos y presiones son la consecuencia inevitable del cambio que está experimentando nuestro mundo. El futuro dirá si el tan ansiado sueño de la mujer india de crear un "universo para dos" con su marido no degenerará (como ha ocurrido en los matrimonios occidentales que se han convertido en fortalezas cerradas a cualquier otra relación) en un estímulo mutuo de los egos, un egocentrismo conjunto, un tipo especial de trastorno psicótico compartido.

SEXUALIDAD

Hay muy pocos aspectos de la civilización índica en los que la disyuntiva entre la era "clásica" y la "moderna" sea tan sorprendente como en el campo de la sexualidad. En comparación con las actitudes sexuales conservadoras y costumbres opresivas de hoy en día, la postura de los antiguos hindúes respecto a la vida erótica y sensual, al menos tal y como nos la transmiten los textos literarios y académicos y las esculturas de los templos, parece venir de otra galaxia. El terreno de la sexualidad de la India antigua alberga un canto de sirena al que la mayoría de los indios contemporáneos parecen hacer oídos sordos.

EL SEXO EN LA INDIA ANTIGUA

Ningún debate sobre la sexualidad india, antigua o moderna, puede comenzar sin quitarnos el sombrero, o más bien hacer una reverencia, ante el *Kamasutra*, que ha sido vital en conformar la visión que tiene el resto del mundo sobre la sexualidad india. Las personas a las que les resulte difícil nombrar un libro en sánscrito, o que ni siquiera sepan que el sánscrito era el idioma clásico de la India antigua, no tendrán problema alguno en identificar el *Kamasutra*. El nombre de por sí evoca «visiones estimulantes de frescos eróticos en los que majestuosos maharajás con desproporcionados genitales retozan con enjoyadas ninfas desnudas en posiciones lo suficientemente exóticas como para provocarle una hernia hasta a un maestro de yoga».[1]

Ni que decir tiene que muy pocas personas han leído este tratado del siglo III sobre el amor erótico, ni siquiera las partes "buenas" sobre las posturas en las relaciones sexuales a las que debe la fama de ser «ese picante manual sexual de la India». De lo que realmente trata el *Kamasutra* es del arte de vivir –de encontrar una pareja, de mantener el poder en el matrimonio, de cometer adulterio, de vivir como o con una cortesana, de servirse del efecto de las drogas– y también de posturas en las relaciones sexuales. Ha alcanzado ese clásico estatus de ser la primera guía a nivel mundial para el amor erótico, porque en el fondo trata de los atributos humanos esenciales e inmutables –lujuria, amor, timidez, rechazo, seducción, manipulación– que definen nuestra sexualidad.

Se puede considerar el *Kamasutra* como el relato de una "guerra psicológica" de independencia que sucedió en la India hace unos 2000 años. Muchas sociedades en diversos momentos de la historia han compartido el primer objetivo de esta lucha: rescatar el placer erótico de la cruda intencionalidad del deseo sexual, de su función meramente biológica de reproducción. Hoy en día, las fuerzas sociales y el orden moral que mantendrían la sexualidad vinculada a la reproducción y la fertilidad ya no tienen esa fatídica intención, al menos no en lo que se conoce como "Occidente moderno" (y sus enclaves en sociedades más tradicionales en todo el mundo), aunque la situación fuera muy distinta hace apenas 100 años.

Los primeros traductores europeos del *Kamasutra* a finales del siglo XIX, que estaban claramente del lado del placer sexual en una sociedad donde la moral cristiana predominante pretendía subyugarlo, si no erradicarlo por completo, consideraban el antiguo texto en sánscrito –dedicado al dios del amor sin tan siquiera una breve mención a las divinidades de la fertilidad y el nacimiento– como un aliado bien recibido. Para ellos, el *Kamasutra* era el fruto de una sociedad y un pueblo que había elevado la búsqueda del placer sexual al estatus de búsqueda religiosa. Lamairesse, el traductor francés, llegó a calificarlo como la "Teología hindú" que revelaba verdades esenciales sobre la naturaleza fundamental y sexual del hombre, mientras que Richard Schmidt, el traductor alemán, se deshacía en elogios:

> «El asfixiante calor del sol indio, la espléndida exuberancia de la vegetación, la poesía embrujada de las noches de luna llena, impregnada del perfume de las flores de loto, sin olvidar el papel destacado que el pueblo indio siempre ha desempeñado: el papel del soñador, del romántico, del filósofo trascendente… todos ellos en conjunto hacen del indio un verdadero virtuoso del amor».[2]

Podemos considerar a Vatsyayana, su autor, y a otros sexólogos indios como los abanderados del placer sexual en una era en la que todavía tenía peso la sombría visión budista de la vida que igualaba al dios del amor con *mara* ('muerte', 'destrucción'). Sin embargo, también había herederos de otra visión del mundo, la de las epopeyas: el *Mahabharata* y el *Ramayana*, donde el amor sexual es simplemente una cuestión de satisfacción del deseo. Así era en particular para el hombre, para el que la mujer era un instrumento de placer y un objeto para los sentidos, una necesidad física como otra cualquiera. En estas epopeyas se idealiza el matrimonio, cierto, pero principalmente como un acto religioso y social. La obligación del amor conyugal y la virtud de la castidad en el matrimonio eran exigencias principalmente para la mujer, mientras que al marido se le imponían escasos límites en su vida y en su búsqueda de un paraíso licencioso repleto de lujuriosos dioses y *apsaras*,* seductoras divinas, trascendentales, absolutamente deseables y deseosas de dar y obtener placer. El panteón hindú de las epopeyas no distaba mucho del Olimpo griego, donde los dioses y diosas practicaban deporte y ejercían la política sin subterfugio moralista alguno.

Vatsyayana y los primeros sexólogos fueron al mismo tiempo los herederos de un patrimonio en el que el deseo sexual corría desbocado, sin ninguna limitación moral. De hecho, hay que reconocer el esfuerzo del legendario compositor del primer manual sobre sexo, Shvetaketu Auddalaki, de intentar acabar con la unión sexual desenfrenada y el libertinaje en las relaciones con las mujeres casadas, práctica muy destacada en el *Mahabharata*. Antes del tratado de Shvetaketu, se veía tanto a las mujeres casadas como a las solteras como artículos de consumo indiscriminado, "como arroz hervido". Shvetaketu fue el primero en sugerir que los hombres no deberían acostarse por sistema con las mujeres de otros.

Aparte de rescatar el placer erótico de la restrictiva moralidad que lo confinaba a la fertilidad y la reproducción, la "lucha por la libertad" del *Kamasutra* tenía un segundo objetivo. Se trataba de encontrar un paraíso para la erótica alejado de la ferocidad del deseo sexual descontrolado, puesto que el deseo tiene una intención descaradamente lujuriosa, buscando la satisfacción por la satisfacción de forma precipitada e imperiosa, un torrente de instinto visceral. El ser humano ha tenido siempre la sensación de que el deseo sexual debe de tener otro objetivo más allá del profundo placer sexual de la fricción genital y el orgasmo. Por ejemplo, las

---

* Las *apsaras* son ninfas de la mitología hindú, reputadas por su gran belleza y sensualidad, y que por lo general aparecen representadas como bailarinas o músicas en la corte del semidiós Indra. (*N. de la T.*)

fantasías sexuales tanto de hombres como de mujeres suelen tener tintes de oscuros fines de agresión destructiva. Son muchos los hombres que no pueden verse imbuidos de una excitación sexual fuerte si no es con cierta violencia imaginaria, por mínima, atenuada y poco consciente que esta sea. La agresividad hacia la mujer es un factor tan importante para su potencia viril como lo son sus sentimientos amorosos. Una de las principales fantasías del hombre es la de tomar por la fuerza lo que no se puede tener con facilidad. Algunos se imaginan que la mujer, no queriendo al principio participar en la experiencia sexual, se ve arrastrada por la fortaleza del hombre, en contra de su voluntad. Encontramos una variante de la "fantasía de la posesión" en la poesía amorosa en sánscrito, muy proclive a las escenas de amor donde la mujer tiembla en un difuso estado de excitación corporal, como si en cierto modo anticipara un ataque sádico, siendo su terror fuente de excitación tanto para ella como para su potencial atacante. En el *Kumara Sambhava* de Kalidasa, una obra maestra de la poesía erótica del siglo IV, la excitación de Shiva alcanza un momento álgido cuando Parvati «al principio sintió tanto miedo como amor».[3] El deseo sexual, en el que confluyen el apetito y la violencia, la excitación del orgasmo y la exultación de la posesión, puede fácilmente superar al placer erótico. En la situación actual, en la que lo que antes se consideraban "perversiones" ahora son el pan de cada día en canales de televisión, películas y sitios de internet, y en la que se pueden encontrar profesiones especializadas en la satisfacción de cualquier exceso sexual, muchos apoyarían esa segunda misión del *Kamasutra* que consiste en rescatar la erótica de lo puramente sexual. En el mundo postmoral de hoy en día, el placer erótico corre peligro, no tanto por la fría congelación de la moralidad, como por el calor abrasador del deseo instintivo. Una de las aportaciones más valiosas del *Kamasutra* es la idea de que el placer hay que cultivarlo, que en el reino del sexo, naturaleza y cultura son indisociables.

La cultura, entendida en el *Kamasutra* como 64 expresiones artísticas que hay que aprender, requiere tiempo libre y medios, tiempo y dinero. Precisamente, los lectores a los que se dirigía el texto no carecían de ello, siendo una élite urbana (y urbanita) integrada por príncipes y barones, oficiales de alto rango y ricos mercaderes que tenían tiempo libre para seducir a las vírgenes y las mujeres de otros hombres y que contaban también con el dinero suficiente para comprar todos los regalos necesarios para el cortejo.

A pesar del papel de la violencia en la sexualidad, el tono predominante en el erotismo del *Kamasutra* es de ligereza. En sus páginas, nos encontramos con galanes ociosos que pasan horas y horas acicalándose y enseñando a sus loros a hablar. Dedican las tardes a la bebida, la música y la danza, cuando no están ocupados recitando poesía o haciendo bromas marcadamente sexuales con ingeniosas cortesanas. Con su desenfadado erotismo, el *Kamasutra* se enmarca en el entorno literario de los seis primeros siglos del calendario cristiano, donde se asociaba la erótica con todo lo que era brillante, reluciente y bello en el mundo ordinario. Los poemas y obras de teatro en sánscrito de este periodo se caracterizan también por la ligereza, por un erotismo más hedonista que apasionado. Es un espíritu de disfrutar despreocupadamente de las ambigüedades del amor, de saborear con deleite sus placeres y experimentar el sufrimiento consumadamente refinado de sus penas. Los poemas son camafeos que dejan entrever llamativos momentos eróticos, de gran intensidad por la profusión de detalles sensuales. La tendencia estética de este periodo podría afirmar sin temor que emociones tales como la pereza, la violencia y la repugnancia no son atributos de la erótica. Hoy, el "sabor" o "esencia" (*rasa* en sáns-crito) del amor sexual no conoce tales límites.

La mujer en el Kamasutra

Otro aspecto del *Kamasutra* es el descubrimiento de la mu-jer como sujeto y participante de pleno derecho en la vida sexual. El texto refleja y promueve que la mujer disfrute de su sexualidad. Vatsyayana recomienda a las mujeres expre-samente el estudio de este libro, incluso antes de llegar a la pubertad. Dos de las siete partes del libro están destinadas a las mujeres, la cuarta, a las esposas y la sexta, a las cortesa-nas. La mujer es un sujeto activo en el ámbito erótico, no un receptor pasivo de la lujuria del hombre. De los cuatro abra-zos que conforman los juegos preliminares, la mujer partici-pa activamente en dos. En uno rodea al amante como la viña lo hace con el árbol, ofreciendo y retirando sus labios para el beso, volviendo al hombre loco de excitación. En el otro —muy conocido por estar esculpido en los frisos de los tem-plos de Khajuraho— apoya uno de los pies en el del hombre y el otro en el muslo. Un brazo le cruza la espalda y el otro cuelga del hombro y del cuello, simulando el movimiento de escalar por él como si fuera un árbol. Sin embargo, si lo ana-lizamos bien, considerando que fue un hombre quien redactó el libro principalmente para educar a otros hombres, el pro-mover el papel de la mujer como sujeto sexual siempre estará enfocado a incrementar el placer del hombre. El *Kamasutra* reconoce que una mujer que disfrute activamente del sexo hará que este sea más placentero para su compañero.

Por tanto, el *Kamasutra* presenta a las mujeres no solo como sujetos eróticos, sino también como seres sexuales con sentimientos y emociones que el hombre debe entender si quiere disfrutar plenamente del placer erótico. La tercera parte del texto instruye al hombre sobre la necesidad de ser cuidadoso con las chicas jóvenes a la hora de superar el miedo y la inhibición cuando son vírgenes, ya que el placer erótico exige que el hombre dé placer a su pareja. Al recomendar que el hombre no realice ningún acercamiento sexual a la mujer durante las primeras tres noches después de la boda, y que se sirva de este tiempo para comprender los sentimientos de la mujer, ganándose su confianza y despertando el amor, Vatsyayana da un paso crucial en la historia de la sexualidad india al introducir el concepto del amor en el sexo. Llega hasta el punto de adelantarse a su tiempo con la revolucionaria idea de que el fin último del matrimonio es que surja el amor entre la pareja, y, por tanto, considera que la fórmula ideal ha de ser el matrimonio por amor, relegado a los niveles más "bajos" en la escala ritual y sin el amparo de los textos religiosos —y todavía algo poco común en la sociedad india contemporánea—.

El *Kamasutra* es una defensa a ultranza del empoderamiento de la mujer en una sociedad patriarcal y conservadora. Los libros de Derecho de la época juzgan severamente a las mujeres que se planteen divorciarse: «Aunque sea censurable la conducta de su marido, aunque se dé a otros amores y esté desprovisto de buenas cualidades, debe la mujer virtuosa reverenciarlo constantemente como a un Dios».[4] Por el contrario, Vatsyayana contempla con ecuanimidad la posibilidad de que las mujeres abandonen a sus maridos; nos dice que una mujer que no experimenta los placeres del amor puede acabar odiando a su esposo y dejándolo por otro. Se muestra igual de subversivo respecto al orden moral imperante entre los sexos cuando aconseja a las cortesanas (y por ende a otras lectoras del manual) cómo librarse de un hombre que ya no desean:

«Ella hace todo aquello que a él no le gusta y que repetida-
mente critica. Hace muecas de desprecio con los labios y da
patadas en el suelo. Habla de cosas que él no conoce. No
muestra sorpresa, sino más bien desprecio, por aquello que
él conoce. Lo hiere en su orgullo. Mantiene relaciones con
otros hombres que son superiores a él. Lo ignora. Critica a
los hombres que tienen los mismos defectos que él. Cuando
están juntos y a solas, ella se comporta fríamente. Se muestra desagradablemente sorprendida por las cosas que él le
hace cuando están en la cama. No le ofrece su boca. Lo
aparta cuando están en el lecho. Se muestra molesta por las
marcas que le hizo con las uñas y los dientes. Cuando él
la quiere abrazar, ella se hurta de su abrazo. Mantiene sus
miembros como si estuvieran muertos. Cierra los muslos y
dice que sólo quiere dormir. Cuando hacen el amor y él ya
está agotado, ella lo apremia para que siga. Se burla de él
cuando no puede continuar, y no demuestra el menor interés cuando él está potente. Y cuando él se siente excitado
sexualmente, aunque sea de día, ella lo abandona para irse
con otras personas.

»Distorsiona el significado de cuanto él dice. Se ríe
cuando él no ha dicho nada gracioso, y cuando bromea no
le presta atención».[5]

¡Sí! ¡Así seguro que se libra de él!

No es que Vatsyayana idealice a las mujeres; simplemente es que es igual de cínico con ellas que con los hombres en
lo que al sexo se refiere. Los libros de Derecho hindú adoptan una perspectiva tradicional patriarcal cuando hacen referencia a una mujer que comete adulterio: «Tales mujeres no
se fijan en la belleza, no se detienen a considerar la edad; que
su amante sea hermoso o feo, poco importa: es un hombre y
gozan de él».[6] El *Kamasutra*, en cambio, es más equitativo:

«La mujer desea a cuanto hombre ve, y, del mismo modo, el hombre desea a la mujer. Pero tras una primera apreciación, la cosa no va más allá».[7]

El amor en los tiempos del Kamasutra

El amor erótico del *Kamasutra* no es de tipo romántico, tal y como lo concebimos hoy en día. La ternura y afecto por la pareja están, en gran medida, al servicio del deseo sexual; de ahí que esas instrucciones tan detalladas de Vatsyayana al hombre sobre los gestos tiernos que se requieren de él después del acto, «cuando la pasión ya se ha satisfecho», acaben con las palabras: «Con estos y otros sentimientos parecidos la pasión de la joven pareja crece de nuevo».[8] El nacimiento literario del amor romántico en el siglo XII, ejemplificado en *El Romance de Tristán e Isolda* de Bedier en Europa y *La historia de Layla y Majnun* de Nizami en el mundo islámico, queda todavía muy lejos.

Lo que diferencia al amor romántico del amor erótico del *Kamasutra* es la presencia dominante en el primero de lo que se podría llamar "anhelo". En su intento de ser uno con el amado, ese anhelo ensalza la entrega servicial, la adoración y el afecto por la persona que uno desea con lujuria. El anhelo presupone, de primeras, una cierta identificación para que el amado sea para el amante como un ser infinitamente superior al que servicialmente subordina su deseo. El amor romántico se hace realidad cuando el amante metafóricamente se vuelve permeable al amado. El deseo posesivo aspira a dominar a su objeto, al tiempo que un anhelo tierno le hará a él o a ella indestructible; el anhelo aporta al deseo las características de permanencia y estabilidad.

La permeabilidad, la entrega, la identificación y la idealización no están presentes en el amor erótico que encontra-

mos en el *Kamasutra* o, en este caso, en la literatura clásica
de ese periodo. En los poemas de amor en sánscrito y tamil,*
como en los tratados de erótica, la amada es una compañera
que es fuente de excitación y deleite, que aviva los sentidos,
pero no es un faro para el alma. Hay que explorarla con detenimiento, con mucho detalle, y por tanto no se la deja de lado
rápidamente. Y aun así, su vida interior o su pasado y futuro
no son objeto de fascinación; el impulso no es el de la mono-
gamia acérrima.

A la mayoría de los lectores modernos que tienen cierta
afinidad por lo personal y lo subjetivo no les llega al corazón
este énfasis en el amor como un estado voluptuoso despreso-
nalizado que al mismo tiempo deleita los sentidos. A aquellos cuya sensibilidad ha sido moldeada por el romanticismo
y el individualismo les es difícil identificarse con los protagonistas impersonales de los poemas. No se trata de un hombre o una mujer en particular, sino de los respectivos arqueti-
pos: basta que él sea atractivo, ella guapa, y ambos jóvenes.
El rostro de la heroína, por ejemplo, siempre se asemeja a la
luna o a una flor de loto, sus ojos son como nenúfares o como
los de un cervatillo. Siempre está ligeramente encorvada por
el peso de los pechos, inverosímiles flores carnosas de una
redondez perfecta entre las que no cabe ni un alfiler. De estrecha cintura, con tres pliegues, los muslos redondos y relle-
nitos, como el tronco de un elefante o de un baniano. Parece
que estas descripciones líricas, y convencionales a la vez, de
las partes del cuerpo funcionan como fetiches colectivos, cu-
ñas culturalmente aceptadas para que la persona se deleite
con la excitación erótica sin correr el riesgo de esa rendición
tan anhelada en el amor romántico.

---

* El tamil es una lengua dravídica que se habla principalmente en el estado suror ien-
tal de Tamil Nadu. (*N. de la T.*)

Si bien el amor erótico del *Kamasutra* y de la literatura clásica en sánscrito de la época es brillante y reluciente, los amantes experimentan el amor romántico como algo oscuro y pesado, a pesar del exquisito éxtasis del sentimiento. Cuando está floreciendo, el deseo sexual pierde primacía si el amante se esfuerza por desaparecer en las curvas del otro, una persona cuyo sexo encaja en el molde, pero cuya carne es casi secundaria en la búsqueda de la unidad.[9] El deseo sexual se convierte en un mero vehículo para la ansiada fusión de las almas, una consumación que es imposible en tanto en cuanto los amantes tienen cuerpos. Es esta imposibilidad de fundirse, la que les hace darse cuenta de lo que les separa, lo que supone la tragedia potencial del amor romántico, su angustia y su tormento. A causa de esta pesadez inherente al amor romántico, los amantes, tanto los de ficción como los de carne y hueso, lo han maldecido a lo largo de los años como una plaga y una desgracia.

En otro orden de cosas, el sufrimiento del amor erótico, el punto que oscurece su resplandor, no tiene tanto que ver con el anhelo básico del alma de acabar con esa separación, como con la naturaleza corporal del deseo sexual. De hecho, el deseo sexual no decae a pesar de fingir que se ha saciado. El recuerdo y el regusto del dolor del placer siguen torturando al amante, provocando la angustia que marca la separación de los amantes en el amor erótico. Este sentimiento ensombrece ligeramente el *Kamasutra*, pues adopta diferentes formas de sufrimiento de la mujer rechazada y de la ansiedad del pretendiente que todavía no ha conseguido su objetivo. El amor erótico del *Kamasutra* es, por tanto, un acto de precario equilibrio entre el sentimiento de posesividad del deseo sexual y la ternura del anhelo romántico, entre el desorden de los instintos y las fuerzas morales del orden, entre los imperativos de la naturaleza y los intentos de la cultura por civilizar.

Es una búsqueda de la armonía en todas las fuerzas opuestas que conforman la sexualidad humana, una búsqueda a menudo abocada a la futilidad por la naturaleza misma de la empresa. Como señala Vatsyayana: «cuando la rueda del éxtasis amoroso se pone en movimiento, no hay texto que lo describa, ni orden alguno».[10]

La sexualidad en los templos
y la literatura de la India medieval

A partir de toda la información de la que disponemos –siendo el *Kamasutra* la principal fuente– podemos concluir que la represión sexual era limitada en la India antigua, al menos entre las clases altas, que suponían los principales destinatarios del *Kamasutra*. Es cierto que había que conciliar las exigencias de la sexualidad con las de la religión, pero se trataba de conciliación más que de supresión cuando entraban en conflicto. La sexualidad desinhibida del *Kamasutra*, para la que no hay ningún tabú en la imaginación y muy pocos en la realidad, que combina la ternura con la agresividad juguetona al hacer el amor, donde los roles de género en el acto sexual no son rígidos ni fijos, se eleva a su máxima expresión en los templos de Khajuraho.

Este conjunto de templos, que originalmente eran más de 80, 29 de los cuales siguen en pie, fue redescubierto en un pueblo de la India central a mediados del siglo XIX. Las esculturas y frisos de los templos, construidos entre los siglos X y XI, están entre las obras maestras del arte y la arquitectura de la India. Aparte de motivos religiosos, las paredes del templo también representan el mundo de los devotos y describen la vida en todas sus dimensiones. Los templos en esta época no eran solo lugares para el culto, sino también centros de la vida social, cultural y política en los que se celebraban espectáculos de música y danza, debates literarios y religiosos, y la gente se reunía para discutir asuntos de la comunidad.

Sin embargo, Khajuraho debe su fama, o podríamos decir notoriedad, principalmente a la profusión de esculturas eróticas. Entre las más bellas encontramos las *apsaras* con distintos estados de ánimo y en diversos grados de desnudez, exhibiéndose con cierta provocación erótica. Hay representaciones gráficas del acto sexual, orgías en grupo y sexo con animales. Si hay un mensaje claro e inequívoco en la sensualidad de las representaciones esculpidas en Khajuraho y Konarak es el de que el alma humana es primordialmente amorosa y nada más que amorosa.

La pareja de amantes (el motivo llamado *mithuna*) aparece en los templos indios desde tiempos lejanos, remontándose por lo menos hasta el siglo III a. de C. La pareja puede representar la unión del alma individual con el Alma Suprema, fin último de la religiosidad hindú. Siendo un elemento necesario y auspicioso en los templos indios, la pareja de amantes se va haciendo más elaborada con el paso del tiempo. En la era de Khajuraho, la imaginación artística de los escultores del templo había empezado a representar a la pareja en pleno acto sexual. Este paso de la pareja de amantes más abstracta a la pareja enfrascada en el acto sexual fue posible porque el acto sexual en la tradición hindú se integra, y no es un elemento foráneo, en el carácter sagrado de la vida. Tal y como afirma un texto religioso, «todo el universo, desde Brahma al gusano más pequeño, se basa en la unión de lo masculino y lo femenino. ¿Por qué deberíamos sentir vergüenza, cuando hasta el mismísimo Brahma fue condenado a tener cuatro caras debido a la codicia demostrada por mirar a una doncella?».[11]

Es preciso recordar que la combinación india de religiosidad y erotismo no es exclusiva de Khajuraho. Entre los siglos ix y xiii, periodo muy prolífico en la construcción de templos en toda la India, las esculturas eróticas eran muy comunes. La comunión de la religión con la sexualidad no se limita a la escultura, sino que también se encuentra en la literatura, principalmente en la poesía y en las canciones de la *bhakti*, una rama religiosa piadosa que surgió inicialmente en el siglo vi en el sur y fue adquiriendo fuerza hasta llegar a ser la expresión religiosa dominante del hinduismo en todo el país. El tono primordial de la *bhakti* ha sido siempre erótico, ensalzando como estado ideal el sentimiento de posesión y de ser poseído por la deidad. En este caso, la religión no es el enemigo del sentimiento erótico, sino su aliado. Hasta los dioses de mayor nivel se deleitan en muchos matices de la sexualidad tanto o más que los mortales. En la *Gita Govinda* de Jayadeva, que se puede considerar el acto final de la era que estaba tocando a su fin en el siglo xii, después de que el éxtasis del acto sexual se haya apagado en la descarga del orgasmo, una Radha juguetona (la representación del alma humana) le pide a Krishna (una encarnación de lo divino) que le coloque la ropa y el pelo despeinado:

> «"Con almizcle de gazela
> ornamenta mis dos senos;
> dibuja en mis mejillas unos pétalos;
> coloca la cadenilla en mi cintura
> y una guirnalda de flores
> en mi hermosa trenza;
> pon los brazaletes en mis brazos
> y los *nupuras** en mis pies".

---

* *Nupuras* son las campanillas tobilleras con las que las mujeres indias se adornan ambos pies. (*N. de la T.*)

Así le dijo Radha
y, lleno de contento,
el Dios Krishna obedecía».[12]

Jayadeva, según cuenta la leyenda, vacilante por si cometía un sacrilegio al hacer que el dios tocase los pies de Radha (un signo de abnegación) no había podido escribir las últimas líneas y había ido a darse un baño; cuando volvió descubrió que el mismísimo Krishna había completado el verso en su ausencia.

El amor erótico de la poesía *bhakti* por Krishna (o Shiva en la poesía en tamil o kannada),* similar a los sentimientos por Jesús que han expresado místicas medievales como santa Teresa de Ávila, no es una alegoría de la pasión religiosa, sino pasión religiosa en sí; los poetas indios se niegan a distinguir entre lo religioso y lo erótico.

Las esculturas de Khajuraho, Konarak y otros templos medievales indios, al igual que los arrebatos eróticos de la poesía *bhakti,* no precisan de enrevesadas explicaciones, pues representan el arte de y para un pueblo enérgico y erótico. Si echamos la vista siglos atrás, no hay duda de que a los indios de otro tiempo les preocupaban las cuestiones metafísicas ante la muerte. Sin embargo, no permiten que esta búsqueda de respuestas les impida disfrutar de la vida, ni se privan de ninguna alegría en su vida por las posibles penas. Khajuraho representa la actitud de un pueblo que, como ya señaló Vatsyayana siglos antes, tiene serias dudas sobre las recompensas de la austeridad y de un modelo de vida asceta y cree que «más vale una paloma hoy que un pavo real mañana».

---

* El kannada es una lengua dravídica que se habla principalmente en el estado suroccidental de Karnataka. (*N. de la T.*)

La sexualidad hoy en día

Entre la tierra del *Kamasutra* y la India contemporánea median muchos siglos en los que la sociedad india consiguió adentrarse en la alta edad media de la sexualidad. Puede que a los indios urbanos y modernos, que devoran con los ojos los movimientos de las mujeres ligeras de ropa que aparecen en las películas de Bollywood, y para los que el pan de cada día son las historias y estudios en los medios anglosajones que proclaman una India sexualmente emergente, les cueste creer que amplios sectores de la India contemporánea estén inmersos en la más absoluta oscuridad sexual. A pesar de las actitudes en cierto modo más relajadas de las clases alta y media-alta, la sexualidad india sigue siendo profundamente conservadora, si no puritana, y carece de esa gracia erótica que libera la actividad sexual de los imperativos de la biología, unificando a las dos partes de la pareja en el deleite sexual y la apertura metafísica.

Muchos observadores se plantean qué le ha podido suceder al mismo pueblo que escribió el *Kamasutra* para llegar a convertir el erotismo indio contemporáneo en un páramo sexual, un país donde hasta hace muy poco besarse en las películas estaba prohibido, aunque las paredes de los templos en Khajuraho y Konarak muestran alegremente los placeres del sexo oral. Algunos lo atribuyen a las invasiones musulmanas y el dominio musulmán en la Edad Media, aunque hay pruebas escasas de que el islam sea un credo represivo en términos sexuales. Al menos en las clases altas, el amor sexual en la mayoría de las sociedades islámicas está marcado por una jovial sensualidad.[13] De hecho, son varios los hadices (comentarios del Corán) que apoyan fervientemente la satisfacción del instinto sexual, al menos para el macho privilegiado.

Otros culpan a la moral victoriana del dominio colonial británico (que es a su vez consecuencia de la incómoda relación con el cuerpo propia del cristianismo) de la situación actual en la que los indios modernos se avergüenzan de las esculturas de Khajuraho y sienten la necesidad de justificarlas mediante enrevesadas metáforas y símbolos religiosos, o rechazarlas como productos de una época "degenerada".

La "culpa", si es que la hay, se ha de achacar a la propia cultura hindú, por suscribir sin miramientos el ideal ascético y las virtudes del celibato. Al tiempo que nació el *Kamasutra* surgieron otros textos que proyectaban imágenes inquietantes sobre lo que podría suponer la pérdida de semen para el hombre y que elaboraban toda una mitología sobre la mujer "exprimiendo" al hombre en el acto sexual. Este miedo cuasi primario, íntimamente relacionado con el concepto hindú de pureza e impureza, deriva de la creencia de que se ha de custodiar con más celo lo que es más puro. El semen, el producto corporal más puro de un hombre y la fuente de su poder, ha de ser protegido del deseo feroz e insaciable de la mujer. Son innumerables los mitos que equiparan la debilidad corporal o la pérdida de poder espiritual de un hombre o un dios con la pérdida de semen. Estos mitos y leyendas muestran de forma gráfica por qué los ideales de moderación sexual y celibato gozan de tal reconocimiento en la cultura india. En la imaginación ascética, la tentación más temida la encarnan las mujeres y su poder para atraer a los hombres. Esta imaginación está marcada por la amenaza que suponen las mujeres, que son consideradas seres lujuriosos y sexualmente voraces por naturaleza, hasta que se convierten en madres.

Por tanto, también el ideal ascético es intrínsecamente indio, en eterna competición con el ideal erótico por la posesión del alma india. Es muy poco probable que los indios de entonces fueran o pudieran ser tan inquebrantables en su búsqueda del placer como lo fueron, por ejemplo, los antiguos romanos. Aunque hoy en día se vuelven a dar signos de cambio, como el resurgimiento provisional de la erótica entre la élite urbana de clase alta, el discurso sexual indio de los últimos siglos ha estado regido por la presión del ascetismo, del camino a la espiritualidad a través del celibato, que se ha mantenido en pie durante siglos por la versión hindú de las palabras de William Blake: «Y curas rondaban de negra sotana: mis anhelos y gozos ataban con zarzas».

La sexualidad y la salud

Una de las formas en las que el discurso ascético ha buscado reafirmar su prevalencia sobre el discurso erótico ha consistido en asociar la sexualidad a temores relacionados con la salud. No nos referimos solo a las enfermedades que la tradición médica hindú relaciona explícitamente con la sexualidad –por ejemplo, que el "recalentamiento" por haber tenido mucho sexo deriva en enfermedades venéreas, o que las relaciones sexuales con mujeres con el periodo o el adulterio provocan diversas enfermedades físicas o mentales–.

La relación entre sexualidad y mala salud en el discurso ascético va más allá del origen sexual de las enfermedades. De hecho, en el imaginario ascético a veces parece haber una cierta obsesión con el sexo, por ejemplo, en las largas y frecuentes descripciones del dramático combate de los yoguis con el dios del deseo –ayudado por una horda de bellas *apsaras*– con el fin de dominar y transformar su poder sexual en poder espiritual. En el discurso ascético tradicional, se concibe la espiritualidad como una cuestión eminentemente práctica, que tiene que ver con la "alquimia" de la libido que la transformaría en poder espiritual. Es el fuego sexual que aviva la transformación alquímica, en la que la cazuela es el cuerpo y el aceite de cocinar es una destilación de fluidos sexuales.

La teoría de la sublimación sexual, traducida al lenguaje de la calle, sería básicamente la siguiente: el origen de la fuerza física y el poder mental es *virya*, una palabra que se emplea para referirse tanto a la energía sexual como al semen. El *virya* puede, o bien bajar durante las relaciones sexuales, siendo emitido en su forma física pura de semen, o bien subir a través de la médula espinal hasta el cerebro en su forma sutil conocida como *ojas*. Es necesario puntualizar que el semen es el punto de encuentro entre la medicina y la espiritualidad. De hecho, para Sushruta, autor de uno de los textos fundacionales de la medicina tradicional india (el ayurveda), el semen es la forma material del alma individual.

El discurso ascético considera que el movimiento hacia abajo de la energía sexual y su emisión en forma de semen debilitan el cuerpo, que es un desperdicio de vitalidad y energía básica. Según dicen, de todas las emociones la lujuria pone al sistema físico en el mayor de los caos, con cada abrazo apasionado destruyendo millones de glóbulos rojos. La fisiología del ayurveda sostiene que el alimento se convierte en semen en un periodo de tres días mediante sucesivas transformaciones (y refinamientos) en sangre, carne, grasa, huesos y médula hasta que se destila el semen (40 gotas de sangre producen 1 gota de semen). Cada eyaculación supone la pérdida de unos 15 gramos de semen, que equivale a la vitalidad producida por el consumo de aproximadamente 30 kilos de nutritiva comida. Con la misma intención pedagógica, otro cálculo muestra que cada acto de copulación equivale a un gasto de energía de 22 horas de concentración mental, o 72 horas de ejercicio físico.

Por otro lado, si se mantiene el celibato, se retiene semen convertido en *ojas* y se desplaza hacia arriba, transformándose así en fuente de vida espiritual más que en causa de deterioro físico. La conservación del semen mejora la longevidad, la creatividad y la vitalidad física y mental; la memoria, la fuerza de voluntad, la inspiración, tanto científica como artística, proceden todas del celibato. La mayoría de los hindúes creen en la posibilidad de ensalzar la sexualidad en espiritualidad: Mahatma Gandhi era tan solo uno de sus conocidos defensores y practicantes.

Es evidente que, teniendo por referencia esta espantosa imagen de la sexualidad como un agotamiento cataclísmico, nadie puede procrear disfrutando, a menos que desarrollen un buen escepticismo sobre las prescripciones e ideales sexuales de este discurso que durante siglos se ha mantenido como el "superego" cultural de los hindúes, y que tanto santos como pecadores comparten. No solo los dioses, sino también los mortales que escuchan o ven representado el mito en un baile popular o representación folclórica, sienten ese alivio al comprobar que los encantos de la mundana seductora –la *apsara* Menaka que seduce al sabio Vishwamitra, o Rambha que provoca que Gautama eyacule involuntariamente– aplacan las fieras pretensiones de los ascetas. Los ideales del celibato se recomiendan y critican por igual. Varios sabios de la tradición hindú (siendo Mahatma Gandhi la última incorporación) son admirados por haberse mantenido célibes de forma exitosa y por el poder que esta práctica les confirió. Hay, sin embargo, innumerables cuentos tradicionales que relatan con todo detalle las desventuras de los ascetas vividores. En los mitos más serios, hasta al Creador le pueden sus deseos carnales.

«La ninfa celestial Mohini se enamoró del Señor de la Creación, Brahma. Tras conseguir la ayuda del dios del amor, Kama, se dirigió a Brahma y bailó desnuda delante de él. Brahma se mantuvo inmóvil hasta que Kama le clavó una de sus flechas-flores. Brahma iba argumentando cada vez con menos insistencia que él era un asceta que debía evitar a toda mujer, especialmente a las prostitutas. Mohini se reía e insistía en que le hiciera el amor y tiraba de sus ropas, poniendo en evidencia su estado de excitación. Los sabios que los encontraron juntos le preguntaron al Creador cómo Mohini había acabado delante de él. Al principio, el Creador intentó ocultar su vergüenza disimulando: "Bailó y cantó durante mucho tiempo, y cuando se cansó vino aquí como una jovenzuela viene a su padre". Pero los sabios se rieron, puesto que sabían toda la verdad, y Brahma también se echó a reír».[14]

El celibato alcanza un refinamiento extremo, si bien irónico, con las prácticas místicas del tantra, en las que se entrena al aspirante y se le impone practicar el acto sexual sin deseo, controlando la eyaculación hasta el último momento, separando, por tanto, el impulso sexual de la fisiología humana. El impulso, según se cree, revuelve el semen en este acto sexual ritual asombrosamente desprovisto de toda pasión, y da paso a energías que se pueden canalizar hacia arriba para lograr el beneficio espiritual.

Nuestro escepticismo hacia el celibato no significa que lo rechacemos por sistema. Estaríamos de acuerdo con Thomas Mann en que los esfuerzos para mantener la renuncia al amor sexual merecen un respeto, puesto que tienen que ver con lo espiritual y, por tanto, con algo primordialmente humano. Asimismo, podríamos aceptar, como lo hace Freud, que algunas personas extraordinarias, verdaderamente genuinas y con un gran sentido de la abnegación por una misión o propósito transcendental, pueden conseguir mantenerse célibes. Lo que nos resulta difícil de aceptar en el celibato es el hecho de que se eleve a ideal cultural para todo un pueblo, un ideal que acaba desempeñando un papel clave en el surgimiento de ansiedad –relacionada con el "derroche del esperma"– que experimentan muchos hombres indios. De hecho, hay una enfermedad propia del sur de Asia denominada *svapnadosha* (literalmente 'falta de sueño'). Cuando sufren esta "enfermedad cultural", los hombres se quejan de dolor corporal y de cabeza, lo que aumenta la debilidad y la sensación de irrealidad del esquema corporal por la pérdida de semen durante las emisiones nocturnas.

Vírgenes y otras mujeres

De todos es sabido que la sexualidad no se ajusta a los mandamientos de los guardianes de la moral cultural, especialmente en el caso de los jóvenes, cuya falta de disciplina tiende a infiltrarse por las grietas de los muros de la cultura. Aunque las convenciones indias consideran un tabú cualquier expresión de comportamiento sexual adolescente antes del matrimonio, varios estudios de diferentes partes de la India sugieren que el 20 o 30 % de los jóvenes desoyen ese mandato.[15] Tiene más calado entre las mujeres jóvenes, urbanas o rurales, adineradas o pobres, pues tales estudios revelan que menos del 10 % ha tenido actividad sexual prematrimonial. El que la incidencia entre los hombres jóvenes sea mayor se debe al hecho de que entre sus compañeros sexuales no solo hay chicas de su edad –ya sean historias "pasajeras" o "de amor de verdad"–, sino también trabajadoras del sexo y mujeres mayores casadas del barrio a las que llaman "tías".

Parte de esta diferencia de género en el comportamiento sexual en la juventud se explica también porque los hombres fanfarronean más de este tema que las mujeres, que se muestran más cohibidas. Las chicas suelen mantener en secreto sus relaciones sexuales, puesto que hasta un simple indicio de amistad con un chico podría arruinar su reputación, sus perspectivas de matrimonio y el estatus social de sus familias. Si el ascetismo es una forma de controlar la sexualidad masculina, la castidad antes (y la fidelidad durante) el matrimonio son los rígidos controles que se ejercen sobre la sexualidad femenina.

Con excepción de la flor y nata de la sociedad en las metrópolis, la castidad sigue siendo el precepto primordial para la mujer joven soltera. Independientemente de si pertenece a una familia de clase media más bien protectora y en plena ascensión en el escalafón social, o vive en el barrio de chabolas de una gran ciudad, una chica india aprende pronto en la vida que debe moverse y comportarse con sumo pudor en lugares públicos. A diferencia de los chicos, las chicas que dan la más mínima muestra de interés sexual, no solo están poniendo en peligro su reputación, sino que también se están exponiendo como una presa fácil para el acoso sexual. Asimismo las familias, tal y como vimos antes, limitan en gran medida la interacción de una chica con los chicos de la familia que podrían poner en peligro su "valor" en el mercado del matrimonio. Un estudiante universitario de 18 años de Delhi dice: «Si alguien descubre que una chica ha tenido novios... ¡Dios mío!, entonces nadie se casará con ella porque puede que se haya acostado con esos hombres. Una mujer solo debería tener sexo después de la boda».[16] «No pasaría nada si mi hermano tuviera novia –dice otra estudiante universitaria–, pero en mi caso sería un escándalo. Si me casara mañana, los vecinos dirían: "Esa chica es una fresca. Tuvo novios antes del matrimonio". Mi hermano no tiene este tipo de problemas. Si una de nosotras tiene novio, lo mantendrá en secreto. De lo contrario, en casa no podrá coger el teléfono ni salir, ni nada».[17]

Es común que muchas mujeres en psicoterapia hablen de su primer contacto sexual con un miembro masculino de la familia extensa –un tío, primo o incluso un hermano mayor y, en el caso de las mujeres de clase media y alta, hasta sirvientes–. Estos contactos pocas veces llegan a la penetración, pero generan un considerable sentimiento de culpa ya que la mujer lucha por reprimir los recuerdos de su propia excitación y participación, motivada por la curiosidad, en episodios de evidente abuso sexual.

En el proceso de conformarse una identidad, a la mayoría de las mujeres en la India el conflicto entre las necesidades individuales y las normas sociales les provoca un continuo sentimiento de culpa por el contacto sexual antes del matrimonio. Las chicas jóvenes desarrollan sentimientos muy ambivalentes respecto a su identidad sexual y su expresión corporal. Aparte del sentimiento de culpa, el interés (oculto) por la sexualidad puede generarles también un sentimiento de vergüenza. Estos sentimientos se materializan, por ejemplo, en el inmenso bochorno que les supone hablar de cuestiones de sexo. Después de cierta edad, la mayoría de las chicas nunca se desnudan delante de sus padres y probablemente tampoco lo harán delante de sus maridos; tampoco verán escenas explícitas de sexo en la televisión junto a otros miembros de la familia, menos aún si son hombres.

La India urbana está cambiando. Las chicas jóvenes aceptan cada vez más su cuerpo: han empezado a darle importancia a la ropa que acentúa sus curvas y están deseosas de saber, a través de programas de televisión y revistas para mujeres, cómo cuidar su cuerpo y cómo acicalarse. Aun así, esa creciente preocupación por el cuerpo encuentra sus límites en los sentimientos profundamente interiorizados de vergüenza por los genitales, los propios y los del hombre. Muchas chicas y mujeres jóvenes de las castas más altas ni siquiera le ponen nombre a los genitales. Como mucho, se refieren a ellos de forma indirecta (por ejemplo, como "el lugar por el que se mea", aunque incluso este eufemismo tiene una fuerte carga emocional). Una paciente sikh de 23 años, educada en Inglaterra, no tenía ningún problema en nombrar sus partes si lo hacía en inglés. Si se le pedía que tradujera esas palabras a su lengua materna, la lengua más cercana a sus primeras experiencias corporales, o bien había "olvidado" las palabras adecuadas, o se quedaba absorta en un prolongado silencio.[18] Huelga decir que ese velo de silencio de la sociedad es caldo de cultivo para la ignorancia sexual. Un paciente con estudios universitarios creía durante sus últimos años de adolescencia que tanto la sangre menstrual como la orina y los bebés salían por la uretra. Otra mujer, que había crecido en un pueblo y debería, por tanto, estar más familiarizada con las cuestiones de la vida del campo, descubrió con consternación justo en el momento de dar a luz a su primer hijo que los bebés no nacían a través del ano, como siempre había creído.

Es innegable que, en la India urbana, las chicas jóvenes se mueven en los espacios públicos con mayor libertad que la generación de sus madres. Sin embargo, al mismo tiempo es indiscutible que el espacio público sigue siendo dominio de los hombres, y hay pocos indicios de que esto vaya a cambiar a corto plazo. La escritora V. Geetha describe de forma muy elocuente lo que otras mujeres solo pueden confirmar a partir de su propia experiencia:

> «Para muchas de nosotras, no hay nada que refleje mejor la relación de los hombres con el espacio como la imagen de un hombre orinando sin preocupación alguna en una vía pública transitada, cerca de un colegio de niñas, en una esquina en la que gira el autobús, en un parque público. Pensemos en los exhibicionistas: ¿qué les lleva a exhibir sus órganos ante las mujeres, ante las niñas? ¿Qué ideas sobre la intimidad tienen los hombres que susurran al oído obscenidades

a chicas y mujeres en un autobús o tren concurrido? ¿O que les pellizcan los pechos y el trasero? ¿Por qué se les escapan las manos, casi de forma inconsciente, a la entrepierna, incluso si están en una reunión y sobre un escenario? (Las mujeres en su caso se ajustan el sari a la altura del pecho.) Es como si ese espacio público que reclaman como suyo estuviera definido por su pene y sus caprichos».[19]

La sexualidad en el matrimonio

Si consideramos que hay muchas mujeres que cargan con el peso de la vergüenza y la culpa por sus cuerpos (sexuales), todas las imágenes de mujeres insaciables, y el hecho de que en el imaginario cultural del hombre el sexo es un acto en el que se exprime todo su poder y virilidad, los presagios de una alegre vida sexual en un matrimonio indio medio no son muy prometedores. Es difícil para un hombre abandonarse totalmente a los devaneos eróticos si la posible infidelidad de su mujer es uno de los principales temas en los proverbios populares de su cultura.[20]

«"La mujer no será pura hasta que no se congele el fuego, arda la luna o se llene el océano de agua dulce" es una de las muchas declaraciones sobre el tema. "Una mujer es una mujer si se mantiene dentro del redil; fuera de él se convierte en un burro", dicen los tamiles. Los proverbios que alaban a las esposas hacen referencia siempre y de forma muy predecible a su aspecto maternal, como por ejemplo en este proverbio popular de Assam y Bengala: "¿Quién puede menospreciar a las mujeres? ¡A las mujeres, que dan a luz!". Un proverbio punjabi plantea en pocas palabras el dilema del marido y su solución: "Una mujer que muestra más amor por ti que tu madre es una fresca"».

Diversos estudios indican que muchos hombres indios han interiorizado en gran medida estos proverbios. Expresiones como «Ella no debería hablar con otros hombres; y con mis hermanos y familiares, solo en mi presencia»[21] son un sentir general y provocan celos sexuales generalizados que pueden rayar en la paranoia. Muchas mujeres no pueden siquiera hablarles a sus maridos sobre tomar precauciones para evitar embarazos no deseados sin que estos las acaben acusando de estar considerando cometer adulterio.[22] Es posible que algunos hombres lo necesiten para avivar su deseo de posesión y así aumentar el placer sexual. Los violentos arrebatos de celos, sin embargo, suelen minar el erotismo, reduciendo el sexo a una mera necesidad corporal, y dejan vía libre al comportamiento abusivo por parte del marido.

El amor físico en muchos matrimonios indios, al estar oprimido por la carga cultural del miedo, la vergüenza y la culpabilidad, suele acabar siendo una brusca puñalada de lujuria sin toda la energía de la pasión erótica. Los resultados de entrevistas realizadas a mujeres pobres de casta baja en Delhi muestran una sexualidad impregnada más de hostilidad e indiferencia que de afecto y ternura.[23] Prácticamente todas las mujeres describían las relaciones sexuales como un acto furtivo en una habitación estrecha y abarrotada de gente que dura unos pocos minutos y con una gran falta de atención física o emocional. La mayoría de las mujeres consideraban que era doloroso o desagradable, o ambos. Era una situación ante la que tenían que claudicar por miedo a recibir una paliza. Ninguna de las mujeres se quitaba la ropa para el acto, pues si lo hiciera sería una desvergonzada. Aunque algunas de las mujeres que mostraban menos resentimiento todavía aspiraban a una cierta ternura física por parte de sus maridos, veían el acto en sí mismo como una prerrogativa y una necesidad legítima del macho: «Aadmi bolna chahta hai»

(El hombre quiere hablar). Otra metáfora para lo que normalmente se llama "hacer el amor" es «Hafte mein ek baar lagwa
lete hain» (Me lo dejo hacer una vez por semana). En hindus-
taní, la frase hace pensar en una inyección semanal, dolorosa quizá, pero necesaria para la salud. Las palabras más frecuentes para las relaciones sexuales son *kaam* y *dhandha*,
'trabajo' y 'negocio', respectivamente. Para estas mujeres (y
hombres), las relaciones sexuales parecen estar estructura-
das como relaciones de intercambio contractual e impersonal, con la posibilidad siempre presente de que una de las dos
partes esté explotando o engañando a la otra.

Diversos estudios de otras zonas de la India corroboran
estas observaciones. Las mujeres jóvenes de los estratos más
pobres de la sociedad –la gran mayoría de las mujeres indias,
todo sea dicho– tienen pocas expectativas sobre su vida sexual y su futuro marido: «que no beba ni me pegue, y que nos
mantenga a la familia y a mí».[24] Muchas mujeres comentan
que no estaban preparadas para mantener relaciones sexuales
y que estas eran un misterio para ellas hasta la primera noche con sus maridos. Muchas experimentaron algún tipo de
coerción sexual y describían su primera experiencia sexual
como traumática, desagradable y dolorosa, mediante el uso
de la fuerza física: «Fue una experiencia horrible; cuando in-
tenté resistirme, me sujetó los brazos por encima de la cabeza. Debe de haber sido tan doloroso y agobiante que me des-
mayé». Esta India dista mucho de ese país en el que una vez
el *Kamasutra* guiaba al hombre recién casado de la siguiente forma:

> «Durante las tres primeras noches de su unión, la pareja
> deberá dormir en el suelo, sin mantener relaciones sexua-
> les y comiendo alimentos que no contengan sal ni especias.
> Después, y durante siete días, han de darse baños ceremo-

niales acompañados de música, vestirse adecuadamente, cenar juntos, asistir a representaciones y presentar sus respetos
a sus familiares. Todo esto se aplica a las cuatro castas.
Durante este periodo de diez noches, el marido la galanteа-
rá y será amable con ella cuando, de noche, se queden solos.

»Los discípulos de Babhravya dicen: "Si la joven com-
prueba que su marido no le ha dirigido la palabra [es decir,
no ha practicado sexo], se sentirá desanimada y lo despre-
ciará como si fuera un individuo de la tercera naturaleza [es
decir, homosexual]". Vatsyayana dice: "Él comienza a cor-
tejarla y a ganar su confianza, pero manteniéndose casto.
Cuando la corteja no se atreve, de ninguna manera, a violen-
tarla, pues las mujeres son como flores, y necesitan que se
las trate tiernamente. Si son tomadas por la fuerza por maridos que todavía no han ganado su confianza, se convertirán
en mujeres que detestarán el sexo"».[25]

Al contrario de lo que ocurre con la novela rosa occidental
dirigida a mujeres, la aspiración "romántica" india no consiste en explorar las profundidades de la pasión erótica, o
en perder la cabeza por un macho dominante. Es una cuestión más discreta, y, si no se satisface, este anhelo marchita la
vida emocional de muchas mujeres, haciendo que algunas de
ellas lleven una vida de simples autómatas maternas. Otras,
por el contrario, reaccionan con desesperación interior cuando, tal y como apunta una mujer, «hasta el olor del marido es
una tortura diaria que se ha de sobrellevar con un grito aho-
gado». Esa intimidad tan deseada, que siempre acaba con el
antagonismo entre marido y mujer, propio de la división de
género, es el verdadero *sasural* –el hogar del marido– al que
una chica desea acceder después de la boda y que una mujer
casada sigue visitando y volviendo a visitar en los rincones
recónditos de su imaginación.

Una sombra sobre la sexualidad masculina

La relación tan estrecha entre madre e hijo es uno de los temas recurrentes en la psique del hombre indio, con repercusiones sexuales a distintos niveles.[26] La imagen que un hombre indio suele tener de su madre en la gran mayoría de los casos es la de una "madraza". El porcentaje de hombres indios que expresan o experimentan antipatía, desprecio o miedo hacia sus madres de forma consciente es ínfimo. Se torna más evidente en psicoterapia, pues al principio todos los pacientes describen a su madre como una persona muy compasiva y extremadamente cariñosa. Casi todas las descripciones populares de las madres y los hijos –en el arte, las historias populares en varios idiomas indios, las autobiografías de hombres indios famosos, el cine comercial, los cuentos y leyendas tradicionales y los proverbios– corroboran la preponderancia sentimental de la madre. (Se ha de señalar que esta imagen idealizada de la "madraza" es una construcción básicamente masculina. Las mujeres indias no tienen esta visión sentimental de sus madres. Para las hijas, la madre no es una figura adorada y adorable en un pedestal; es más bien una presencia cercana no siempre benévola pero siempre presente.) Es importante subrayar que la omnipresencia de la madre en la psique masculina es más notoria en la India que en Occidente. Tal y como señalaba el folclorista y poeta A.K. Ramanujan,* el

---

* Attipate Krishnaswami Ramanujan fue un estudioso indio que cultivó diversas disciplinas, pero destacó principalmente por sus contribuciones al estudio de la cultura india, definiéndola como dependiente del contexto en su ensayo "Is there an Indian Way of Thinking? (1990) (¿Hay un modo de pensar propiamente indio?). En otro orden de cosas, fue un autor controvertido en India al defender en "Three Hundred *Ramayanas*: Five Examples and Three Thoughts on Translations" (Trescientos *Ramayanas:* cinco ejemplos y tres reflexiones sobre las traducciones) que hay muchas versiones del *Ramayana*. (*N. de la T.*)

hombre indio tiende a reprimir su independencia de la madre mientras que el hombre occidental, por el contrario, suele reprimir su dependencia.[27]

Habida cuenta de la constelación madre-hijo que hemos descrito, queda claro que para la mayoría de los hombres indios resulta muy difícil separarse psicológicamente de la madre. En un estudio realizado hace 45 años sobre los hombres de la comunidad Agarwal en el norte de la India, tan solo una quinta parte de los hombres confesaban sentirse más cercanos a sus esposas que a sus madres.[28] Hoy en día, este porcentaje sería mayor, sobre todo en la India de clase media urbana, lo que podría también atribuirse a la vergüenza que supondría admitir una actitud que se consideraría retrógrada e irremisiblemente anticuada. En el contexto de la modernidad, el conflicto entre la suegra y la nuera, por lo general más independiente, se ha vuelto más complejo que en los viejos tiempos, cuando se daba por supuesto la lealtad de un hijo hacia su madre. Al no poder elegir entre la esposa y la madre, muchos hombres se desprenden emocionalmente de las dos.

El "abrazo" psicológico entre madre e hijo, que se prolonga hasta bien entrada la niñez, puede desembocar en una exigencia inconsciente de la madre para que su hijo sea el objeto de sus deseos insatisfechos, por muy poco éticos que estos resulten para el niño. Ante estas señales por parte de la madre, el hijo se puede sentir confundido, indefenso y desubicado, asustado por la abrumadora cercanía de su madre y aun así incapaz, y poco dispuesto, a separarse de ella. Algunas de estas señales son sexuales. Teniendo en cuenta la naturaleza polémica –y para muchos, ofensiva– de esta afirmación, vamos a explicarla con más detenimiento.

El destino de la sexualidad de una chica india tradicional consiste en una imposición social de renunciar progresivamente a sus necesidades eróticas. El nacimiento de un hijo no cambia esta receta; de hecho, la maternidad a menudo requiere un rechazo aún mayor de los impulsos eróticos de la mujer. Las expectativas familiares y sociales de que esta se dedique única y exclusivamente al bienestar del niño, el tabú que hay en muchas comunidades sobre las relaciones sexuales durante un largo periodo tras el parto, un marido que es emocionalmente inaccesible... son solo algunos de los factores sociales que predisponen a una madre joven a desviar el torrente de su erotismo hacia el bebé.

La madre normalmente transmite su descontento interno al bebé, sin palabras, en el íntimo contacto del día a día. En las familias indias, la madre (y otras mujeres) a menudo expresan abiertamente los sentimientos eróticos hacia el niño. No es extraño ver a una madre o a otras figuras maternas de la familia acariciando juguetonamente los genitales de un bebé, incluso besándole el pene, con la hilaridad que provoca ver al niño retorcerse de placer. La transmisión de los anhelos sexuales de una mujer por su marido a su hijo es uno de los problemas más difíciles de gestionar para el muchacho, hasta el punto de que aliviar la tensión de la madre puede ser tan importante como satisfacer sus propias necesidades. Llegado a cierto punto, los deseos eróticos inconscientes que impregnan los cuidados que el niño recibe de la madre pueden despertar en este sentimientos tan intensos que superen su capacidad de sobrellevarlos. El hijo se enfrenta a un gran conflicto: aunque necesita incondicionalmente el cuidado físico y el sustento emocional que solo una madre u otras figuras maternas pueden darle al principio, no se fía de la intensidad de los sentimientos de la madre hacia él (y de los suyos hacia ella) e inconscientemente tiene miedo de que le superen. A medida que el niño crece, siente que no puede vivir sin su madre ni apartarse de ella, pero al mismo tiempo es incapaz de darle lo que necesita. Aunque estos conflictos, que surgen de la compleja relación madre-hijo, están presentes en todas las culturas, las psiques de muchos hombres indios están especialmente marcadas por lo que llamamos un "embeleso materno" inconsciente: deseo de distanciarse de la madre, junto al miedo a la separación; miedo a la madre a la que uno anhela tanto; deseos incestuosos que conviven con el temor inspirado por una sexualidad femenina asertiva.

De ahí que muchos hombres indios, tras esa idealización consciente de la madre como dechado del amor incondicional, tengan la convicción latente de que el principio femenino es lujurioso y desenfrenado con una sexualidad insaciable. Las afirmaciones sobre la mujer en los libros de Derecho hindú y los tratados sobre moralidad proyectan esta oscura imagen. La encontramos en leyendas y cuentos tradicionales, que están repletos de figuras de mujeres mayores cuyo apetito debilita la vitalidad sexual de un hombre. En algunos proverbios se refleja ese miedo inicial del hijo a una sexualidad materna que consume, devora y deja seco, como por ejemplo: «el fuego no está satisfecho con el combustible, el océano no se llena con ríos, la muerte no está satisfecha con los seres humanos y las mujeres nunca están satisfechas con los hombres».

La ansiedad respecto a la sexualidad femenina también queda patente en la actitud ligeramente fóbica hacia las mujeres sexualmente maduras en muchas partes de la India. La siguiente observación antropológica, hecha en un pueblo de Hyderabad de mediados de los sesenta, todavía es válida: «Los hombres jóvenes sienten una fascinación especial por las adolescentes "cuya juventud empieza a florecer". Los hombres jóvenes que logran acariciar "los pechos inmaduros, a medio desarrollar" de una chica y tener sexo con una "cuyo vello púbico empieza a crecer" se ganan fácilmente la admiración de los hombres de su edad».[29] La práctica de ra-

surar el vello púbico, común a mujeres de varias comunidades, no se rige solo por imperativos higiénicos propios de un
país caluroso, como afirman las mujeres, sino también por el
descontento de los hombres respecto a los genitales de una
mujer madura y por la preferencia por partes pudendas que
parezcan las de una virgen. De esta forma se hace evidente el
círculo vicioso que invade la psique de muchos hombres indios: las mujeres maduras suponen una amenaza sexual para
los hombres, lo que alimenta su "comportamiento evasivo"
en las relaciones íntimas, que al mismo tiempo lleva a las
mujeres a ampliar su provocación sexual hacia sus hijos, causando finalmente que los hombres adultos tengan miedo de la
sexualidad de las mujeres maduras.

Dos mitos populares sobre los hijos de la diosa Parvati
ejemplifican claramente cómo el embeleso materno puede
amenazar en un hijo su integridad sexual como hombre.

En un mito sobre el hijo mayor de Shiva, el dios Skanda,
que mató a un poderoso demonio, su madre, Parvati, le recompensa dándole permiso para divertirse como quiera. Skanda
hace el amor con las esposas de los dioses, y los dioses no
pueden hacer nada por evitarlo. Se quejan a Parvati, que deci-
de adoptar la forma de cualquiera de las mujeres que Skanda
está a punto de seducir. Skanda está avergonzado, piensa: «el
universo está repleto de mi madre», y pierde toda la pasión.
Según otro mito, al ver un mango que flotaba río abajo, Parvati
les dijo a sus dos hijos, Skanda y Ganesha, que el primero que
diera la vuelta al universo se llevaría el mango. Sin pensárse-
lo dos veces, Skanda se subió a su pavo real dorado y dio la
vuelta al universo. Ganesha pensó: «¿Qué habrá querido decir
mi madre con esto?». Entonces rodeó a su madre, alabándola,
y dijo: «He dado la vuelta a mi universo». Y se ganó el mango.

LA SEXUALIDAD ALTERNATIVA

Exceptuando a algunas personas de la élite angloparlante de las metrópolis indias, estando la mayoría en los niveles más altos en el campo de la publicidad, la moda, el diseño, las bellas artes y las artes escénicas, los hombres (y las mujeres) con parejas del mismo sexo, o bien no se identifican como homosexuales, o bien no admiten su inclinación sexual, a menudo ni siquiera en su fuero interno. En otras palabras, hay un gran número de hombres –algunos casados– que han tenido y siguen teniendo sexo con otros hombres, pero solo una minoría insignificante están dispuestos a reconocer que son "homosexuales".

La afirmación de que hay pocos homosexuales en la India y a la vez mucha relación entre personas del mismo sexo parece contradictoria, pero es fácil de conciliar. El sexo entre hombres, especialmente entre amigos o en la familia durante la adolescencia y la juventud, no se considera sexo sino *masti*, un jugueteo excitante, erótico, que tiene ciertas reminiscencias del celo (*mast*) del elefante. Al margen de la amistad entre hombres, es una forma de satisfacer una necesidad corporal urgente o, para algunos, de hacer dinero. El sexo, por otro lado, es un asunto serio en la procreación en el matrimonio. Prácticamente todos los hombres que tengan sexo con otros hombres acabarán casándose, incluso si siguen practicando sexo con hombres después del matrimonio. Las relaciones sexuales con hombres no son fuente de conflicto en tanto en cuanto la persona no se considera homosexual (en el sentido de tener una preferencia exclusiva por los hombres) y no compromete su identidad masculina decidiendo no casarse o negándose a tener hijos. Tal y como muestra un estudio reciente, «incluso los hombres afeminados que tienen un fuerte deseo de ser receptores de sexo con penetración tienden a considerar más importante su papel como maridos y padres que su comportamiento homosexual a la hora de definir su identidad».[30] Ashok Row Kavi, un activista gay muy conocido, cuenta que cuando era joven y su familia le presionaba para casarse, sobre todo la hermana mayor de su padre, finalmente acabó estallando y diciendo que le gustaba follar con hombres. «Por mí como si te follas a cocodrilos o elefantes —le respondió su tía bruscamente—. ¿Por qué no puedes casarte?».[31]

La ideología cultural que vincula la identidad sexual con la capacidad de casarse y procrear, de hecho, le quita hierro al asunto del comportamiento homosexual. Sin embargo, a muchos les sirve de máscara de su orientación sexual al tiempo que les niega la posibilidad de un aspecto esencial del conocimiento de sí mismos. Los que tienen una verdadera orientación homosexual de forma subconsciente se sienten obligados a mantener cierta distancia emocional en sus encuentros homosexuales y, por tanto, luchan contra la búsqueda del amor y la intimidad que, aparte del deseo sexual, subyace en estos encuentros.

La cultura india fomenta de diversas formas la "negación homosexual", como denominaremos este comportamiento. El comportamiento del hombre debería ser notoriamente manifiesto, como el de las *hijras* (la comunidad de travestis), como para despertar interés y justificar los posibles comentarios. A algunos la mitología en torno al semen les puede servir de defensa cultural para negar su orientación homosexual. Kavi habla de los *dhurrati panthis,* hombres a los que les gusta ser penetrados por otros hombres, porque el semen que reciben dentro de sus cuerpos duplica su virilidad y, de esta forma, pueden satisfacer realmente a sus mujeres. También están los *komat panthis* a los que les gusta hacer felaciones, pero que nunca permitirán que los toquen. Algunos de estos hombres son respetados instructores ("gurús") en gimnasios de culturismo (*akharas*) que creen que se volverán súper poderosos al practicar sexo oral con un hombre más joven. Cualquiera de los dos grupos se espantaría ante la idea de ser considerados homosexuales.

Gran parte de la actitud de hoy en día hacia la homosexualidad se remonta al tiempo de la India antigua, en la que eran los homosexuales, pero no el comportamiento homosexual, lo que suscitaba el rechazo de la sociedad. De hecho, en la India clásica la denigración de los homosexuales no era un acto impío. Los homosexuales pertenecían a una clase deficiente de hombres denominados en sánscrito *kliba*; deficientes porque no pueden tener descendencia masculina. *Kliba* era un término polivalente en el que se incluía a todo aquel que era estéril, impotente, castrado, travestí, un hombre que tenía sexo oral con otros hombres, que era receptor en el sexo anal, un hombre con los órganos sexuales mutilados o deficientes, un hombre que solo tenía hijas o, por último, un hermafrodita. *Kliba* es un término que ya no existe, pero se mantienen en la imagen del homosexual indio ciertos vestigios –la percepción de una deficiencia, y la combinación de pena, consternación y repugnancia hacia un hombre que no puede casarse ni tener hijos–.

En *Same-Sex Love in India*, Ruth Vanita argumenta que la tolerancia relativa, la zona gris entre la mera aceptación y el rechazo frontal a la atracción homosexual, se puede explicar principalmente por la noción hindú del renacimiento.[32] En lugar de condenar a la pareja, otros explican la atracción mutua argumentando que es involuntaria, ya que se origina en un vínculo que hubo en el nacimiento anterior. Se supone que este vínculo es como un "asunto pendiente" que ha de ser resuelto en el nacimiento actual. En los cuentos tradicionales y textos antiguos, así como en las conversaciones del día a día, si hay una pareja mal avenida, por lo general aquellos con estatus diferentes (un pescador o un "intocable" que se enamora de una princesa), se les exculpa a regañadientes y poco a poco se va aceptando la unión porque se les considera destinados a estar juntos a raíz de lo ocurrido en una vida pasada. Cuando una pareja homosexual se atreve a desafiar toda convención viviendo juntos, la tolerancia por parte de sus dos familias y su entorno social más próximo, por lo general, se enmarca en la teoría de la reencarnación. En 1987, cuando dos mujeres policías del estado de Madhya Pradesh, en el centro de la India, "se casaron" (tema controvertido en los medios de comunicación indios), la explicación que daban los que ya no podían verlas como solo "dos buenas amigas compartiendo piso" era que una de ellas debía de haber sido un hombre en una vida pasada y que el destino cruel había hecho que la pareja tuviera que separarse de forma prematura.

En la India antigua, la actividad homosexual como tal era ignorada o estigmatizada como inferior, pero nunca se llegó a perseguir de forma activa. En los tratados del *dharma* (ley moral), se castiga la actividad homoerótica entre hombres, aunque de forma comedida: un baño ritual o el pago de una pequeña multa servían de expiación. Esto no cambió sustancialmente a pesar de la llegada del islam, que condena rotundamente la homosexualidad como delito grave. Los teólogos musulmanes en la India mantenían que el Profeta defendía que la sodomía se castigara de la forma más contundente posible.[33] La cultura islámica en la India, sin embargo, también tuvo una casta persa cuya literatura celebraba el homoerotismo. En la poesía mística sufí, en persa y posteriormente en urdu, la relación entre lo divino y lo humano se expresaba en metáforas homoeróticas. Indefectiblemente, lo místico también se promulgaba a nivel humano: entre los "hombres refinados", al menos de las clases altas de musulmanes, la pederastia pasó a ser una válvula de escape para los arrebatos eróticos de un hombre, siempre y cuando siguiera cumpliendo con sus obligaciones como hombre casado.[34]

Parece que la percepción contemporánea de la actividad homosexual, principalmente a partir de imágenes de sodomía, puede remontarse hasta el periodo musulmán de la historia india. En la India antigua, en el *Kamasutra* por ejemplo, era la felación lo que delataba el comportamiento homosexual. La técnica de la felación del hombre clandestino de "tercera naturaleza" (el homólogo del *kliba* en otros textos sánscritos) se trata describiendo al detalle el aspecto sensual, mientras que la sodomía se menciona solo en un pasaje y, aun así, está enmarcada en el contexto del sexo heterosexual y no del homosexual. Fue precisamente la sodomía en la homosexualidad masculina en torno a lo que articularon las autoridades coloniales británicas, revestidas de una virulenta moral victoriana homofóbica, la draconiana legislación de 1861.

Esta ley, sección 377 del código penal indio, establece: «Cualquiera que voluntariamente tenga relaciones carnales en contra del orden de la naturaleza con cualquier hombre, mujer o animal será castigado con cadena perpetua, o con prisión de una duración de hasta diez años, y estará sujeto a multa». La ley, que fue recurrida en los tribunales por una organización gay y actualmente está pendiente de sentencia en el Tribunal Superior de Delhi, sigue estando en el código penal.* Aunque pocas veces se aplica la ley para llevar a los transgresores ante la justicia, algunos policías corruptos se

---

* A finales de 2012, si bien la ley sigue estando presente en el código penal, la situación ha cambiado: el Tribunal Superior de Delhi dictó una sentencia el 2 de julio de 2009 que derogaba parte de la sección 377 por considerarla anticonstitucional, despenalizando de esta forma la actividad homosexual consentida entre adultos, pero sigue estando en vigor para los casos de sexo no consentido, no vaginal y sexo con menores. (*N. de la T.*)

aprovechan de ella para acosar y chantajear a los homosexuales en los lugares públicos.

Si los hombres homosexuales se vuelven invisibles, entonces las lesbianas simplemente no existen en la sociedad india, o al menos eso parece. Una vez más, no es que los indios no sean conscientes de la actividad lésbica. Lo que ocurre es que no se ve como un asunto de elección personal, posibilidad que por el contrario sí se le concedía teóricamente, si no a regañadientes, a los hombres "deficientes", los hombres de "tercera naturaleza" en la India antigua. La actividad lésbica siempre se considera el resultado de la falta de satisfacción sexual en las mujeres solteras, viudas y las que están atrapadas en matrimonios infelices y sin sexo. Y esto es cierto incluso en la descripción de la actividad sexual que vemos en la literatura o el cine. En la película *Fuego* (1998) de Deepa Mehta, que provocó una gran controversia con activistas hindúes prendiendo fuego a los cines porque en la película aparecen dos mujeres que tienen un romance, la única razón por la que las dos mujeres recurren una a la otra es porque son profundamente infelices en sus matrimonios.

En la India antigua, se describe la actividad lésbica en el *Kamasutra* al principio del capítulo sobre los harenes donde muchas mujeres conviven juntas sin hombres. Las reinas solo tienen un rey, preocupado por los asuntos de Estado, al que rondar. Puesto que ninguno de los reyes puede ser el dios Krishna, que tiene fama de haber satisfecho sexualmente a cada una de sus 16 000 esposas cada noche, las mujeres utilizan consoladores, así como verduras o frutas que tengan la forma del "de verdad". Hay indicios de otros tipos de actividad lésbica en los antiguos textos legislativos: una mujer que corrompe a una virgen tendrá por castigo que le corten dos dedos –un indicador de lo que el autor piensa que hacen las mujeres en la cama–. Este duro castigo no es por la actividad en sí, sino por el atroz delito de "desflorarla", de robarle la castidad a una chica joven. Parece (y no debería sorprendernos) que la homosexualidad femenina se castigaba de forma más severa que la homosexualidad masculina –según los tradicionalistas, por la preocupación por la virginidad y pureza sexual de las mujeres; las feministas rebatirían que es para ejercer control sobre la elección y la actividad sexual de las mujeres–.

De la India medieval nos llega la palabra *chapati* (pegar o adherir) en urdu, que hoy en día todavía se utiliza para describir la actividad lésbica. Un comentarista –hablante de hindi– del *Kamasutra* ofrece la visión liberal tradicional (¡no todos los tradicionalistas son conservadores!) sobre el lesbianismo en la India al escribir: «En aquel tiempo, el acto en el que las mujeres se frotaban mutuamente la vulva se denominaba *chapati*. Vatsyayana ha estudiado todas las clases de medios naturales y artificiales utilizados para lograr la satisfacción del extinguido deseo sexual. Pero resulta sorprendente que no hable de la relación *chapati* entre damas insatisfechas. Quizá la cópula *chapati* no había aparecido todavía en el tiempo de Vatsyayana; de otra manera, no se le hubiera ocultado a su penetrante mirada. Hoy día, cuando se hace tanto hincapié en la virginidad, se ha incrementado la práctica del *chapati* y el empleo de medios artificiales para lograr la satisfacción sexual entre las jóvenes».[35]

Estas son, por tanto, algunas de las variaciones indias del tema universal de la sexualidad, ese (en palabras de Melville) «inagotable torrente del río en la cueva del hombre»: la sexualidad es un país fronterizo con el instinto biológico, por un lado, y con el impulso imaginativo, por otro. La espontaneidad erótica no corre desbocada en este terreno, sino que se ve domada por un imaginario, principalmente cultural en sus orígenes, que presenta fascinantes paradojas en el alma, mientras que el cuerpo busca la liberación del orgasmo.

SALUD Y SANACIÓN:
ENFRENTARSE A LA MUERTE

Ramnath era un hombre de 51 años que tenía una tienda de ultramarinos en la parte más antigua de la ciudad de Delhi. Cuando vino solicitando ayuda psicoterapéutica, se quejaba de varias afecciones, pero solo pedía ayuda para una de ellas, un "temor" indeterminado que se agudizaba sobre todo en presencia de su suegro. La ansiedad, que venía experimentando desde hacía menos de tres años, era una dolencia relativamente reciente. Las migrañas, por el contrario, se remontaban a la adolescencia. Ramnath lo atribuía a un exceso de "gases" en el estómago que, según decía, periódicamente le subían y le presionaban las venas de la cabeza. Había llegado a este diagnóstico después de consultar a doctores de la medicina india tradicional, el ayurveda, y haber recibido tratamientos basados en medicamentos ayurvédicos y restricciones alimenticias, todo ello aliñado con generosas dosis de aspirina.[1]

Ramnath siempre había tenido un estómago delicado, pero nunca había estado tan mal como en los primeros meses de su matrimonio hacía 30 años. En aquella época tenía fuertes retortijones y perdió muchísimo peso. Primero su padre lo llevó al hospital, donde le hicieron radiografías y una sarta de pruebas. Al no detectar ninguna enfermedad, le recetaron una serie de vitaminas y tónicos que sirvieron para más bien poco. Los familiares más mayores y amigos le re-

comendaron un *ojha* que vivía cerca. Traducir esta palabra
como 'curandero' sería demasiado para describir a este afable profesional del exorcismo que diagnosticó el estado de
Ramnath como el resultado de magia que algún enemigo había ejercido sobre él. Posteriormente identificaría a ese enemigo como el recién estrenado suegro de Ramnath. Los rituales para contrarrestar la magia enemiga fueron caros, como
el líquido vomitivo de color amarillento prescrito por el *ojha*
y que periódicamente le provocaba unas arcadas sofocantes
que le dejaban el estómago vacío. En cualquier caso, con dos
meses de tratamiento del *ojha* se curó completamente, y este
problema en concreto desapareció.

Para la acuciante artritis en el codo y la muñeca derechos,
Ramnath había recurrido a la homeopatía después de obligadas pero inútiles visitas al "alópata", como llaman en la India
al doctor de corte occidental en contraposición a los profesionales de otros sistemas médicos. La homeopatía también falló, y entonces Ramnath consultó al sacerdote-curandero de
un templo local que era famoso por su pericia en sanar dolores articulares. El sacerdote le prescribió una serie de *pujas**
y pautas alimenticias, como evitar el yogur y sobre todo la
mantequilla, remedios que tampoco funcionaron.

El "temor" de Ramnath había sido tratado con medicamentos prescritos por doctores alopáticos y homeopáticos, sabios
vaids del ayurveda y *hakims* de la medicina islámica unani.
Había consultado a psiquiatras, había tomado psicotrópicos
y se había sometido a terapia electroconvulsiva. Había pasa-

---

* La *puja* es un ritual religioso hindú que se practica en varios momentos del día y
en diversas situaciones (en casa, en el templo, etcétera). Consiste en hacer ofrendas mediante flores, frutas como cocos o plátanos, lámparas de aceite e incienso,
entre otros elementos, con el fin rendir culto a dioses, ídolos e incluso personas
importantes. (*N. de la T.*)

do por los rituales de dos *ojha* y estaba planteándose recurrir a un tercero con muy buenas referencias.

Tan solo encontró alivio en el *satsang* semanal, el encuentro de la congregación local del movimiento Brahmakumari (literalmente 'vírgenes de Brahma') del que recientemente se había hecho adepto. Las meditaciones y cantos comunales le producían un sentimiento de paz, y dejó de pasar malas noches. A Ramnath le desconcertaba que la ansiedad y las otras dolencias no desaparecieran. Se justificaba diciendo que había intentado ser un buen hombre, siguiendo el *dharma* de su casta y los límites que le marcaban su propio carácter y predisposición. Había rendido culto a los dioses y acudido regularmente al tempo de la zona, incluso contribuía con una generosa suma de dinero para la consagración del ídolo Krishna en el templo de su pueblo natal en Rajasthan. Aseguraba no haber tenido ninguna mala costumbre. Té y cigarros, sí, pero desde hacía un par de años había renunciado incluso a estos pequeños pero placenteros vicios. Aun así, la ansiedad persistía, implacable, sin dar tregua.

En este capítulo no pretendemos centrarnos en comprender desde un punto de vista psicológico los síntomas de Ramnath, ni averiguar en qué momento de su vida surgieron. Nuestra intención es entender las dolencias de Ramnath y sus esfuerzos por recuperar el bienestar, contrarrestando el contexto que establece su tradición cultural predominantemente hindú. En otras palabras, el objetivo es realizar un análisis cultural más que un psicoanálisis del estado de Ramnath, lo que nos servirá para entender la naturaleza de la salud y las enfermedades en el panorama indio.

A primera vista, el espacio cognitivo de Ramnath en cuestiones de enfermedad y bienestar parece increíblemente enmarañado. Dioses y espíritus, comunidad y familia, comida y bebida, carácter y hábitos personales, todo ello parece estar relacionado de una forma u otra con el cuidado de la salud. Aun así, estos y otros factores como la infección biológica, la contaminación social y el disgusto del cosmos, que los indios identificarían como causas de una mala salud, no hacen más que reconocer que una persona existe simultáneamente en muchos planos de existencia. Por utilizar categorías occidentales, desde el primer llanto al nacer al último estertor, una persona existe en las mismas condiciones en un soma, una psique y una polis; en otras palabras, una persona es al mismo tiempo cuerpo, espíritu y ser social. La experiencia de la enfermedad de Ramnath les puede parecer algo totalmente ajeno a los que no son indios simplemente porque los significados de cuerpo, espíritu y polis no son los mismos en todas las culturas. El concepto del cuerpo y la comprensión de los procesos de este no son iguales en la India que en Occidente. El espíritu, el "cuerpo sutil" hindú, no es tanto una categoría psicológica en la India, aunque sí incluye parte de la "psique" occidental. Del mismo modo, para la mayoría de los indios tradicionales, la polis la conforman no solo los miembros vivos de la familia y la comunidad, sino también los espíritus ancestrales, otros ayudantes espirituales y, para los hindúes, los dioses y diosas familiares que pueblan el cosmos indio.

Así pues, un indio, desde un punto de vista subjetivo, tiende a creer que su enfermedad probablemente sea un reflejo de la alteración de alguno de los planos de existencia, y los síntomas pueden manifestarse en cualquiera de los otros planos. Si un tratamiento falla, pongamos por caso, en el plano corporal, se suele situar la causa de la enfermedad en un plano diferente, lo que implica pasar por el régimen curativo específico de este sin dejar de contemplar otros tratamientos.

Considerar que todos los planos de existencia tienen que ver con la salud y la enfermedad implica que un indio por lo general va a buscar más de una causa a la enfermedad en los casos en los que no responde al tratamiento. Un indio tiende a considerar que estas causas son complementarias, y no excluyentes, y las ordena clasificándolas como causas inmediatas, periféricas y remotas en círculos concéntricos, de tal forma que el círculo externo rodea a los internos.

Por seguir con el caso, según la teoría ayurvédica, que sirve de paradigma regulador para explicar los procesos fisiológicos en la India hindú tradicional, Ramnath puede identificar su dolor artrítico como un desequilibrio que en ayurveda se llamaría "desequilibrio de los *doshas*". Lo consideraría un exceso de *vayu* o "gases" que ha de recuperar el equilibrio mediante dieta, medicamentos y aplicaciones externas. El desequilibrio puede agravarse por conductas personales, malos pensamientos, o costumbres que a su vez requieren cambios en el plano espiritual.

El hecho de que la enfermedad no remita o se manifieste con gran intensidad puede tener que ver con la "mala época" astrológica del paciente, para lo que serán necesarias medidas paliativas, como una *puja*. Probablemente se rastree el "defecto" astrológico hasta el mal *karma* de una vida anterior por el que, a fin de cuentas, nada se puede hacer, excepto quizás cultivar una fortaleza estoica recurriendo a prácticas meditativas.

Como le ocurre a la mayoría de los hindúes, la imagen que Ramnath tiene de su cuerpo y de los procesos corporales, donde él situaría el primer círculo de cualquier enfermedad, se rige por los preceptos del ayurveda, que puede que conozca o no. El ayurveda es algo más que un sistema tradicional de medicina, pues engloba las nociones indias de los componentes de la persona y de la conexión del cuerpo con la psique, la polis, el entorno natural y el cosmos. Estas ideas configuran un prisma cultural a través del cual tradicionalmente los hombres y mujeres de la India han visto a la persona y su estado de bienestar. Como apunta el antropólogo cingalés Gananath Obeyesekere: «Sin un cierto conocimiento de la teoría de la medicina ayurvédica, no podemos entender gran parte de lo que pasa por las mentes de los hombres del Sur de Asia».[2]

La salud y la enfermedad del cuerpo según el ayurveda

El ayurveda no es el único sistema que está íntimamente ligado a la cultura y la sociedad en la que nace. Las teorías, opiniones y prácticas médicas de cualquier sociedad nos dicen tanto de las creencias sociales como del arte y la ciencia de la sanación. Por ejemplo, el hecho de que se sigan tratamientos médicos caros después de que la enfermedad haya seguido su proceso natural o que se mantenga en vida a una persona en coma que no tiene posibilidades de recuperarse son indicios del gran valor que se le concede a la tecnología para tratar problemas que no tienen solución, de la importancia de la persona respecto de la comunidad (especialmente si el tratamiento ha llevado a la familia a la ruina), de concebir el cuerpo como una máquina, etcétera. Al contrario que la medicina occidental, que hoy en día es internacional, el ayurveda no ha sido tanto el espejo de la creencia cultural de la sociedad, sino más bien uno de sus arquitectos principales. Su contribución a la conformación de la consciencia india se debe a que monopolizó la teoría y la práctica de sanar durante muchos siglos hasta el siglo xix, cuando la medicina occidental vino a poner en peligro este monopolio.

Esto no quiere decir que el ayurveda se mantuviera en un estado míticamente puro hasta el periodo colonial. Se han producido desviaciones locales de los textos canónicos que reflejan la influencia de las prácticas médicas tradicionales y, desde el siglo XIII en adelante, el impacto de la medicina unani. La medicina alopática occidental, sin embargo, no habría tenido cabida en el paradigma ayurvédico. Con la intención de ponerla en tela de juicio surgió un ayurveda moderno, profesionalizado, institucionalizado siguiendo el modelo de la medicina occidental y centrado en aportar pruebas "científicas" que demostraran la eficacia de sus métodos y medicamentos sanadores. En las últimas décadas, se ha producido una comercialización y estandarización de la terapia ayurvédica, especialmente de los medicamentos para una clase media urbana, lo que a su vez ha provocado el nacimiento de un ayurveda transnacional, que consiste principalmente en masajes con aceites de hierbas y consejos alimenticios, para una clientela internacional.

Estos modernos avances contradicen la esencia misma del ayurveda clásico, por lo que se topan con la contundente oposición de algunos doctores tradicionales. Para estos, el almacén de la verdadera sabiduría se encuentra en un pasado remoto y dorado, y solo los textos antiguos pueden considerarse los verdaderos maestros de este arte y ciencia de la sanación. Precisamente, el carácter "inalterable" del ayurveda, con el peso de la autoridad del pasado, es el testigo de la "verdad" y es lo que legitima el ayurveda ante los ojos de los indios.

Para los doctores ayurvédicos, las teorías occidentales evolutivas de la enfermedad (desde que la enfermedad es una distribución defectuosa de los fluidos corporales hasta la teoría de la autointoxicación, desde el concepto de la infección focal a los orígenes víricos o bacterianos de las enfermedades) son una búsqueda de la verdad que el ayurveda ya ha alcanzado. La aplicación de los criterios estándares de la ciencia (por ejemplo, experimentación, falsificación, cuantificación, preponderancia de las pruebas frente a la autoridad) se torna irrelevante en el caso del ayurveda, puesto que este funciona sobre un modelo de persona muy diferente al que subyace a la medicina occidental.

La piedra angular del sistema ayurvédico la constituyen los *panchabhuta* o "cinco formas originarias de la materia" (tierra, agua, fuego, aire y éter), los elementos básicos constitutivos del universo. En condiciones favorables, estos elementos adoptan la forma de criaturas vivientes. Estas criaturas absorben los cinco elementos que contiene la materia medioambiental (nutrición), que los fuegos en el cuerpo transforman en pequeñas porciones y residuos, estos últimos en forma de heces, orina y sudor.

Las sucesivas transformaciones de la pequeña porción de comida producen los siete elementos fisiológicos (*dhatus*) de la esencia (*rasa*) nutritiva: sangre, carne, hueso, grasa, médula y semen, así como sustancias que constituyen los órganos sensoriales, articulaciones, ligamentos, entre otros, y los tres *doshas: kapha, pitta* y *vata*. La teoría ayurvédica sobre la enfermedad y su sanación gira en torno a los tres *doshas* –palabra traducida de diversas formas como 'humores' (similares a los cuatro humores griegos), 'principios metabólicos', 'tipos mente-cuerpo', 'tipos energéticos' y 'principios corporales irreductibles', por lo que es necesario entender mejor en qué consisten–.

Al empezar a digerir la comida aparece un *kapha* espumoso. Cuando está a medio digerir y pasa al intestino, surge una sustancia líquida llamada *pitta*. Una vez los restos de comida llegan al intestino grueso y empiezan a secarse, se produce el *vata*. A continuación mostramos de forma simplificada cómo se conciben estos tres *doshas* en el ayurveda.

El *kapha* controla el crecimiento, hidrata todas las partes del cuerpo y mantiene el sistema inmunitario. En términos mentales, más que fisiológicos (hay que recordar la identificación básica de cuerpo y mente en el ayurveda), el *kapha* está relacionado con el amor y la compasión cuando está en equilibrio, y con la inseguridad y la envidia cuando está desequilibrado.

El *pitta* rige el sistema metabólico. En su justa proporción, estimula la inteligencia y la satisfacción con la vida en general; en exceso, provoca brotes de furia.

El *vata* regula las funciones corporales relacionadas con la respiración, la circulación de la sangre y el latido del corazón. Promueve la creatividad si está en equilibrio, y si no, genera ansiedad e insomnio.

Todo ser humano tiene los tres *doshas*, aunque puede predominar uno u otro, definiendo a la persona como del tipo *kapha*, *pitta* o *vata*. Esta clasificación de los seres humanos es un testimonio de la creencia del ayurveda de que, a fin de cuentas, la medicina tiene que ir acorde con la constitución físico-psíquica de la persona, y estas categorías son solo intentos de aproximarse a la singularidad de la persona enferma de la forma más humana posible.

El hecho de que un *dosha* en concreto predomine más que los otros no es sinónimo de desequilibrio. Los tres *doshas* desempeñan un papel de apoyo al cuerpo siempre y cuando estén en la proporción adecuada y, por tanto, en equilibrio. Sin embargo, si un *dosha* se perturba y adquiere proporciones anormales por las causas predisponentes (que pueden variar desde una mala alimentación a factores medioambientales como el tiempo, desde factores psicológicos como el estrés por problemas familiares a una conducta inmoral), afecta a los *dhatus*, los siete elementos fisiológicos del cuerpo, causando la enfermedad. El *vaid*, el doctor ayurvédico, ha de encargarse de restablecer el equilibrio perturbado de los *doshas*, en primer lugar mediante una correcta alimentación y medicamentos, pero también con masajes de aceite y prescripciones sobre una conducta y comportamientos adecuados.

CITA CON EL DOCTOR AYURVÉDICO

Para tener una idea de cómo funciona el ayurveda y cómo trabajan sus curanderos, vamos a describir la visita de Ramnath a la consulta (ficticia) de un doctor ayurvédico. Guruji es un doctor ayurvédico tradicional que pasa consulta en la planta baja de su casa de dos pisos en Sita Ram Bazaar en la vieja Delhi. Vestido con un *kurta** blanco, pantalones anchos de algodón *khadi*** y un turbante blanco enrollado en la cabeza, Guruji es un hombre de 60 años con ojos vivarachos que esconden la rectitud de su compostura. Es evidente que es un hombre acostumbrado a que le muestren respeto y deferencia.

Ramnath sube los tres escalones que conducen a la clínica y se dirige al asiento de Guruji en una esquina del cuarto, cuyo suelo está cubierto con una fina colchoneta de algodón blanco. El doctor está sentado en el colchón con las piernas cruzadas, con la espalda reclinada sobre un grueso cojín redondo apoyado en la pared. Guruji, mientras observa cómo Ramnath se mueve nervioso como un pajarillo y mira su delgado cuerpo, ya está especulando sobre el tipo *doshico* o hu-

---

* El *kurta* es una prenda tradicional similar a una camisa que por lo general llega hasta las rodillas y con abertura (normalmente abotonada) desde el cuello hasta la altura del pecho. (*N. de la T.*)

** *Khadi* hace referencia tanto al material de algodón como a la tela hecha de ese material tejida a mano que Mahatma Gandhi popularizó, convirtiéndolo en símbolo del movimiento de boicot a los productos importados. (*N. de la T.*)

moral al que pertenece Ramnath: ¿puede ser *vata*? Después de que Ramnath haya descrito la artritis del codo y la muñeca derechos, Guruji empieza a interrogarlo poco a poco. ¿El dolor se agudiza en alguna estación en concreto o en un lugar determinado? ¿Hay antecedentes en la familia con la misma molestia? ¿Aumenta o disminuye el dolor después de tomar algún alimento en particular?

Una vez que el doctor ha repasado el historial, que le da información preliminar de las causas predisponentes, las indicaciones tempranas, los síntomas y todo el alcance de la enfermedad, es el momento del examen físico que determinará no solo el perfil humoral, sino también qué *dosha* está desproporcionado en relación a los otros y en qué estadio se encuentra la enfermedad. Guruji cree firmemente en la sabiduría tradicional y sigue concienzudamente todos los pasos necesarios. Empieza con un reconocimiento físico general anotando sus impresiones sobre la complexión, el pelo, las uñas, el color y la textura de la piel, el color y sensibilidad de partes de la lengua, el color y consistencia de las deposiciones y la orina, de la que Ramnath había tenido la consideración de traer una muestra.

Guruji continúa preguntando a Ramnath por sus hábitos, cómo duerme y cómo son sus sueños, al tiempo que anota las características del habla del paciente. Todo este reconocimiento, llamado *tattva pariksha*, servirá para determinar la estructura mental básica de Ramnath, si es de un temperamento *sattvico* (calmado, apaciguado e inteligente), o si es del tipo activo *rayasico* (sensual y propenso a ser impaciente), o si es del tipo perezoso *tamasico* (apagado y mentalmente inestable). También le pregunta con mucho detalle por sus preferencias alimenticias. A las personas de tipo *sattvico* les gusta la comida dulce y de sabor agradable, las de tipo *rayasico* tienen debilidad por la comida picante, agria y amarga, y la comida rancia o a medio hacer, sin sus jugos naturales, es la preferida de las de tipo *tamasico*. Ramnath responde a todas las preguntas y le cuenta a Guruji ese temor recurrente y esas amnesias temporales que le sobrevienen.

Por la importancia excepcional que tiene la comida en la visión ayurvédica de las cosas, la siguiente fase consiste en preguntar por la digestión, cotejando la información con los resultados del examen de las deposiciones. Si prevalece el *pitta*, es de digestión rápida; si es el *kapha*, la digestión es lenta, y si predomina el *vata*, la digestión puede ser rápida o lenta. Ramnath admite tener indigestión y haber perdido el apetito.

Y ahora llega la parte más importante del reconocimiento médico, el *naadi pariksha*, que podríamos traducir como 'tomar el pulso', aunque *naadi* se refiere tanto a un nervio como a una arteria. Según Guruji, un buen doctor es capaz de ver la imagen de cada órgano importante del cuerpo reflejada en el latido, movimiento y temperatura del *naadi*, una destreza que solo se puede adquirir mediante la enseñanza personalizada de un buen profesor y la práctica sistemática.

Aunque hay 24 *naadis* claramente diferenciados y dignos de análisis, los que se estudian con mayor frecuencia son la arteria radial en la muñeca derecha seguida de los *naadis* en los dedos. Salvo en caso de urgencia, el reconocimiento ha de realizarse por la mañana –lo que explica el horario de consulta matutino de Guruji–. Esto se debe a la creencia de que el latido del *naadi* está en su estado más puro por la mañana, después del descanso nocturno; el calor de la tarde y las tensiones de la noche, acumuladas durante el día, pueden contaminar el latido natural del pulso.

Al medir el pulso, se puede detectar como mínimo si un *dosha* está alterado. Si el *vata* aumenta, el pulso se vuelve inestable, como el "reptar de una serpiente"; un aumento en el *pitta* se manifiesta como el "salto de una rana"; mientras que si lo que aumenta es el *kapha,* el pulso se ralentiza y se estabiliza como el "paso de una gallina". Las combinaciones de latido y movimiento del *naadi* pueden ser muy variadas: el pulso manda señales de diversas enfermedades, órganos afectados y estados emocionales, que se supone un doctor ayurvédico competente debe poder descifrar. Además, en el caso de enfermedades prolongadas, se cree que un buen doctor puede predecir, a partir del estado del *naadi,* el momento en el que un paciente va a morir con una exactitud de días, o incluso horas.

Guruji por fin está preparado para hacer un diagnóstico y prescribir el tratamiento necesario según los concisos preceptos del ayurveda: «Purificar, pacificar y eliminar la causa». El diagnóstico que Guruji hace de la enfermedad de Ramnath es *ama vata* crónico, e intenta explicarle tranquilamente a su desconcertado paciente lo que significa. *Ama* es un subproducto tóxico de la indigestión que un exceso de *vata* lleva a las partes del cuerpo dominadas por el *kapha,* como las articulaciones, el estómago y el cerebro. Al desequilibrarse los *doshas,* el *ama* se vuelve pegajoso y empieza a bloquear los conductos vitales que nutren el cuerpo. La línea de tratamiento de Guruji consiste en incrementar el fuego digestivo para frenar la producción de *ama,* expulsar el *ama* que ya se ha formado, reducir la inflamación de las articulaciones y rejuvenecer las afectadas en muñeca y codo.

Le receta dos medicamentos de hierbas para mejorar la digestión y dos medicamentos que combinan hierbas y minerales para reducir la inflamación de las articulaciones y rejuvenecerlas. Se levanta y entra en una habitación al fondo, que hace las veces de farmacia, y reaparece al cabo de un rato con suministros de medicamentos para dos semanas, habiendo envuelto por separado cada dosis en papel de periódico usado. No le entra en la cabeza cómo la gente puede recurrir a los medicamentos ayurvédicos manufacturados de las compañías farmacéuticas que se venden sin receta en todas las farmacias. Estos están compuestos de una combinación fija de dosis de hierbas, plantas y minerales, cuando el ayurveda se basa precisamente en lo contrario: en recetar los medicamentos de forma individual en función de las condiciones vitales de cada paciente.[3]

Guruji tiene especial cuidado con los medicamentos con componentes minerales porque, si bien estos medicamentos se pueden adquirir sin receta, millones de indios, especialmente la clase media urbana, utilizan preparados ayurvédicos que según él pueden ser peligrosos ya que no han pasado un control de calidad ni ofrecen información sobre los métodos de fabricación. Todos los indios creen en el mito de que los medicamentos ayurvédicos son totalmente sanos y no tienen efectos secundarios dañinos. «Si un medicamento es efectivo, también es peligroso», dice citando de memoria el *Carakasamhita*, texto fundacional del ayurveda: «Un veneno potente puede al mismo tiempo convertirse en el mejor medicamento si se administra adecuadamente. Por el contrario, incluso el mejor medicamento puede acabar siendo un veneno si no se utiliza correctamente».

Para aliviar el dolor sintomático en las articulaciones, Guruji recomienda a Ramnath masajes dos veces a la semana con aceite de sésamo y mostaza. Aparte del críptico consejo de «reduce la preocupación y la ansiedad» y los más concretos «evita acostarte tarde y echarte la siesta», «usa siempre agua caliente para bañarte y para beber» y «asegúrate de tener movimiento intestinal con regularidad», Guruji remata sus consejos sobre conducta personal con «no controles ningún impulso natural», dando de esta forma a Ramnath permiso para eructar o tirarse pedos en público.

No obstante, la mayoría de las recomendaciones de Guruji se centran en la alimentación. «Evita la cuajada, la leche, el azúcar de caña y los alimentos astringentes», le dice a Ramnath sin tener que enumerar estos últimos, pues da por sentado que sabe cuáles son, como todo indio desde niño. «Toma *chana dal*,* jengibre, calabaza amarga y moringa», continúa. Le recomienda «un combinado de zumo de zanahoria, remolacha y pepino. De fruta, mejor toma naranjas, uvas y papaya. Deja en remojo durante la noche media cucharadita de vainas de ajo en suero de leche, machácalas por la mañana hasta hacer una pasta y tómala con media cucharadita de agua templada con el estómago vacío cada día. Para cocinar, opta por el cilantro y el comino como especias». Habría que señalar que en ese esfuerzo del ayurveda por ser una medicina centrada en la persona en lugar de en la enfermedad, la prescripción de alimentos prohibidos no se formula en términos de «esto o lo otro es malo para todas las personas», sino de una forma más relativa: «Esto es malo para cierto tipo de personas, especialmente en una estación determinada».

Después de que Ramnath se haya ido, Guruji está dispuesto a hablar sobre sí mismo y su profesión. Pertenece a una clase de puristas ya en extinción, dice. La mayoría de los doctores ayurvédicos no tiene ningún reparo en exhibir objetos propios de la medicina occidental –estetoscopios y termómetros, por ejemplo– en su consulta. Admite que realmente no se les puede culpar; muchos pacientes, sobre todo en las zonas rurales, no acudirán a un doctor si este no les pone una inyección.[4] Al mismo tiempo, los medicamentos ayurvédicos no pueden administrarse como brebajes amargos, polvos crudos o píldoras hechas a mano, sino que se han de suministrar

---

* *Chana dal* es un guiso de garbanzos pelados y partidos. (*N. de la T.*)

las dosis en modernos formatos, tales como comprimidos recubiertos, ampollas unidosis y jarabes, incluso si el precio se quintuplica con respecto al de los preparados tradicionales.[5]

Esto es lo que buscan los consumidores modernos de clase media tanto en las películas como en los medicamentos, e incluso en la idea que tienen de sí mismos: almas indias en un elegante envase occidental.

Guruji continúa en un tono más filosófico: «La medicina existe para combatir las enfermedades, no la muerte. Cuando la muerte viene de la mano de la enfermedad, el doctor debería preparar al paciente para su llegada.

»Los enemigos de la salud son las propensiones naturales del ser humano: la gula, la lujuria, la ira, etcétera. Algunas pueden vencerse, pero una u otra acaba sobreviviendo y será la que invite a la muerte a la casa de tu vida. Es el ser humano el que acorta su vida a través de sus propios pecados, invitando a la muerte antes de tiempo».[6]

En los viejos tiempos, muchos pacientes preguntaban cuándo les iba a llegar su hora y aceptaban el anuncio de una muerte inminente. Por ejemplo, una vez un viejo alfarero que estaba enfermo le había preguntado si había llegado su hora para poder devolver un préstamo cuantioso antes de dejar este mundo. Sea cual sea la razón, la gente en la India siempre ha sabido que dejar este mundo antes de tiempo es un pecado tan grande (o incluso mayor) que aferrarse a la vida cuando la muerte llama a tu puerta. Una muerte decente es un final para el que hay que estar preparado.

Todo esto está cambiando con la llegada de la medicina occidental, apunta Guruji como reflexión. Un doctor de estilo occidental ve cada enfermedad como un reto que superar y, de hecho, es sorprendente cómo ha avanzado la medicina occidental, aunque Guruji opina que quizá sus fármacos sean algo fuertes para la pasta de la que estamos hechos en

la India. Aunque no comulga con los fabricantes modernos de medicina tradicional, estaría de acuerdo con un director de márketing que dijo que las medicinas ayurvédica y
unani ofrecen a los indios «lo que realmente son: su historia,
su cultura y su salud».[7]

En cualquier caso, la India y los indios están cambiando
y no quedan muchos pacientes como el hombre mayor al que
el otro día intentaba convencer para ir al hospital Moolchand.
«Si me queda algo de vida, usted me salvará –dijo el hombre–. Si no, entonces me lo dirá con la suficiente antelación
e invocaré a la diosa y me prepararé para morir. Dentro de lo
humanamente posible, usted reducirá mi sufrimiento. ¿Qué
más puede hacer un doctor?».

La comida según la mente india

Hay muy pocas personas tan preocupadas por la comida
como los indios, especialmente los hindúes –no solo por la
forma de prepararla, sino también por el efecto que tiene en
el cuerpo y la mente del ser humano–. Esto explica la proliferación de tabúes sobre la comida. La mayoría de estas creencias se originan en el ayurveda, incluso si la persona que las
sigue no es consciente de dónde vienen. Teniendo en cuenta
la supuesta equivalencia del cuerpo y el universo, el micro-
cosmos y el macrocosmos, en lo que respecta a los cinco elementos básicos constituyentes –los cinco *bhutas* de viento,
agua, tierra, fuego y éter–, una persona es literalmente lo que
come. Del mismo modo que la alimentación se considera el
principal pilar de la salud física y mental, también es la causa
de la enfermedad. El principio básico es que la alimentación
debería contribuir al equilibrio del cuerpo humano, imitando el equilibrio universal que lo rodea. Este equilibrio solo se

puede conseguir consumiendo los alimentos adecuados en el momento adecuado, en la estación adecuada y evitando alimentos incompatibles para compensar el predominio o exceso de un *dosha* en particular.

Por tanto, los alimentos (y medicamentos) se clasifican siguiendo distintos criterios. La primera clasificación atiende al sabor: dulce, ácido, salado, picante, amargo o astringente. A su vez, cada sabor incluye dos *bhutas;* por ejemplo, los alimentos dulces como el arroz, la leche o el trigo están compuestos de tierra y agua, mientras que los alimentos ácidos como el yogur, el limón y el tamarindo están compuestos de tierra y fuego.

La segunda clasificación de los alimentos se basa en el regusto tras haber hecho la digestión, que no es lo mismo que el sabor inicial en la lengua, y de hecho puede que no sean iguales. Por ejemplo, comer plátanos con leche reduce el fuego digestivo y puede dar origen a resfriados, tos y alergias. Se trata de alimentos incompatibles porque aunque ambos tienen un sabor dulce, el sabor del plátano tras la digestión es ácido, mientras que el de la leche es dulce.

La tercera clasificación se establece en función del efecto térmico del alimento en el cuerpo, sirviendo de esta forma de guía sobre qué alimentos han de consumirse, en qué estación del año en concreto, o en qué momento del día. Los sabores dulces, amargos y astringentes son por lo general "fríos", mientras que los ácidos, salados y picantes son "calientes".

La última clasificación gira en torno a la "personalidad" del alimento, es decir, si un alimento tiene un efecto purgante o astringente. Por poner un ejemplo, no se recomienda comer melón con leche. Es cierto que los dos son dulces y fríos, y por tanto compatibles según el criterio del sabor y la acción, pero aun así sus personalidades son incompatibles: la leche es laxante mientras que el melón es diurético.

Así pues, la dietética ayurvédica no es fácil de poner en práctica, ya que no solo hay que conocer las diversas cualidades de los alimentos, sino también cómo estas cualidades interactúan y se ven influidas por las diferentes estaciones, las zonas climáticas y los métodos de cocina. Una de las diez técnicas en las que se espera que el doctor ayurvédico destaque es la cocina, aunque la mayoría de los indios no dominan este campo. Lo que sí han interiorizado, por el contrario, son ciertas directrices primitivas pero funcionales que aprendieron de pequeños de los miembros mayores de la familia. De ahí que, por ejemplo, tengan listas de alimentos "calientes" y "fríos" que les permiten saber qué alimentos deben comer en una estación del año o momento del día en concreto (el ejemplo más común sería la prohibición de tomar yogur por la noche).

Asimismo, es común creer que hay una relación entre los alimentos y las emociones, según la cual las cebollas, el ajo y la carne estimulan el impulso sexual; el té y las guindillas alborotan la mente; los alimentos ácidos son malos para el autocontrol, etcétera. La preocupación panindia más común tiene que ver con la digestión de la comida, es decir, con la defecación. Se observan con detenimiento las heces para ver si son blandas o incluso un poco líquidas. En la India, el estreñimiento se toma más en serio que en Occidente: la incapacidad de defecar, aunque sea solo un día, se equipara a una dolencia menor y le amarga el día al enfermo.

Hay un aspecto del discurso ayurvédico sobre los alimentos que, en nuestra opinión, se ha pasado por alto al describir las relaciones sociales indias. Dado que una persona es lo que come, su consciencia no está conformada solo por la "consciencia" presente en los alimentos, sino también por la "consciencia" del cocinero. Esta idea está más arraigada entre los jainistas y una de las mayores comunidades hindúes, los vishnuistas.

El vegetarianismo estricto de estas y otras comunidades religiosas similares atiende en parte a la imagen del dolor y del terror extremos que sufre el animal cuando le están sacrificando, un dolor y terror que se transmiten a la carne del animal. En Occidente, solo un gran chef se ha hecho eco de esta afirmación y se ha aventurado a decir que se puede notar el sabor emocional del animal que uno está comiendo. En un artículo en *The New Yorker* sobre dos grandes chefs, Adam Gopnik cita a Fergus Henderson, conocido por su devoción por la carne, hablando sobre la diferencia en la tensión muscular entre los conejos de Gales o de Yorkshire, que un comensal perspicaz puede notar en sus platos. «Los conejos, cuando son salvajes, tienen un temperamento distinto que se nota en los músculos. Los conejos de Gales solían tener cierta tensión que se podía saborear. Ahora empleamos conejos de Yorkshire, más relajados y magníficos a su manera, pero no tan tensos ni interesantes».[8]

Alain Passard, un icono de la cocina francesa que se convirtió a la cocina vegetariana, adopta sin darse cuenta la ideología alimenticia vishnuista cuando afirma: «¡Cada día me resultaba más difícil tener una relación creativa con un cadáver, un animal muerto! Podía sentir en mi interior el peso y la tristeza del animal cocinado. Y desde entonces [cuando se convirtió al vegetarianismo], ya no lo siento». Continúa diciendo que el giro a la cocina vegetariana no solo cambió su digestión, sino que también aportó una nueva sensación de ligereza de andares y espíritu a su vida.[9]

Ni que decir tiene que muchos indios van incluso más allá de la epifanía del chef francés. Sus hábitos dietéticos se rigen en parte no solo por la consciencia de los alimentos, sino también por la del cocinero. Una de las figuras más respetadas de la historia vishnuista, Rupa Goswami, escribió: «Si comes comida preparada por una persona malvada, te vuelves malvado».[10]

Así pues, la cocina se convierte en uno de los lugares más importantes de la casa, una extensión del altar védico cuya santidad queda salvaguardada por muchos tabúes, como no entrar con zapatos (de cuero), o no permitir la entrada a personas sospechosas de tener una consciencia impura y, por tanto, de bajo calibre. Incluso hoy en día, en la mayoría de hogares tradicionales acomodados el cocinero siempre será un brahmán, pues se cree que su consciencia está más evolucionada que la de las otras castas.

La "mala" consciencia en los alimentos (se cree que incluso las verduras sufren cuando las cortamos) se intenta atenuar al considerar que es una preparación para los dioses y que los seres humanos solo comen las "sobras", el *prasad*,* después de que el dios o la diosa hayan sido alimentados a través del ritual. Todos los que comen carne y los que comen comida preparada por los que tienen una consciencia inferior e impura, como los musulmanes, los europeos y las castas más bajas, deben mantenerse alejados de la cocina y del comedor para no contaminar a la familia con su consciencia inferior. No solo se teme la contaminación por contacto del cuerpo, sino también de la mente. Al mismo tiempo, se relaciona la consciencia inferior de las castas más bajas con el hecho de que ingieran "malos" alimentos.

Por supuesto, las cosas han cambiado y las castas hindúes ya no se pueden permitir ser tan puritanas y maniáticas como antes. ¿Significa entonces que con la explosión de restaurantes en las grandes ciudades, tras la liberalización económica de los noventa, la ideología tradicional sobre la alimentación está en declive? Se podría afirmar que así es

---

* *Prasad* significa literalmente 'regalo' u 'ofrenda divina'. Es una mezcla de frutos secos que se ofrece al dios en los templos hindúes para repartirlo posteriormente entre los feligreses, pues ya está bendecido por la divinidad. (*N. de la T.*)

por la proliferación de restaurantes que sirven todo tipo de comida y carne, con cocinas de distintas partes de la India y del mundo. Sin embargo, lo que se ha producido ha sido una modificación más que una desaparición de la ideología tradicional sobre la alimentación. No se debería menospreciar la afinidad india con la tradición y la contextualización, pues esta última enmienda constantemente a la primera siempre con fines pragmáticos. Del mismo modo que, en el pasado, cualquier mano que se dedicara al trabajo –la mano del carpintero que martillea un clavo o incluso la de un herrero, que usa el "impuro" fuelle de cuero– se acababa declarando pura mediante un ritual, evitando de esta forma que la actividad económica saliera perjudicada, la ideología tradicional sobre los alimentos ya no se aplica en los espacios públicos como los restaurantes, aunque se siguen respetando ciertos tabúes. Así pues, será difícil ver a un hindú comiendo ternera en un restaurante en la India, o que no se sienta molesto en compañía de alguien que lo esté haciendo en su misma mesa. Sin embargo, la contextualización también se aplica a estas prohibiciones tan estrictas, como en el caso de los hindúes que comen un filete de ternera, dando claras muestras de que lo están disfrutando, en restaurantes fuera de la India, argumentando con toda seriedad que ¡solo es la vaca india la que es sagrada!

La salud y la medicina moderna

Teniendo en cuenta hasta qué punto el ayurveda influye en las ideas que un indio tiene del cuerpo, no sería de extrañar que los pacientes hindúes, por lo menos, intentaran en primer lugar acudir a doctores ayurvédicos, pero no es el caso: el número de pacientes que recurren exclusivamente al ayurveda es mínimo. Si excluimos la automedicación, es decir, los remedios de la abuela que consisten básicamente en hierbas, especias y determinados alimentos que pueden en cierto modo basarse en el ayurveda, se recurre a este únicamente después de que, tras haber probado el tratamiento biomédico, este no haya sido efectivo. Los estudios sobre el comportamiento que persigue "gozar de buena salud" muestran que la biomedicina occidental está ampliamente aceptada y un alópata puede ser el primer médico al que se consulte.

Lógicamente, la situación varía si es una zona urbana o rural, y también en función del estatus económico, la edad y el sexo. Es más probable que los pacientes adultos en una zona urbana con un nivel de ingresos alto acaben consultando a un alópata que esto lo hagan los pacientes pobres de una zona rural, especialmente si el enfermo en este último caso es una mujer o un niño.[11] Aun así, la tendencia de hoy en día en la mayoría de los indios que buscan ayuda médica es recurrir primero a un doctor alopático, lo cual resulta sorprendente teniendo en cuenta el coste y la ínfima calidad de la biomedicina a la que pueden tener acceso en las zonas rurales o, para el caso, en las zonas pobres urbanas, en las que se concentra la mayoría de la población india, es decir, más de 1000 millones de personas.

Se puede tener acceso a la biomedicina occidental en la India en los grandes hospitales públicos y privados de las ciudades, en consultas privadas y en los centros de atención primaria estatales en los pueblos, diseñados para cubrir las necesidades sanitarias de los pobres en las zonas rurales. Estos están en pésimo estado y carecen de infraestructuras, equipo y medicamentos básicos. Asimismo, hay un alto índice de absentismo de los médicos que se supone deben ocuparse de los centros, eso siempre y cuando los médicos cualificados, muchos de los cuales sueñan con emigrar a Occidente, estén dispuestos a ser enviados a zonas rurales para empezar. El resultado es que, aunque en teoría la atención primaria es "gratuita", la mayoría de la gente acaba recurriendo a los médicos privados para recibir asistencia sanitaria, de lo que se deduce que una enfermedad grave puede sumir a una familia pobre en la miseria más absoluta.[12]

Los médicos privados en la India abarcan todo el espectro de doctores cualificados, con formación en medicina occidental, médicos que se han formado en modernas facultades de medicina ayurvédica y unani (y cuyo currículo se completa con nociones básicas de biomedicina) y farmacéuticos y otras personas parcialmente cualificadas –que prácticamente triplican el número de doctores con formación– que han adquirido conocimientos básicos de biomedicina con la práctica. Exceptuando la atención de alta calidad exclusiva para los más ricos de las zonas urbanas, gran parte de la práctica de la biomedicina, incluso en el caso de doctores con formación, consiste en consultas a toda prisa que apenas duran dos o tres minutos.

El reconocimiento físico, sin haber hecho pruebas de diagnóstico, pocas veces consiste en algo más que auscultar con el estetoscopio los pulmones, el corazón y el abdomen. El denominador común entre los médicos con formación y sin ella son las intervenciones agresivas y un abuso desmesurado de antibióticos. De ahí que, en un pueblo indio medio, un doctor instruido dé a un niño de dos años con tos desde hace tres días un complejo de vitamina B y una inyección intramuscular de gentamicina, y no porque el doctor tenga ciertas sospechas de que podría ser neumonía sino como placebo. Por su parte, un curandero sin formación pero con experiencia trataría la fiebre con una sola inyección de amoxicilina y la falta de apetito con penicilina.[13]

La mayoría de los médicos cualificados reconocen que se trata de una prescripción excesiva, sobre todo porque el 70 % de los pacientes llegan a la consulta con dolencias que desaparecerían con el paso del tiempo. Sin embargo, justifican esta práctica con las expectativas que tiene un paciente indio de la biomedicina: tomar una medicación fuerte significa alivio inmediato. Las inyecciones son un clásico que los pacientes insisten, educadamente, en recibir, y que muchos doctores recetan por sistema en tres de cada cuatro casos.

Llegados a este punto volvemos al ayurveda y a la predilección india por asimilar sistemas de pensamiento ajenos sin preocuparse demasiado por las contradicciones que puedan surgir en el proceso. El punto de vista del paciente no cambia, solo tiene que admitir que los medicamentos de la biomedicina son fuertes del mismo modo que los medicamentos "calientes" son más calientes y los "fríos" más fríos que sus equivalentes autóctonos. Las características de "fuerza", "calor" y "agresividad" –que no distan mucho de los presuntos atributos de los antiguos señores coloniales y de la raza blanca en general– que se atribuyen a estos medicamentos explican por qué algunos doctores ayurvédicos modernos, si bien identifican y tratan una enfermedad con los métodos tradicionales del ayurveda, no tienen ningún reparo en recetar o dispensar medicamentos derivados de la penicilina, la sulfa o la cortisona.

La salud y la sanación, por tanto, están en constante cambio, como cualquier otro aspecto de la vida india. En función de la trayectoria vital de una persona, la etapa de su vida y las creencias de su grupo social, en su mente pueden coexistir en distintos grados las ideas occidentales y las ideas tradicionales indias sobre la enfermedad y sus remedios, que conforman la vida del cuerpo.

LA CONCEPCIÓN DE LA MUERTE

En el contexto de un pueblo que define su consciencia a partir de rituales y un gran cúmulo de imágenes mitológicas, un mito hindú sobre la muerte y su relación con la enfermedad puede ser un buen punto de partida para un debate sobre la mortalidad.

De pura felicidad, Prajapati (Brahma, el Creador) empezó a crear nuestro universo. Cada una de sus criaturas era única y maravillosa. Las de la Tierra gozaban de vida eterna. Entonces, un día, un gemido de dolor llegó a los oídos de Prajapati y un olor a podrido le alcanzó la nariz. Vio que muchas de sus creaciones en la Tierra habían envejecido, se habían vuelto débiles, casi sin vida, y que el hedor emanaba de sus viejos y decrépitos cuerpos.

Prajapati cerró los ojos y se sumió en una profunda meditación. Frunció el ceño de preocupación y su rostro sonriente se entristeció, como si las nubes hubieran oscurecido un cielo iluminado por el sol. Justo en ese momento surgió una sombra de su interior y poco a poco adoptó la forma de un cuerpo. Pronto se convirtió en una mujer, con las manos suplicantes, quien se plantó frente a él y le preguntó: «¿Quién soy, padre? ¿Por qué he sido creada? ¿Cuál es mi tarea?».

Prajapati respondió: «Eres mi hija, la Muerte. Has sido creada para llevar a cabo la tarea de la destrucción».

La mujer dijo: «Soy una mujer y aun así ¡me has dado la vida para una tarea tan inhumana! Mi corazón y *dharma* de mujer no soportarán tal crueldad».

Prajapati sonrió y dijo: «Tienes que hacerlo. No tienes elección».

La Muerte protestó, pero el Señor se mostró inflexible. Él desapareció. Ella se dedicó a ejecutar estrictas *tapas* (prácticas ascetas) durante muchos años, hasta que Prajapati se vio obligado a aparecérsele.

–Pide un favor –le dijo.

–Libérame de este difícil *karma* que me has dado en suerte –dijo la Muerte.

–No es posible –respondió el Señor, y regresó a su morada.

La Muerte se sometió a más *tapas*, con mayores austeridades, hasta que Brahma tuvo que aparecérsele una vez más. Al verlo, la Muerte empezó a sollozar sin poder contenerse, con un torrente imparable de lágrimas. De este torrente de pesar iba saliendo una imagen horrible tras otra.

–Esto son enfermedades; son tus creaciones y serán tus ayudantes –dijo Prajapati.

–Pero, con mi condición de mujer, ¿cómo podré arrebatarle el marido a una esposa? ¿Cómo voy a arrancar a un bebé del pecho de su madre? ¿Qué hay del pecado que supone este trabajo inhumano?

Prajapati le indicó con gestos que parara. «Estás por encima del pecado y la virtud. El pecado no te afectará. Las personas te llamarán solo a través de su propio *karma*. Los seres humanos serán víctimas del comportamiento incorrecto y la mala conducta, y simplemente les darás alivio ante el dolor, calma ante la tormenta, un nuevo nacimiento ante uno anterior».

–Pero –dijo la Muerte– cuando las esposas, hijos e hijas, madres y padres estén agonizando, ¿cómo podré ser testigo de esas desgarradoras escenas?

Entonces el Creador dijo:

–Te privaré de la vista. De ahora en adelante serás ciega.

–¿Y qué hay de sus llantos y lamentos –preguntó la Muerte. ¿Y los gritos desoladores de hombres y mujeres?

–También serás sorda. A tus oídos no llegará voz alguna.

De ahí que la Muerte sea ciega y sorda; las enfermedades la llevan de la mano hacia los que la han convocado mediante su propio *karma*. La Muerte está libre de culpa.

Como la mayoría de las grandes religiones, el hinduismo niega que la muerte sea el final y propone con todo detalle su propia respuesta a la eterna pregunta de la humanidad: ¿qué hay después de la muerte? Los hindúes aprenden a ver la muerte como el final del cuerpo físico y material (*dehanta*), pero no de la existencia. La muerte es lo opuesto al nacimiento, no a la vida. Es un intervalo entre vidas y un pasaje a la siguiente vida.

Hasta liberarse del *moksha* o *mukti* de los ciclos de la vida y la muerte, el ser humano está destinado a nacer una y otra vez, y los tratados le obligan a ver la muerte con ecuanimidad. La vida y la muerte, según la tradición –para consuelo de quienes lloran la pérdida de un ser querido–, no son entidades ontológicas diferentes, como polos opuestos, sino facetas de un único ciclo aparentemente interminable. La cultura ha conferido cierto poder consolador durante siglos a las palabras que Krishna le dice a un Arjuna de luto en la *Bhagavad-gita*, que se suelen repetir a los que se deja atrás: «pues en verdad la muerte solo acaece al que ha nacido, y el nacimiento al que ha muerto; por ello, que es inevitable, no deberías afligirte».[14]

Cuando el burdo cuerpo físico se destruye, comienza el proceso de renacimiento y reencarnación. El "alma" –consciencia sin cuerpo físico– trasciende desde el "mundo terrenal" (*bhuloka*), que había sido su hogar y el objeto de sus sentidos cuando la persona estaba viva, a un mundo sutil o astral a medio camino donde sigue funcionando sin interrupción. Este mundo a medio camino (*antarloka*) tiene tres subdivisiones: cielo, infierno y un "mundo de los espíritus" intermedio (*pretaloka*) donde la mayoría de las almas moran por un tiempo antes de atravesar el cielo o el infierno en su camino al renacimiento.

El cielo y el infierno no son lugares de dicha o castigo eternos, sino estaciones donde el alma disfruta o sufre las consecuencias de sus actos buenos o malos. Deberíamos añadir que, en opinión de algunos (y los asuntos relativos a la muerte y el renacimiento siempre suscitan opiniones controvertidas), el hecho de que el alma vaya al cielo o al infierno depende no solo de su equilibrio *karmico*, sino también del estado de ánimo de la persona moribunda y de sus últimos pensamientos en el lecho de muerte. Estos tendrán una gran influencia en la conformación de su próxima vida y determinarán el lugar en el que renacerá.

En la cultura popular, que se plasma por ejemplo en los pósteres de llamativos colores que cuelgan en los bazares y las ferias de los pueblos, no se presta mucha atención a ese estado de dicha celestial en el que el alma se codea con los dioses y otros seres superiores. Por el contrario, lo que aparece representado con chillones colores y morbosos detalles son las torturas de los 28 infiernos. Los castigos por las fechorías cometidas parecen basarse en la ley del talión, la ley de la represalia. Así pues, el "ojo por ojo, diente por diente" no se limita al Antiguo Testamento, sino que también tiene cabida en el concepto hindú del infierno. En el infierno reservado para el carnívoro, los animales y aves que consumió en vida están esperando para darse un banquete con su carne. En el infierno para el adúltero, el pecador tiene que abrazar a un "compañero" hecho de hierro al rojo vivo. Y el hombre que obligó a su esposa a tragar semen (el sexo oral está prohibido incluso en el tolerante *Kamasutra*) es arrojado a un mar de semen donde debe sobrevivir alimentándose únicamente de la pegajosa sustancia.

La casta también acompaña al alma hasta el infierno, aunque con el enfoque contrario: el castigo para los pecadores de casta alta, especialmente los brahmanes, es más duro que para los de las castas bajas, de los que, por supuesto, no se espera mucho en su intento de alcanzar una moralidad superior. Así pues, las personas de casta alta que han consumido bebidas alcohólicas serán arrojadas a un infierno donde se les obliga a beber hierro fundido; un brahmán que haya tenido relaciones sexuales con una mujer de casta baja será lanzado a un pozo lleno de excrementos, orina, sangre y flema; los brahmanes que cazaron animales salvajes deberán soportar un infierno donde los sirvientes del dios de la muerte les van amputando los miembros uno por uno.

El aspecto más sorprendente de la muerte en la tradición hindú es la importancia de la familia y los vínculos familiares incluso tras el fallecimiento. Inmediatamente después, se practican ritos cada día para ayudar al espíritu vulnerable que se ha quedado merodeando entre la Tierra y los mundos intermedios a romper todo vínculo con su anterior existencia física. Al décimo día, por ejemplo, se le hace una ofrenda de *pindas* (bolas de arroz y harina) que simbólicamente reconstituyen determinados miembros hasta que se completa el cuerpo astral en el decimotercer día. Además, se practican rituales y sacrificios periódicos en casa, especialmente en determinados momentos del año reservados para el bienestar de los espíritus ancestrales, con el fin de subrayar el vínculo inalterado entre los muertos y los vivos. De hecho, durante mucho tiempo más, al menos tres generaciones, la familia seguirá siendo responsable del bienestar del alma del difunto y tendrá que actuar en consecuencia paliando el sufrimiento, si está en el infierno, o empujándola hasta las esferas más altas del cielo hacia el renacimiento y, en última instancia, hacia el *moksha* o liberación del ciclo de la vida y la muerte.

En conclusión, nuestros comentarios sobre el cuerpo, la salud y la sanación ayurvédica en la India aclaran, al tiempo que enfatizan, algunas cualidades fundamentales de la mente india que trataremos con mayor profundidad en el último capítulo. La representación mental de nuestro cuerpo –la imagen corporal, un elemento básico de la psique con el que "vemos" el mundo– es tan cultural como individual. El cuerpo, por tanto, es clave a la hora de conformar nuestra visión del mundo y nuestro lugar en él. En el caso que nos ocupa, el cuerpo indio, menos diferenciado del entorno e involucrado en un intercambio incesante con él, es diferente de un cuerpo occidental que suele tener límites claramente definidos. Un occidental medio da por sentado la relevancia de los procesos internos biológicos en la salud y en la sanación. El indio medio, gracias a esa visión inspirada en el ayurveda de un cuerpo que tiene una identificación material básica con el entorno, tiende a adoptar una visión de la salud más transaccional. En otras palabras, mientras la imagen occidental del cuerpo implica ver la enfermedad como algo ajeno y "venenoso" en el cuerpo (bacterias, virus, etcétera) que ha de ser arrancado de raíz, la visión tradicional india considera la mala salud como una distorsión de la armonía entre el cuerpo y su entorno que ha de ser corregida para recuperar el equilibrio.

En cuanto a la muerte, el hinduismo no se consuela con la promesa de san Pablo de que en el momento de la muerte nos encontraremos cara a cara con dios y entonces «conoceremos como somos conocidos». Al contrario, intenta mitigar el pánico a la muerte viéndola como un intervalo entre vidas, no como un final a una vida terrenal que es a veces dolorosa, a veces feliz pero siempre apasionante y, sobre todo, algo conocido. En las palabras de una mujer mayor punjabi, reproducidas por la antropóloga Veena Das, la muerte es «como ser llevado de un pecho de la madre al otro. El niño siente la pérdida en ese instante concreto, pero no por mucho tiempo».[15]

RELIGIÓN Y
ESPIRITUALIDAD

Se suele decir que los indios tienen una relación intuitiva con lo divino. Puede que, en apariencia, el indio no sea muy distinto de cualquier otro "ciudadano del mundo" moderno, pero hasta el indio más moderno, en su mundo interior, es susceptible de estar imbuido de una pragmática religiosidad. Las visitas a los templos y lugares de peregrinaje importantes, el ritual de ayunar de forma regular y recurrir a las prácticas religiosas tradicionales o a gurús son cuestiones que no han caído en desuso con la globalización y las tentaciones mundanas que esta conlleva, sino más bien al contrario: son más comunes desde los años ochenta y sobre todo en la nueva y creciente clase media.

El hinduismo (este capítulo se centra exclusivamente en la fe mayoritaria) se ha ido definiendo a partir de muchas contracorrientes a lo largo de su historia. La interacción y la síntesis de estas creencias durante siglos han dado como fruto el hinduismo de hoy en día, con sus enseñanzas y cultos diversos. «La creencia de que las piedras y los árboles tienen alma (animismo, panteísmo) coexiste con la creencia en los dioses superiores, el culto monoteísta de un dios es tan posible como la adoración politeísta o demoníaca de varios dioses, demonios y espíritus», escribe el indólogo Axel Michaels. Y prosigue: «La religión se vive a través de formas rituales (brahmanismo, tantrismo), devocionales (*bhakti*), místico-espirituales (ascetismo, yoga, meditación) y heroicas [...]. Y a pesar de todo, la gran mayoría se practican al mismo tiempo de forma pacífica. Se podría incluso decir que es en la India donde se ha forjado el postmodernismo religioso: "Todo vale"».[1]

Lo que aquí nos ocupa no consiste en describir las diversas manifestaciones de la religiosidad hindú. Pretendemos en cambio entender cómo ha influido la modernidad en el imaginario religioso contemporáneo, así como encontrar respuesta al poderoso proceso de transformación social. Nos interesan, por tanto, acontecimientos actuales como el rápido crecimiento del nacionalismo hindú y las prácticas religiosas cambiantes de la clase media urbana, para la que son los antiguos mandatos religiosos (y no la religión en sí) los que pierden su carácter de verdad absoluta y han de volver a negociarse y adquirir un nuevo significado. En las siguientes páginas, hablaremos de dos actores importantes en la escena religiosa contemporánea: el "nacionalista hindú" y el "hindú flexible", y de sus distintas respuestas a los retos que plantean la modernidad y la globalización.

El nacionalista hindú

La reformulación del hinduismo, al buscar modos alternativos de vida como respuesta a los trastornos de la modernidad, se ve fuertemente influida por un activismo religioso y nacionalista.[2] Los nacionalistas hindúes de los que hablamos pertenecen al *Sangh parivar*, un sistema más o menos imbrincado, con cierta flexibilidad, de formaciones políticas, sociales, culturales y religiosas que giran en torno al Rashtriya Swayamsevak Sangh (RSS),* que le infunde gran

---

* Rashtriya Swayamsevak Sangh (RSS), que significa 'organización patriótica nacional', es una organización nacionalista hindú de derechas fundada en 1925 por

parte de su luz ideológica y fervor activista. Si buscamos el origen en los movimientos de reforma del hinduismo del siglo XIX, como el Arya Samaj,* que surgieron de la resistencia a la dominación cultural europea y a la ofensiva de las misiones cristianas, vemos que el nacionalismo hindú empezó a cobrar fuerza en los años veinte con la creación del RSS.[3] Sin embargo, el periodo en el que se expandió con mayor rapidez fue el de finales de los ochenta y los noventa, la era de la liberalización económica india y los albores de la integración del país en la economía mundial. En otras palabras, la llegada de la globalización coincidió con la explosión del nacionalismo hindú.

El nacionalista hindú intenta afrontar el proceso de modernización y de cambio en la estructura familiar mediante una nueva articulación de los valores y normas hindúes. Hace suya la misión de proteger el entorno familiar hindú frente a cualquier tipo de contaminación cultural. El nacionalista hindú considera que la invasión de valores occidentales que se está produciendo actualmente es una conspiración de fuerzas decididas a debilitar la India, desarraigándola de sus tradiciones, a lo que reacciona intentando construir un frente de unidad contra el ataque cultural de la globalización a la familia. En esta movilización defensiva, el papel principal que se le asigna a la mujer es el de mediadora y portadora de la tradición, mientras que el del hombre consiste en ofrecer sustento y protección.

Además, el nacionalista hindú pretende reformular las creencias religiosas al concederle gran importancia a dos as-

---

K.B. Hegewar. Surgió como organización socio-cultural de oposición al imperio británico y al separatismo musulmán, y su ideología se basa en el principio del servicio a la nación. (*N. de la T.*)

* Arya Samaj es un movimiento reformista hindú fundado en 1875 por Swami Dayananda, quien creía en la autoridad infalible de los *Vedas* y secundaba el ideal de la castidad. (*N. de la T.*)

pectos: *Ramabhakti* y *Deshbhakti*, devoción al dios Rama y devoción a la nación. El primero tiene como objetivo posicionar a Rama como la principal y más elevada divinidad hindú, mientras que *Deshbhakti* pone en primer plano la lealtad hacia la "Madre India" (*Bharatmata*). Ambos tienen por fin último la unidad de la sociedad hindú, fragmentada en castas, sectas y tradiciones locales, con el fin de prepararla para afrontar los retos que plantea la globalización.

No se puede menospreciar el papel que han desempeñado los medios de comunicación y las nuevas tecnologías en alcanzar estos objetivos. La homogeneización de las tradiciones religiosas hindúes que persiguen los nacionalistas se ha visto impulsada por la revolución global de las comunicaciones, especialmente gracias a la gran difusión de la televisión y, hoy en día, de internet. La televisión, por ejemplo, que a finales de los ochenta se había convertido en un verdadero medio de comunicación de masas, presentaba en los anuncios publicitarios no solo una visión de un paraíso consumista fácil de alcanzar, sino también una serie de "epopeyas mitológicas". La emisión semanal de la popular serie *Ramayana*, por ejemplo, retransmitida en el canal nacional por primera vez en 1987 con récord de audiencia, rememoraba una época dorada ya pasada y definía la visión nacionalista hindú de lo que es la esencia de la cultura india. La emisión en televisión de la versión de Ramanand Sagar del *Ramayana* no solo erigía a Rama como una figura de integración panindia, sino que también fue clave para dejar a un lado muchas tradiciones regionales de la epopeya, al tiempo que privilegiaba una versión más cercana al corazón del nacionalista hindú.

Hoy en día, en los albores del siglo XXI, el nacionalismo hindú, con esa propensión a homogeneizar la gran variedad de mitos y símbolos procedentes del variopinto mundo de los dioses y diosas hindúes, se ha convertido en una fuerza primordial en la escena política y cultural india. Su brazo religioso, el Vishwa Hindu Parishad (VHP),* cuya tarea es facilitar el marco integrador –los fundamentos culturales– para una nueva unidad y solidaridad entre los hindúes, está intentando con ahínco proyectarse como el principal (si no el único) representante de los hindúes en todo el mundo.

La propia ideología del VHP tiene claras influencias de los escritos de V.D. Savarkar (1883-1966), quien acuñó el término *hindutva* (hinduidad) que marcaba claramente la distinción entre el hinduismo como religión –*dharma* o norma moral hindú– e *hindutva* como fuerza sociopolítica que busca movilizar a todos los hindúes en contra de las influencias religiosas y culturales del extranjero.[4] El VHP define al hindú como una persona cuya fe surgió dentro de las fronteras de una India unida (esto incluye a los budistas, jainistas y sikhs, pero excluye a los cristianos y musulmanes), con la intención de potenciar una nación hindú unida mediante la colaboración institucionalizada entre los líderes religiosos hindúes y los activistas nacionalistas hindúes. El nacionalista hindú dirige su ira hacia la actividad misionera de las instituciones religiosas cristianas e islámicas, puesto que cree que las conversiones entorpecen el nacionalismo. Si bien la oposición del VHP inicialmente se forjó en el discurso militante del *hindutva,* ahora incorpora también un llamamiento al sentimiento religioso hindú. De ahí que, por ejemplo, en referencia al hecho de que los cristianos y los musulmanes consumen ternera, el VHP distribuyera una serie de panfletos en el *Maha Kumbh* (un encuentro de 30 a 40 millones de peregrinos en las orillas del Ganges en Allahabad que se celebró

---

* Vishwa Hindu Parishad, que significa 'consejo mundial hindú', es una organización internacional hindú fundada en 1964 por Swami Chinmayananda y S.S. Apte, exmiembro del RSS. (*N. de la T.*)

en enero de 2001), uno de los cuales afirmaba que un hindú, si evitaba una conversión, podía salvar cinco vacas.[5] Según el VHP, se han de combatir enérgicamente las conversiones puesto que destruyen la paz en la sociedad hindú, «enfrentando al hermano con el hermano», y provocan la agitación violenta de la población conversa –como los cristianos en el noreste de la India– pretendiendo la separación del Estado. En una declaración conjunta en el *Maha Kumbh* de 2001, el VHP consiguió el apoyo de influyentes líderes religiosos hindúes, así como del Dalái Lama, para oponerse a la conversión en cualquier tradición religiosa.

Muchas personas en la India, tanto hindúes como no hindúes, ven el VHP como una organización fundamentalista que distorsiona gravemente la imagen del hinduismo tradicional. De hecho, en un esfuerzo por definir la identidad hindú básica dando prioridad a una mitología centrada en la figura de un dios Rama militante y extrayendo un número reducido de doctrinas claves y prácticas de las tan diversas tradiciones hindúes, el VHP está poco a poco fragmentando el hinduismo en varias *sampradayas* (sectas) obsoletas. Los líderes religiosos hindúes empiezan a hablar de forma rutinaria de un *dharma* hindú más que de vishnuismo o shivaísmo, por mencionar dos de los movimientos hindúes de mayor calado, cada uno con cientos de millones de seguidores.

El nacionalista hindú, por tanto, ya sea miembro del RSS, del VHP, del Bajrang Dal* o del Bharatiya Janata Party (BJP), aboga por la homogeneidad y una única identidad y se rige por unas nociones profundamente conservadoras de la vida social y familiar. Por miedo a la alienación cultural, es-

---

* Bajrang Dal es una organización hindú radical fundada en 1984, la rama joven del VHP. Su base ideológica es el *hindutva* y uno de sus principales objetivos es impedir la matanza de vacas. (*N. de la T.*)

pecialmente a través de las religiones misioneras y la invasión de una globalización cultural y económica, puede mostrarse combativo al diseminar su ideología de una nación hindú fuerte. Aun así, la militancia que caracteriza su enfoque y acciones se ve igualmente limitada por dos elementos vinculantes de la cultura y religión hindúes: la tolerancia y la universalidad. No se libra de estos aspectos fundamentales de su identidad religiosa y cultural que son los temas clave de la gran narrativa del encuentro del hinduismo con otras religiones, ideologías seculares y fuerzas históricas de cambio.

El primero de estos temas, la "tolerancia hindú", subraya la buena disposición del hinduismo a lo largo de la historia para dialogar con otras visiones del mundo y aceptar los cambios sin sacrificar su núcleo básico inalterable. El otro tema principal, el de la "universalidad" del hinduismo, es en cierto modo distinto al "universalismo" que reivindican otras religiones importantes. Para el hindú, la universalidad es la convicción de que las otras religiones también albergan en su núcleo las intuiciones fundamentales de su propio credo. En otras palabras, la "creencia foránea" al fin y al cabo forma parte de nuestra propia creencia. Ambos temas, tal y como veremos más adelante, repercuten en las acciones del nacionalista. No reducen de ninguna forma la propensión a la violencia extrema, propia de los fundamentalistas de todas las religiones, pero pueden debilitar la particular convicción que subyace a sus actos violentos.

En el discurso nacionalista hindú, la militancia del *hindutva* a veces entra en conflicto con la gran narrativa del hinduismo. El nacionalista parece estar dividido entre una rotunda oposición a cualquier influencia extranjera –religiones proselitistas, globalización cultural y económica– que socave los fundamentos de la *samaj* (sociedad) hindú y la ética tolerante impuesta por el *dharma* hindú. Parece que el nacionalismo hindú, en la fase en la que se encuentra ahora, está más cerca de la militancia que de la tolerancia, aunque esta última, como veremos posteriormente, sigue suponiendo un obstáculo para el compromiso inequívoco con el activismo. Hasta el documento fundacional del VHP debe forzosamente claudicar ante la apertura: «La sociedad hindú de hoy en día se enfrenta a retos y problemas de gran magnitud, desalentadores y de un carácter extremadamente complejo. No obstante, los retos y los problemas, el vilipendio y las vicisitudes, los choques y la represión no son nuevos para la sociedad hindú». La historia presta elocuente testimonio de que la *samaj* hindú no ha mostrado nunca reticencia o aversión a readaptar su comportamiento externo, sin que ello suponga sacrificar su alma o espíritu.[6] Es posible que los ideólogos del VHP se opongan rotundamente a las conversiones, pero tienen la precaución de señalar –en sus declaraciones públicas, por muy poco convincentes que resulten– que esta oposición se refiere solo a las conversiones que se producen por incentivos económicos y otras "tácticas clandestinas" que utilizan los misioneros de otras religiones, principalmente el cristianismo y el islam, y no a la libre elección de religión de una persona. A pesar de las muchas desviaciones en sus prácticas activistas y en ocasiones violentas, el nacionalista es incapaz de renunciar total y abiertamente al ideal de tolerancia recogido en las conocidísimas palabras de Gandhi, que suele citar con aprobación: «No quiero mi casa amurallada por todos lados ni mis ventanas selladas. Yo quiero que las culturas de todo el mundo soplen sobre mi casa tan libremente como sea posible. Pero me niego a ser barrido por ninguna de ellas».[7]

Aunque el discurso nacionalista hindú es rico en imágenes de una fe en combate que ha sobrevivido a muchas invasiones y soportado muchas tormentas –desde el islam militante al cristianismo proselitista–, se muestra reacio a considerar el encuentro actual con las fuerzas de la globalización como una mera confrontación. El tema de la tolerancia de la gran narrativa del hinduismo impide que el nacionalista articule su respuesta a la globalización en términos de ganadores y perdedores enfrascados en una lucha a muerte y, por tanto, haciendo más oscuro ese proceso –tan característico de los encuentros culturales, según el historiador Raymond Grew– de asimilación, transformación, reafirmación y recreación.[8] Además, estos procesos, a la par que infunden en el nacionalista una nueva confianza en sí mismo, le ofrecen un espacio en el que perseguir sus intereses y propagar su ideología. En otras palabras, la hostilidad del nacionalista hacia la globalización se ve mermada por el hecho de que la considera una segunda modernización, lo que no siempre supone una amenaza, sino que también ofrece una oportunidad a los hindúes de tomar partido en el rumbo que toma su futuro.

El nacionalista hindú puede haber conseguido en cierta medida restarle importancia a las preocupaciones litúrgicas y doctrinales tradicionales que provocaron la fragmentación del hinduismo en sectas, pero lo que aún no ha conseguido es cambiar la mentalidad del tradicionalista –que todavía representa a la mayoría de los hindúes–, al menos en lo que respecta a su respuesta ante los retos del mundo exterior. Si reacciona de conformidad con la gran narrativa, el tradicionalista es menos proclive que el nacionalista a estar a la defensiva o a adoptar una postura activista con un compromiso ideológico. El tema de la tolerancia hindú de la gran narrativa ensombrece las reacciones del tradicionalista. De ahí que, por ejemplo, en tanto que Jesucristo a veces aparece mencionado en los escritos nacionalistas como una figura digna de ser imitada y respetada (una deferencia que no se extiende al profeta Mahoma), a los gurús tradicionales vishnuistas no les cueste transformarlo en el hijo de Krishna, darle el estatus de avatar (encarnación de Vishnu), o ilustrar sus enseñanzas con ejemplos del Evangelio y las vidas de santos cristianos.[9] Una mayor tolerancia suele ir de la mano de una mayor indiferencia; al tradicionalista hindú, al contrario que al nacionalista, no le preocupa tanto el impacto de la globalización en su fe, y suele considerar este tema –si es que ve que merece su consideración– como una cuestión de encontrar «respuestas occidentales a preguntas occidentales».

El segundo tema principal del hinduismo –la universalidad– lleva al nacionalista hindú a tener la esperanza de que su religión reinará en el mundo globalizado que está naciendo ahora, lo que por tanto hace difícil que se aísle totalmente de las influencias extranjeras incluso si se enfrenta a ellas. Para el nacionalista, el hinduismo es universal porque su piedra angular es la verdad mística eterna, la unidad fundamental de toda la creación, animada e inanimada. Consiste en reconocer que todos sin excepción estamos imbuidos del Alma Suprema. Si todas las religiones son caminos diferentes hacia la misma verdad –«Ekam sat, viprah bahudda vadanti» (Una sola verdad, muchos caminos para alcanzarla)–, entonces las otras religiones no son más que diferentes manifestaciones del hinduismo. Por tanto, en su núcleo, todas las religiones del mundo son hindúes y el nacionalista acepta el pluralismo religioso porque es pluralismo solo en apariencia.

Sin embargo, el nacionalista argumenta que, para alcanzar los estadios más elevados de evolución espiritual, hay que ir más allá de la apariencia. El pluralismo hindú no niega la existencia de una jerarquía entre los distintos credos; hay muchos caminos, cierto, pero no todos son iguales. Al afirmar que el camino místico hindú es un camino superior para la persona madura, lo que encontramos en el discurso nacionalista es la tolerancia de la élite hacia los "planos inferiores", junto con la esperanza de que la universalidad hindú

sea la religión de un futuro orden mundial más evolucionado. Por tanto, para el nacionalista la globalización no es solo
un peligro, sino una oportunidad única para la filosofía hindú
de establecerse como el sistema universal de valores éticos
para toda la humanidad. K.S. Sudarshan, principal ideólogo
del RSS durante mucho tiempo y actualmente su presidente,*
está convencido de que en los próximos años «el mundo se
dará cuenta de que el *hindutva* es la filosofía y modo de vida
supremos»[10] donde «la creencia en la victoria final del pensamiento hindú radica no solo en una fe ciega, sino en una consciencia interior de que la filosofía hindú no se basa solo en leyes hindúes, sino en leyes universales aplicables a todos».[11]

Aunque el tema de la universalidad es indiscutible en el
hinduismo, al nacionalista, a diferencia del tradicionalista y
del hindú flexible, le inquietan algunas de sus consecuencias.
Se pregunta si al poner el acento en la universalidad, en la
máxima védica de «*Vasudhaiva kutumbakam*» (el universo
es una familia), los hindúes no habrán sacrificado la posibilidad de un sentimiento de comunidad y una unidad necesaria de la que han carecido en el pasado y que necesitan para
afrontar el reto que presentan otros credos. Le preocupa si el
concepto de *Vishvabandhutva* (fraternidad universal) no habrá llevado a un debilitamiento de *Deshbandhutva* (fraternidad nacional) y *Dharmabandhutva* (fraternidad religiosa).[12]
En otras palabras, hay dos almas en conflicto en el corazón
del nacionalista hindú: la universalidad y el nacionalismo,
la tolerancia del *dharma* hindú y la militancia del *hindutva*.

Al fin y al cabo, independientemente de cómo lo inter-
preten el nacionalista y el tradicionalista, el tema de la uni-

---

* A finales del año 2012, K.S. Sudarshan ya no es el presidente del RSS. Fue sucedido en el cargo de *Sarsanghchalak* por Mohan Bhagwat el 21 de marzo de 2009.
Falleció el pasado 15 de septiembre de 2012. (*N. de la T.*)

versalidad puede plantear problemas en la gran narrativa del hinduismo. Incluso si acepta que otras tradiciones religiosas son igualmente válidas pues abrazan la misma verdad, desde el punto de vista privilegiado de la sabiduría superior "universal" del hinduismo (y no en términos de caracterización de sí mismo), el hindú –nacionalista y otros– puede estar en última instancia dificultando el diálogo con otros credos y la posible evolución de la ética universal. A largo plazo, percibir que hay un monismo vedántico común a todas las otras religiones no conduce solo a la armonía y la amistad, sino también a malentendidos y a una posible discordia. En una de las leyendas sobre el niño Krishna, Yashoda abre la boca del dios y ve el mundo de la cosmología hindú dentro. Esta es la gran narrativa del hinduismo: con la mejor intención del mundo, se identifica a sí mismo con el universo de los credos, y cuando esta visión se materializa en las expectativas del nacionalista de un futuro triunfo de la visión hindú en un mundo globalizado, está abocado a la decepción. Las ilusiones, independientemente del valor que tienen por movilizar a muchas personas o crear comunidades utópicas, a fin de cuentas no son más que ilusiones.

El hindú flexible

Aparte del nacionalista, hay otra categoría, el hindú "flexible": urbano, educado en el lenguaje de hoy en día y que forma parte de la creciente clase media. El hindú flexible puede ser un tradicionalista en el sentido de que escoge adoptar o revivir determinados rituales hindúes en su vida religiosa; un nacionalista al mostrar simpatía hacia ciertas posturas de la derecha hindú (es más el caso del VHP que del RSS), y también puede ser –si está en la parte más alta del escalafón socioeconómico– una persona a favor de la globalización, que acepta con entusiasmo nuevos movimientos religiosos y espirituales, independientemente de en qué territorio se hayan originado. El hindú flexible difiere de los otros dos en que tiene una actitud y creencias religiosas más eclécticas que el tradicionalista, y está menos implicado ideológicamente que el nacionalista.

El hindú flexible considera las celebraciones y rituales religiosos como expresiones importantes de su identidad.[13] Acoge de buen grado los rituales domésticos y los ayunos (*vratas*), la celebración de los festivales y visitas a lugares de peregrinación, y no solo porque le supongan romper con la rutina del día a día. Sin embargo, las circunstancias cambiantes de la vida de clase media urbana no le permiten hacer ninguna de estas cosas siguiendo las costumbres tradicionales. El ajetreo de la vida de la gran ciudad, el cada vez mayor número de mujeres que se incorporan al mercado laboral, o que viven en familias pequeñas sin contar con muchas mujeres que les echen una mano... todo ello ha llevado a modernizar los rituales y acortar las ceremonias religiosas. El hindú flexible acoge estos cambios, que suelen ser creativos, pues intenta adaptar los rituales tradicionales a las nuevas circunstancias de su vida. De ahí que, por ejemplo, se haya ido perdiendo la práctica tradicional del *karva chauth*, un ayuno que hacen una vez al año las mujeres del norte de la India con el fin de pedir salud y larga vida para sus maridos. Una mujer joven, preocupada por su forma física, hablaba del *karva chauth* como un buen día para hacer dieta. Otras mujeres, que ya no siguen estrictamente el voto de no comer ni beber desde el amanecer hasta que aparece la luna por la noche, se reúnen con sus amigos o familiares para jugar a las cartas, ver la televisión o ir al cine. Difícilmente las encontraremos en la cocina, hambrientas y sedientas, preparando la cena propia de esta festividad. Al contrario, se las ve con grupos de amigos en los mercados alegremente adornados o en salones de belleza, y dejan que sus maridos las lleven a cenar fuera.

Algunos lamentan este viraje cada vez más pronunciado hacia las necesidades individuales frente a las costumbres tradicionales, pues consideran tal comportamiento como una adicción al placer motivada por el consumo. Sin embargo, en general (y esto nos reconduce al tema de la tolerancia en la gran narrativa) se ven con cierta indulgencia los cambios en los rituales y la abreviación de las ceremonias religiosas. Como cualquier hindú reconocería, lo que es decisivo es la postura interna –la *bhakti* y la fe– más que seguir una serie de normas diseñadas por los ancestros.

El fenómeno del peregrinaje ha experimentado un desarrollo similar, pues a causa de la modernidad se ha convertido en un fenómeno de masas. La mayor movilidad, el hecho de tener más dinero y un trabajo fijo han permitido al hindú flexible ir en busca de destinos turísticos de peregrinaje para sus salidas de fin de semana o vacaciones con la familia. Este interés no se limita a la generación más mayor; incluso los jóvenes o los adultos van de peregrinaje con la familia o los amigos, uniendo los placeres de estar en comunidad y del tiempo libre con los objetivos religiosos.

Los peregrinajes hindúes (*tirtha-yatras*) se desarrollan en un ambiente muy distinto a los cristianos; sin embargo, son considerablemente similares a los islámicos, especialmente los de los santuarios sufíes del subcontinente. El ascenso de 14 kilómetros a uno de los lugares de peregrinaje más populares del norte de la India, las cuevas de Vaishno Devi, cuenta con toda una serie de refugios contra la intemperie, modernos baños públicos, puestos de refrescos, tiendas de recuerdos, y de vez en cuando caballos en los que los peregrinos cansados pueden montar para subir a las cuevas. Hay peregrinos que

hacen todo el camino descalzos, entregándose por completo
a la benevolencia de la divinidad. A otros, lo que les motiva
son el disfrute turístico y la compañía de los suyos. El ruido,
la música alta y el ajetreo les transmiten un sentimiento de
estar participando en una animada feria anual. En otras palabras, un peregrinaje –como un *vatra* o una festividad religiosa– puede fácilmente convertirse en una experiencia placen-
tera para los sentidos siempre y cuando se haga con "pureza
de corazón" y sentimientos religiosos sinceros.

Vaishno Devi y otras divinidades similares se presentan
como objetos de veneración, que ocasionalmente pueden poner a prueba la devoción de los fieles, pero que están siempre
disponibles y en situaciones de crisis intervienen en el destino de los devotos haciendo milagros. Si la deidad cumple
el deseo del devoto –deseo que la mayoría de las veces está
relacionado con su vida material, como el éxito profesional
o recuperarse de una enfermedad grave–, entonces el devoto está obligado a darle el dinero, los adornos de oro o plata o el sacrificio simbólico que él mismo prometió a la divinidad al formular el deseo. Así pues, no es de extrañar que
en la India de hoy en día, donde la creciente clase media tiene mucho más poder adquisitivo que en décadas anteriores,
los templos sean "grandes negocios". El templo de Tirupati
Venkateshwara en Andhra Pradesh, una de las instituciones
religiosas más ricas después del Vaticano, tiene unos ingresos diarios por donaciones de casi 2 millones de rupias –más
de 400 000 dólares–. No obstante, esta tendencia no se limita a los lugares sagrados del hinduismo: el Templo Dorado,
el lugar más sagrado entre todos los santuarios sikhs, ha du-
plicado su recaudación en los últimos 10 años con unos ingresos diarios de casi un millón y medio de rupias (300 000
dólares). Las iglesias cristianas y los santuarios musulmanes,
como Haji Ali en Mumbai, también aportan su granito de are-

na a los ingresos anuales de los dioses y santos indios con aproximadamente 110 000 millones de rupias, o 250 millones de dólares.

Más que cualquier otro indio, el hindú flexible permite a los dioses y gurús que contribuyan a su prosperidad. Les rinde culto en casa y en los templos, pero también en internet, en los sitios web de los templos más sagrados. Igualmente recurre a internet en busca de asesoramiento astrológico sobre la hora más auspiciosa para hacer la ofrenda, o de recetas de las comidas para las ocasiones religiosas especiales. Es el público objetivo de futuros parques temáticos sobre dioses y diosas hindúes –Ramaland, Durgaland y Gangaland, que se están construyendo siguiendo el modelo de Disneylandia– y el cliente deseado para las casetes y CD de música devota que han acaparado más de un tercio del mercado musical indio.

La expansión de las nuevas tecnologías y los medios de comunicación –internet, tebeos mitológicos, series de televisión– no solo está provocando una mayor homogeneización de los rituales y festivales hindúes, sino que ofrece al mismo tiempo la principal fuente de conocimiento para la generación joven. En varios canales de televisión, carismáticos gurús televisivos como Asha Ram Bapu recitan y comentan pasajes de los libros sagrados cada día y, de esta forma, al igual que los predicadores en la televisión norteamericana, están construyendo imperios con fundamentos religiosos, que tienen por seguidores mayoritariamente a personas de clase media. Con una media diaria de "consumo" de televisión de dos a tres horas, la persona más vulnerable a la religiosidad mediática es el ama de casa.

Los carismáticos gurús televisivos, curanderos y "dioses-hombres" encajan sin problemas en la religiosidad *bhakti* de la clase media urbana en la que, al igual que en el credo protestante, la comunicación individual y la relación personal con lo divino son el centro de la consciencia religiosa. Un aspecto sorprendente de los avances religiosos contemporáneos es la cada vez mayor popularidad de los gurús-curanderos, como Sathya Sai Baba o Mata Nirmala Devi. Los gurús contemplativos y meditativos que se identifican con la tradición de *Upanishads* –como el fallecido Ramana Maharshi–* ya no son los iconos de la vida espiritual para las clases altas y medias, como lo eran para las generaciones anteriores. El hindú flexible de hoy en día prefiere gurús y prácticas religiosas que prometan réditos espirituales mayores, inmediatos y cuantificables y requieran una menor inversión de tiempo.

Los gurús como Sathya Sai Baba o Sri Sri Ravi Shankar van más acorde con el sentimiento religioso del hindú flexible, puesto que también ellos se guían por los dos principales temas de la gran narrativa del hinduismo: tolerancia y universalidad. El movimiento de Sathya Sai Baba, siendo uno de los movimientos religiosos mayoritarios de hoy en día, fusiona elementos estilísticos religiosos de diferentes tradiciones en un eclecticismo salvaje.[14] Sai Baba, avatar, curandero y dios, todo al mismo tiempo, enseña paso a paso un camino a la salvación que parece una versión vedántica simplificada de una «realización de dios a través de la realización del Yo». En el espíritu postmodernista se reinterpretan algunos aspectos del shivaísmo, el vishnuismo, el shaktismo y el cristianismo y se declaran como un nuevo universalismo; en este movimiento no se habla de un nuevo credo, sino de la validez universal de las enseñanzas del gurú. Esta pretensión de universalidad, que también vimos en el caso del naciona-

---

* Ramana Maharshi fue un importante maestro espiritual hindú de principios del siglo XX, cuya doctrina para alcanzar el *moksha* consistía en la indagación sobre uno mismo, como ejercicio espiritual y no mental, doctrina que rara vez verbalizaba, pues pasó gran parte de su vida en silencio. (*N. de la T.*)

lista hindú, se articula en torno al símbolo de la comunidad de Sathya Sai Baba: un loto de cinco pétalos en los que aparecen el *om* hindú, la cruz cristiana, el emblema zoroastriano del fuego, la rueda budista y la luna creciente y la estrella islámicas.

Las prácticas de la "Nueva Era", que han tenido muy buena acogida entre la clase media india desde los noventa, son similares al movimiento de Sai Baba y otros nuevos movimientos religiosos, en el sentido de que son ejemplares para una religiosidad postmoderna, que ya el relativismo y la inclusión hindúes parecían haber anticipado. El hindú flexible no tiene dificultad en integrar las prácticas de la Nueva Era en su rutina diaria puesto que no le obligan a romper con su tradición religiosa o alejarse de ella. Con la llegada de la Nueva Era a metrópolis como Mumbai, Delhi o Bangalore, no solo se vuelven a importar las prácticas del reiki, la sanación pránica, el lama fera, el tarot o el feng shui, sino también los conceptos culturales indios —por ejemplo, la idea del *karma*— en su forma occidental reencarnada. En el menú encontramos tanto cursos de gestión del estrés que incorporan meditación o yoga, como astrología, aromaterapia, tarot egipcio, lecturas del aura, sanaciones magnéticas o canalizaciones.

Sin embargo, independientemente de cuán occidentalizado esté el hindú flexible, sus peregrinajes de fin de semana o en viajes organizados, el hecho de recurrir a gurús, ayunar o integrar las prácticas de la Nueva Era en su vida lo conectan con la tradición y afirman su identidad hindú. En otras palabras, la respuesta del hindú flexible a la modernidad no consiste en darle la espalda a su herencia religiosa, sino en darle una nueva forma adaptándola a sus nuevas circunstancias de vida.

Es posible que el nacionalista hindú muestre desaprobación hacia el hindú flexible, pues suele mirarlo con recelo como si fuera la avanzadilla de la globalización. Incluso puede que menosprecie la religiosidad del hindú flexible al considerarla carnavalesca, que lo mire por encima del hombro como a alguien que se adorna de forma promiscua con harapos religiosos de todas partes del mundo, "debilitando" de esta forma la fe hindú y diluyendo la identidad india. Este tipo de exclusión supondría una traición a uno de los mayores iconos nacionalistas hindúes, el monje activista Swami Vivekananda, quien escribió: «Nosotros, los hindúes, no solo toleramos sino que aceptamos cada una de las religiones, al rezar en la mezquita de los mahometanos, al rendir culto ante el fuego de los zoroastrianos y al arrodillarnos ante la cruz de los cristianos, sabiendo que todas las religiones, desde el fetichismo más mundano, no son más que varios intentos del alma humana por aprehender y comprender lo infinito, estando cada uno de estos intentos determinado por las condiciones de su origen y su asociación».[15]

A pesar de las diferencias, el encuentro entre los ideales religiosos del nacionalista hindú y los valores de la clase media emergente ha sido objeto de debate. De hecho, el hindú flexible se identifica con muchos de los valores religioso-culturales del nacionalista, como el miedo a la dominación cultural de Occidente y el peligro que supone el agresivo mundo árabe-musulmán. Es irrelevante si estos temores tienen una justificación histórica o de otro tipo. La preocupación por la decadencia de los antiguos valores culturales y un sentimiento difuso de vulnerabilidad ante la dominación extranjera son suficientes para que muchos hindúes recurran a partidos políticos y organizaciones que les prometen una modernidad alternativa, una modernidad en la que los hindúes puedan dar la bienvenida a los mercados globales, las tecnologías y estilos de vida modernos sin abandonar su identidad hindú, o su sentido del hinduismo como la religión madre, superior a las demás.

Sin embargo, el hindú flexible es al mismo tiempo, casi sin quererlo, el mayor enemigo interno del movimiento nacionalista hindú, el flautista de Hamelín para toda una generación. Firmemente arraigado en el sistema, este segmento angloparlante y líder de opinión de la sociedad india es la traducción, nada auspiciosa, de una amenaza global abstracta. Representa una amenaza al nacionalista hindú por ser receptivo a las liberales y "licenciosas" actitudes y costumbres sexuales de Occidente que los hogares hindúes importan a través de los programas y anuncios de televisión, como los de ropa y cuidado corporal que despiertan un interés lascivo. La protesta por la ubicuidad, importancia y manifestación del ser sexual (claves en el discurso artístico y literario occidental del siglo xx) es un elemento vital de la retórica conservadora y fundamentalista en muchas partes del mundo, y el nacionalista hindú también reacciona de forma violenta ante esta forma de "contaminación cultural". Ya sea protestando contra los concursos de belleza o denunciando las uniones sexuales cada vez más libres, el nacionalista condena toda manifestación de modernidad que exalte los sentidos en lugar de calmarlos, que avive el fuego sensual en lugar de extinguir sus llamas. Equiparando la globalización con el consumismo y el cinismo hacia los valores hindúes tradicionales, que limitan la satisfacción de los deseos materiales y sensuales, e identificando al hindú flexible como la amenaza dentro del país, la solución que daría el nacionalista queda sucintamente recogida en las palabras de Swami Chinmayananda, uno de los fundadores del VHP: «Convirtamos a los hindúes al hinduismo y así todo saldrá bien». Este es el grito de guerra de los nacionalistas en la controversia actual sobre la identidad religiosa hindú y una tarea que, irónicamente, requiere «entusiasmo misionero»[16] por parte del nacionalista hindú.

En pocas palabras, el nacionalista hindú y el hindú flexible son primos con una herencia familiar común. Sin embargo, a menudo son también adversarios, puesto que al nacionalista le irritan las restricciones impuestas por la gran narrativa del hinduismo tradicional, mientras que el hindú flexible se deleita en la libertad que le concede el explorar caminos espirituales y constructos que reportan beneficios materiales importados de otras tradiciones. No hay indicio alguno de que en un futuro próximo la tensión entre ambos vaya a desaparecer.

EL CONFLICTO
ENTRE HINDÚES Y MUSULMANES

En el año 1924, al escribir sobre las causas del conflicto hindú-musulmán, Mahatma Gandhi comentaba: «¡No veo forma de conseguir nada en este afligido país si no se da una unidad de corazón duradera entre hindúes y musulmanes! Ningún otro asunto es más importante y apremiante que este. En mi opinión, bloquea cualquier progreso».[1]

El comentario de Gandhi sobre la importancia de encontrar una solución al conflicto para la integridad y el bienestar de la India en el futuro sigue teniendo validez, aunque puede que no tuviera suficientemente en consideración que lo que parece ser un eterno conflicto entre las dos comunidades más grandes de la India no es una cuestión de religión. En otras palabras, no tiene que ver con asuntos de creencia religiosa, dogmas, culto y observancia de diferentes credos y dioses. Observadores con más conocimiento de causa han identificado otros factores, aparte de la religión, como el origen de un conflicto aparentemente religioso. Aun así, si bien hay prácticamente unanimidad sobre la idea de que el conflicto no es religioso, hay una curiosa falta de consenso respecto a la causa que lo ha desencadenado.[2]

Los nacionalistas hindúes centrados en la historia, que tienen representación política en uno de los dos partidos políticos más grandes de la India, el Bharatiya Janata Party (BJP), lo ven como un conflicto de civilizaciones. Consideran que las relaciones hindú-musulmanas se enmarcan en la división básica de un conflicto de más de 1000 años de antigüedad entre dos civilizaciones en el cual los musulmanes, vencedores en términos militares y en supremacía política durante siglos, intentaron imponer el islam a los hindúes por todos los medios, desde la coerción al soborno y la zalamería, y aun así tuvieron un éxito bastante limitado.[3] Desde el punto de vista del nacionalista hindú, la amplia mayoría de los hindúes consiguieron mantener intacto el núcleo de su civilización mientras aguantaban, no sin resentimiento, el ataque musulmán. La furia que los hindúes, humillados, fueron acumulando durante largos periodos de tiempo tenía que estallar una vez se dieran las circunstancias históricas que lo justificaran.

Otros historiadores, de inclinación más liberal o verdaderamente de izquierdas, que pertenecen a la escuela "secular", aseguran que la categorización en hindúes y musulmanes es reciente en la historia india.[4] En la época precolonial y principios de la época colonial, hindúes y musulmanes –de los cuales la mayoría eran hindúes convertidos por alguna razón– vivían entremezclados. Se fueron incorporando elementos persas y turcos en la sociedad india y hubo un florecimiento de una tradición cultural heterogénea, no solo en los ámbitos de la música, arte y arquitectura, sino también en el desarrollo de una religión popular sincrética. Según los historiadores liberales, la violencia a gran escala entre las dos comunidades, que empezó a propagarse a finales del siglo XIX, surgió principalmente por el colonialismo, en concreto por la política británica de reforzar de forma deliberada la identidad musulmana ante la amenaza del nacionalismo indio, en el que los hindúes desempeñaron un papel destacado.[5] No obstante, esta cultura heterogénea compartida por hindúes y musulmanes sigue viva, especialmente en la India rural, y si se califica como tensión es por la necesidad de los partidos políticos de polarizar las identidades hindú y musulmana con fines electorales.

A diferencia de los historiadores de los dos bandos, los indios ordinarios se sirven de ambas versiones de la historia. En los periodos de recrudecimiento del conflicto entre las dos comunidades, cobra más importancia la historia nacionalista hindú que apoya la versión de una animosidad entre ambos desde antaño y diseña la memoria cultural de una forma determinada. En periodos de relativa paz, la atención se centra en la historia secular que enfatiza los puntos en común y el pasado compartido. Muchos de los recuerdos culturales que eran relevantes en época de conflicto pasan ahora a un segundo plano, desaparecen o adquieren un nuevo significado, mientras que otros que ponen de manifiesto la coexistencia pacífica de hindúes y musulmanes pasan a un primer plano.

Después están aquellos, principalmente de creencias marxistas, que conceden mayor importancia al factor económico. Creen que el conflicto entre las dos comunidades que conduce al enfrentamiento violento no tiene tanto que ver con la religión como con el "comunalismo". El comunalismo es un concepto específicamente indio que implica una fuerte identificación con una comunidad de creyentes basada, no solo en la religión, sino también en los intereses comunes sociales, políticos y especialmente económicos que entran en conflicto con los intereses correspondientes de otra comunidad de creyentes (el "enemigo") con la que se comparte el mismo espacio geográfico. Desde la perspectiva económica, la causa "real" de la violencia por lo general adopta la forma de una lucha de clases entre pobres y ricos. Este concepto, según se afirma, es aplicable tanto a los pogromos antisemitas en la España del siglo XIV, a la violencia católica protestante de la Francia del siglo XVI y a los motines anticatólicos del

Londres del siglo XIX,[6] como a los disturbios hindú-musulmanes en la India.

Los politólogos añaden otra dimensión a esta teoría mar-
xista. Señalan que el conflicto hindú-musulmán, una consecuencia de la competición por los recursos, puede haberse re-
crudecido por el cambio en el contexto político durante los
últimos sesenta y pocos años desde el fin del dominio colonial. Si las relaciones hindú-musulmanas eran mejores en
el pasado, con mucha menos violencia manifiesta, se debía
también al tipo de gobierno bajo el que los dos pueblos con-
vivían. Esta estructura política era la del imperio, primero el
imperio mogol y a continuación el británico. Un imperio, según apunta el politólogo Michael Walzer, se caracteriza por
una mezcla de represión de cualquier intento de independencia, tolerancia a las diversas culturas, religiones y modos de
vida, e insistencia en que todo se mantenga en paz. No sería
hasta el final del imperio cuando se plantearían preguntas políticas como: «¿Quién de los dos debe tener el poder aquí, en
estos pueblos, en estas ciudades?», o «¿Qué grupo domina-
rá, cuál será la nueva organización jerárquica?», que les lle-
varon a percatarse de forma más evidente de las diferencias
religioso-culturales y sembrarían la semilla del conflicto violento.[7] (El surgimiento de grupos fundamentalistas y la po-
litización de las diferencias religiosas en muchas partes del
mundo tras el colonialismo han sido ampliamente documen-
tados.)[8] Otros politólogos, que resaltan las relaciones locales
frente a las internacionales, muestran que los altercados entre
hindúes y musulmanes en la India, por lo general, se producen en ciudades donde no hay sociedades comerciales o grupos profesionales formales que aglutinen a miembros de las
dos comunidades, o bien existen pero son muy débiles.[9]

La psicología social, por otro lado, pondría el acento en la
amenaza a la identidad que suponen las fuerzas de la moder-

nización y la globalización para los pueblos en muchas partes del mundo, considerándolas el detonante del conflicto hindú-musulmán. Los desplazamientos y migraciones de las zonas rurales a los barrios de chabolas de las megalópolis acarrean sentimientos de pérdida e impotencia, hacen desaparecer las habilidades artesanales que subyacen a las identidades de los oficios tradicionales, y el efecto homogeneizador y hegemonizador del mundo moderno resulta humillante, al considerar los ideales y valores culturales ancestrales como pasados de moda e irrelevantes. Tales cambios refuerzan los aspectos grupales de identidad, de forma que los afectados (y afligidos) recurren a grupos culturales y religiosos para combatir estos sentimientos de impotencia y pérdida, al tiempo que sirven de vectores de la reparación de daños en la autoestima.

Aparte de las descripciones relativamente sofisticadas de los orígenes del conflicto por parte de historiadores, politólogos, sociólogos y psicólogos sociales, también contamos con las pinceladas gruesas pero efectivas de la perspectiva demográfica, que sostiene que las zonas urbanas, y de entre ellas solo en las que hay una población musulmana minoritaria que supone entre el 20 y el 40 % de la población total, siempre han sido proclives a la violencia entre hindúes y musulmanes.[10] Se supone que una minoría, si representa menos del 20 %, tiene mucho miedo de tomar represalias contra cualquier acción que perciba como una provocación, por lo que la violencia, en una situación así, si se produce, tendrá carácter de pogromo más que de disturbio violento.

EL MUSULMÁN A LOS OJOS DEL HINDÚ

La imagen predominante que los hindúes tienen de los musulmanes en muchas partes del país, y especialmente cuando hay mucha tensión entre ambas comunidades, es la del musulmán fuerte y de aspecto animal. El punto de confluencia entre los dos atributos de un musulmán, fuerza y carácter animal, es la convicción hindú de que un musulmán es agresivo "por naturaleza" y propenso a la violencia. Esta imagen se remonta mucho tiempo atrás, aunque se ha visto recientemente reforzada por la militancia en Cachemira y la ola de violencia de los actos terroristas perpetrados por musulmanes extremistas. Mahatma Gandhi, por ejemplo, que fue asesinado por un fanático hindú que consideraba que tenía "debilidad" por los musulmanes, sostenía que estos se habían convertido en un grupo violento por lo joven que era su religión y la expansión imperialista durante trece siglos.[11] Esta imagen del musulmán fuerte, si bien es común entre hombres y mujeres, es más pronunciada en el caso de los hombres, especialmente cuando está a punto de estallar el conflicto entre las dos comunidades.

Esto contrasta con la percepción de sí mismos que tienen los hindúes de ser débiles por estar divididos. En entrevistas que se hicieron poco después de los disturbios en 1990 en Hyderabad, varios hindúes hablaban de la unidad entre los musulmanes: «Si ocurre algo en una comunidad musulmana, todos se hacen uno. Nosotros no, por las diferentes castas. Cada casta tiene sus propias costumbres y estilo de vida. Nosotros no estamos unidos, cada uno está absorto en sí mismo. Los ricos intentan explotar a los pobres, y esto no ocurre entre los musulmanes. Aunque tienen ricos y pobres, al menos en el momento de la oración son todos uno y todos la practican juntos al mismo tiempo. Esto les hace desarrollar un sentido de unidad entre ellos. Nuestro sistema no es así. Cada uno va al templo a hacer la *puja* cuando y como puede, y después se va. No hay comunicación entre nosotros. Si también pudiéramos mostrar fraternidad en la oración, sin duda estaríamos más unidos y seríamos más fuertes que los musulmanes».

Para muchos hindúes, los musulmanes son poderosos no solo porque están unidos, sino también porque están armados, disfrutan de un trato de favor por parte del Estado en la India y en épocas de conflicto reciben apoyo e incluso armas de Pakistán. «A los musulmanes les llegan constantemente suministros de armas procedentes de Pakistán o de producción local; siempre están bien provistos. Ni siquiera en la casa del musulmán más pobre faltará nunca un cuchillo de carnicero porque todos comen carne. Los hindúes no están tan bien equipados. Si el gobierno sigue complaciendo a los musulmanes e instaura leyes contra la mayoría hindú, estos disturbios no tendrán fin. Si se prohíben las procesiones, se han de prohibir tanto las de Ganesha* como las de Muharram.** ¿Por qué se prohíbe solo la procesión de Ganesha? Es como bendecir y proteger solo a una comunidad, al tiempo que actúa como la madrastra de la otra».[12]

Es interesante señalar que por lo general el hindú se identifica como hindú en tanto en cuanto habla del musulmán; si no, las conversaciones sobre su afiliación giran más bien en torno a la casta. El hindú nace como tal solo cuando entra en escena el musulmán. Los hindúes no pueden hacerse una imagen de sí mismos sin tener al mismo tiempo consciencia de la presencia musulmana. No es así para los musulma-

---

* Se refiere a *Ganesh Chaturthi*, el festival en honor al dios Ganesha, uno de los más venerados, no solo por hindúes. Este festival, que se celebra entre el 19 de agosto y el 15 de septiembre, principalmente en el sur de la India, consiste en llevar en procesión la característica figura de Ghanesa, con cabeza de elefante. (*N. de la T.*)

** Se refiere a las celebraciones de Muharram, el primer mes del calendario musulmán, en el que está prohibido luchar y por lo general se ayuna durante 10 días. (*N. de la T.*)

nes, que no necesitan a los hindúes para tener consciencia de
sí mismos. La presencia del hindú puede reforzar el sentido
de identidad religiosa de un musulmán, pero no la conforma.

El segundo ingrediente en la imagen que el hindú tiene
del musulmán es el carácter animal. En otras palabras, los
hindúes atribuyen al musulmán la ferocidad física, la sexualidad desenfrenada, la búsqueda de la gratificación instantánea y la suciedad, que no es tanto una cuestión de limpieza
corporal como de contaminación interior, fruto del consumo
de lo prohibido, de alimentos tabú: «Los musulmanes son
buenos solo en dos cosas: comer y copular como animales.
¿Qué otra persona que no sea un musulmán pensaría nunca
en acostarse con la hija de su tío, que es casi como su verdadera hermana?».[13]

Estas palabras, extraídas de un informe antropológico de
hace 50 años, reflejan una imagen del musulmán que se ha
mantenido intacta hasta la fecha. Al igual que esta otra: «Los
musulmanes siempre les han echado el ojo a nuestras mujeres; esta costumbre se mantiene. Solo tienen buenos pensamientos y piensan en dios cuando gritan "Allah-u-Akbar".*
Violan a las mujeres; están obsesionados con las mujeres y
el sexo. Miren todos los niños que tienen, docenas, mientras
que nosotros nos contentamos con dos o tres».[14]

No solo se considera a los musulmanes sexualmente voraces, sino también sucios («Se bañan solo los viernes, el día
de la oración común en la mezquita»). La suciedad que les
atribuyen no es una cuestión de higiene personal exclusivamente, sino que es algo más intrínseco: los musulmanes
comen ternera, una abominación para el hindú, una violación

---

* "Allah-u-Akbar", que significa 'Alá es el más grande', es una fórmula en árabe,
  comúnmente utilizada por los musulmanes en el momento de la oración o para
  manifestar emociones fuertes en diversos contextos. (*N. de la T.*)

del código moral más grave que convertirse al islam o casarse con un musulmán.

El hecho de comer ternera y, por consiguiente, matar vacas ha sido históricamente una de las principales causas del resentimiento hindú hacia los musulmanes. En su viaje por los dominios de Tipu Sultan en el siglo XVII, Abbe Dubois nos cuenta que los hindúes, aunque eran testigos de la matanza de vacas sin quejarse a viva voz, ni mucho menos permanecían impasibles al insulto.[15] Impotentes, se contentaban con lamentarse en silencio e ir acumulando en sus corazones toda la indignación que sentían por este sacrilegio. Durante siglos, los hindúes que se habían convertido por la fuerza al islam no podían reconvertirse si habían comido ternera, aunque hubiera sido bajo coacción. El hecho de que los musulmanes coman ternera y la abominación que esto provoca a los hindúes representa quizá el obstáculo más efectivo para esa "unidad de corazón duradera" entre las dos comunidades, que era el ferviente deseo que Gandhi tenía para la India. Es difícil estar cerca de alguien con el que no podemos compartir una comida y cuyos hábitos alimenticios nos parecen asquerosos.

Estas imágenes sobre la otra comunidad persisten obstinadamente en las capas más profundas de la psique que son inmunes al discurso racional. De ahí que, cuando se estudió el fenómeno de la posesión espiritual en la India rural del norte, fue toda una lección comprobar que en muchas casas el espíritu maligno que había poseído a un hombre o una mujer hindú era el de un musulmán. Cuando el paciente, durante el ritual de sanación, entraba en trance, el espíritu que le había poseído hablaba a través de él para expresar sus deseos, unos deseos –relacionados con la sexualidad prohibida y los alimentos prohibidos como la carne– que resultaban ser precisamente los que habrían horrorizado a la persona si estuviera consciente.[16] La posesión por un espíritu musulmán, por tanto, parecía reflejar los esfuerzos desesperados de la persona por convencerse a sí misma y a los demás de que estas infracciones y pecados imaginarios del corazón eran propios del musulmán "sucio" y quedaban muy lejos de lo que supone ser un "buen" hindú. En tanto en cuanto los espíritus musulmanes eran considerados por todo el mundo como los más fuertes, viles, malignos y tenaces de los malos espíritus, los musulmanes parecían simbolizar "el Otro" en las partes más subconscientes de la mente hindú.

EL HINDÚ A LOS OJOS DEL MUSULMÁN

Aparte de las inevitables asociaciones de inmoralidad y falta de control sobre sus impulsos (la suciedad del alma), los musulmanes ven a los hindúes también como un pueblo cobarde y cruel.

«Si una mujer o un niño hindú fuera andando por una calle musulmana, los musulmanes los dejarían pasar, pues piensan que la lucha es cosa de hombres y que no deberían involucrar a mujeres, niños o personas mayores. Un hindú no piensa así: le basta ver que la otra persona es musulmana para pegarle sin importarle la edad o el sexo...

»Los hindúes son cobardes que sólo pueden pelear cuando están en grupo. Los musulmanes no tienen miedo, ni siquiera si son pocos y no van armados y sus oponentes tienen espadas. Alá les infunde valentía y saben que si mueren, la muerte no será en vano, sino un martirio por el que Alá les recompensará en el paraíso».[17]

Entre la población pobre musulmana, la aversión a los hindúes parece estar teñida de cierta resignación. Tienden a considerarse a sí mismos como víctimas impotentes de unas circunstancias históricas que han cambiado, según las cuales la India, independientemente de cómo se constituyera en sus inicios, se ha convertido en un país hindú. El sistema pertenece ya a los hindúes y la discriminación contra los musulmanes es una realidad del día a día. Entre los pobres hindúes y los pobres musulmanes se da una sorprendente diferencia: los hindúes no se sienten tan víctimas y tienen un mayor sentido de gestión y control de las circunstancias que acontecen en sus vidas que los musulmanes. Los pobres musulmanes dan la impresión de seguir un rumbo sin destino, zarandeados por la influencia de los otros en una especie de movimiento social browniano.

El musulmán asediado, con la sensación de que se le avecina un futuro amenazante, se ve obligado a montar guardia para defender su fe. En otras palabras, se refugia más aún en la comunidad religiosa, aferrándose a todas las marcas de su identidad religiosa –el Corán, la *sharia*, el urdu, la madraza o escuela religiosa–, cuyos líderes religiosos le dicen que le guiarán para salir de su complicada situación actual. Solo entonces podrá recuperar la gloria de sus ancestros que respetaban escrupulosamente los principios del islam. Por tanto, esa difícil situación en la que se encuentran los musulmanes, su "guetización", no radica en los cambios históricos, sino en un flagrante error interno: el "debilitamiento" o pérdida de la fe religiosa.

«No es de extrañar –dice un mulá– que el islam ceda ante el asalto del *kufr* (incredulidad); los árabes hacen reverencias a los judíos y cristianos, vosotros a los hindúes. ¿A qué se debe esta preocupación por la riqueza y el éxito materiales? Alá dice: "No os traje al mundo para que sacarais dos tiendas de una, o cuatro de dos. ¿Os pide el Corán que hagáis eso? ¿Os lo pide el Profeta? ¡No! Os piden que os dediquéis a la fe, a entregar vuestras vidas por la gloria del islam"».[18]

La pérdida de una imagen colectiva de sí mismos, o de una autoestima grupal, también se manifiesta en la élite de los musulmanes indios. La desesperación por la decadencia moral y el declive político de las sociedades musulmanas, nos cuenta el historiador Mushirul Hasan, es un tema recurrente en la literatura y el periodismo en urdu.[19] Para muchos, nunca se acaba el luto; los relatos que narran la pérdida en tono elegíaco, gráficamente plasmada en el gazal, se transmiten de generación en generación. Para estos hombres y mujeres "desposeídos" de la élite, el sentimiento expresado en el verso de poeta Iqbal «Barq girti hai to bechare Mussulmanon par» (Los rayos solo alcanzan a los musulmanes desventurados) se ha convertido en parte de su identidad social. En otras palabras, siempre que una persona siente, piensa y actúa como un musulmán antes que como persona, hay un trasfondo de pena, un miasma de luto en lo que se ha denominado el "síndrome de Al-Ándalus".[20] El síndrome se refiere a la gran civilización musulmana de la península ibérica que desapareció de forma abrupta en el siglo XVI, sumiendo al mundo islámico en la oscuridad y dejando un sentimiento de añoranza de las glorias pasadas de las sociedades musulmanas de la cuenca del mediterráneo. Durante mucho tiempo, tanto bajo el dominio británico como en la India independiente con una mayoría ampliamente hindú, el síndrome de Al-Ándalus era una parte importante de la psique de la clase alta musulmana. Hoy en día parece que la situación está cambiando, en la medida en que la nueva generación está mejor preparada para afrontar los antiguos retos y aprovechar las oportunidades que ofrece la modernización, en vez de estar inmersa en un luto permanente.

DEL CONFLICTO A LA VIOLENCIA

Como ocurre con la persona, en la que se perciben más claramente las "fallas" de su personalidad cuando le sobreviene un episodio de crisis, las dimensiones psicológicas del conflicto hindú-musulmán se vuelven transparentes cuando un conflicto latente desemboca en violencia a gran escala. Es el caso de los "disturbios comunales" que han caracterizado el panorama social y político de la India.

El aumento gradual de la violencia

Si dejamos a un lado el acertijo de cuál es la "causa originaria" de la violencia entre hindúes y musulmanes (puesto que todas las causas –económicas, históricas, políticas, socio-psicológicas, demográficas– son comunes a casi todas las situaciones de disturbios), la erupción del disturbio no se produce nunca de forma inesperada, y aun así coge a todo el mundo por sorpresa. Con "erupción" no queremos decir que un disturbio sea espontáneo y que no implique ningún tipo de planificación o preparación, sino que normalmente se produce de forma repentina después de que la tensión entre dos comunidades haya alcanzado un nivel considerable. O, por utilizar otra metáfora, el disturbio es como un furúnculo que revienta, o la erupción del pus, de la "mala sangre" entre hindúes y musulmanes que se ha ido acumulando durante días o semanas en un sitio determinado. En algunas ciudades –Ahmedabad y Hyderabad son las primeras que nos vienen a la mente– donde el furúnculo es una llaga purulenta, la tensión nunca desaparece, sino que se mantiene en un incómodo nivel por debajo de la erupción violenta.

El aumento de la tensión inmediata se produce cuando las identidades religiosas pasan a un primer plano para un gran número de personas porque perciben una amenaza hacia esta identidad en particular. La amenaza, una distorsión colectiva del significado de un hecho real, lleva a los miembros de la comunidad a comportarse de forma manifiesta, mediante palabras y acciones, como hindúes o como musulmanes. A su vez, la manifestación de su identidad religiosa amenaza a los miembros de la otra comunidad, quienes empiezan también a organizar su identidad en torno a la pertenencia religiosa. De aquí surge una espiral de interpretaciones (o malinterpretaciones) y posturas defensivas que incrementa la tensión entre las dos comunidades.

En el periodo de tensión, las personas se ven a sí mismas cada vez más como hindúes o musulmanes y a los miembros de la otra comunidad como estereotipos, anteriormente descritos –la imagen del hindú o el musulmán a los ojos del otro– y que se transmiten oralmente de generación en generación. A medida que la tensión aumenta, se recuperan estos estereotipos e inevitablemente se produce una homogeneización y una despersonalización del hindú o el musulmán. Uno y otro se transforman en elementos intercambiables, puesto que cada comunidad percibe a la otra como una categoría en lugar de como un grupo de personas con su naturaleza personal e idiosincrática. El individuo se desvanece y se oyen mucho más a menudo expresiones como «¡Mira lo que hacen los hindúes!», o «¡Los musulmanes se han pasado de la raya!».

La forma de experimentar y expresar conscientemente la identidad a través de la religión en lugar de a través de otras identidades grupales como la familia, la casta o la profesión varía de persona a persona. En un extremo están los hindúes y los musulmanes cuya identidad personal no se ve apabullada por su identidad comunal, ni siquiera en las peores fases de un conflicto violento. Son personas para las que la identidad grupal no tiene mucho peso y pueden tener gestos de compasión y autosacrificio, como salvar a miembros del grupo "enemigo" de la furia de una muchedumbre vandálica, incluso poniendo en peligro su propia integridad física. En el otro extremo, hay otras personas –los fanáticos– cuyo comportamiento, incluso en tiempos de paz, se rige por su identidad comunal, una armadura que pocas veces se quitan.

En ambas comunidades, la identidad comunal tiende a ser menos marcada en las mujeres que en los hombres, diferencia que podría explicarse porque han evolucionado a distinto ritmo. En Hyderabad, donde son comunes los disturbios hindú-musulmanes, un estudio reveló que había una notable diferencia entre los chicos y las chicas de edades comprendidas entre los 10 y los 15 años, cuando se les pedía que reprodujeran una escena "emocionante" utilizando juguetes y muñecos fácilmente identificables como hindúes y musulmanes.[21] En las representaciones de las chicas había pocas escenas de violencia, mientras que estas predominaban en las representaciones de los chicos. Incluso cuando identificaban a los muñecos como hindúes o musulmanes, las chicas solían reproducir escenas pacíficas de la vida familiar, dejando a un lado la acción (por ejemplo, un policía persiguiendo a un ladrón).

Teniendo en primer plano el movimiento de las identidades religiosas, es evidente que cualquier conflicto entre las dos comunidades, que por lo general surge por una combinación de reclamos y propósitos políticos y económicos, estará imbuido de un sentido último de religiosidad. En otras palabras, la implicación de las identidades religiosas garantizará que los asuntos en juego se conviertan en asuntos de vida o muerte al desplegar el arsenal de la retórica y los símbolos poderosamente religiosos.

El papel de los demagogos religioso-políticos

Si bien la retórica de la violencia es frecuente en periodos de tensión, lo que al fin y al cabo hace es sustituir a la acción. Para que se active un conflicto hindú-musulmán de violencia a gran escala –un disturbio– se requieren impulsos más fuertes. La "zona de indiferencia" respecto al credo que profesa una persona y la comunidad religiosa en la que vive su día a día, libre del escrutinio excesivo y obsesivo, puede resquebrajarse por acontecimientos externos trascendentales como la demolición de la mezquita de Babri, pero las grietas han de ensancharse bastante antes de que estalle violencia. Este es el momento en el que los demagogos religiosos, por lealtad a formaciones religioso-políticas fundamentalistas, entran en escena. Por un lado, al proyectar imágenes de una comunidad asediada y en peligro de extinción en manos del grupo "enemigo", avivan en la comunidad el sentimiento de ansiedad por sentirse perseguida. Por otro lado, aumentan el narcisismo al hacer alarde de sus victorias a la par que ridiculizan a la otra comunidad.

Fijémonos en primer lugar en el célebre demagogo nacionalista hindú, Sadhavi Rithambara:

> «Al hindú, que lleva tiempo sufriendo, hoy en día le llaman fanático religioso porque quiere construir un templo. Los musulmanes consiguieron su Pakistán, y hasta gozan de derechos especiales en una India mutilada. En su caso, de nada sirve la planificación familiar. Tienen sus propias escuelas religiosas. Y nosotros, ¿qué tenemos? Una India con los brazos cortados [una referencia al mapa de la India después de la Partición]. Una India donde se establecen restricciones para nuestros festivales, donde siempre se corre el riesgo de que ataquen nuestras procesiones, donde se nos prohíbe ex-

presar nuestras opiniones, donde se ridiculizan cruelmente nuestras creencias religiosas. En Cachemira, los hindúes eran una minoría y fueron expulsados del valle. Marcaban a las hijas hindúes en los muslos con barras de hierro al rojo vivo con eslóganes como "Larga vida a Pakistán". Intentad sentir la infelicidad y el dolor del hindú que se convirtió en un refugiado en su propio país. El hindú fue deshonrado en Cachemira porque estaba en minoría, y ahora hay una conspiración para que sea una minoría en todo el país. El estado nos dice a los hindúes que tengamos sólo dos o tres hijos. Pasado un tiempo, nos dirán que no tengamos ninguno, ¿pero qué ocurre con aquellos que tienen seis mujeres, 30 o 35 hijos y procrean como conejos? Os digo que cuando los hindúes de Cachemira se convirtieron en una minoría, vinieron a Jammu. De Jammu, se fueron a Delhi. Pero si vosotros hindúes os ponéis a recorrer toda la India, ¿dónde acabaréis? ¿Ahogados en el océano Índico o saltando desde la cumbre de los Himalayas?».[22]

La réplica del demagogo musulmán se basa en imágenes apocalípticas: «¡Despertad, oh, musulmanes indios, antes de desaparecer por completo! Ni siquiera vuestra historia será mencionada en otras historias».[23] En este punto, el demagogo puede servirse de los recuerdos de los anteriores disturbios hindú-musulmanes en todo el país, que casi siempre han surgido del miedo de una comunidad a ser exterminada o gravemente herida por la otra. En el caso de la demolición de la mezquita de Babri en 1992 se jugó con el miedo que tienen los musulmanes indios desde hace tiempo de verse arrasados por un anfitrión hindú preponderante y numeroso, una cadena de asociaciones que van desde el derrumbe de una mezquita abandonada a la desaparición del islam en la India. Los disturbios de 1969 en Ahmedabad estuvieron precedidos de un periodo de tensión cuando el RSS, la punta de lanza del nacionalismo hindú, inició una campaña exigiendo la "indianización" de los musulmanes, desencadenando al mismo tiempo toda una serie de asociaciones mentales.

Para los hindúes, la amenaza musulmana es una amenaza a la propia supervivencia de su patria; la India está en peligro, o bien por la identificación de los musulmanes con las causas panislámicas, o bien por la exigencia de una identidad cultural separada, que se expresa insistiendo en mantener la ley personal islámica o la exigencia de que el urdu tenga un mayor papel. En este caso, la amenaza a los hindúes viaja a través de una cadena asociativa donde las exigencias musulmanas se ven como precursoras del violento separatismo musulmán (como en Cachemira), la creación de otro Pakistán y, en última instancia, el temido restablecimiento del dominio medieval musulmán.

Como ocurre con las personas, en las que la ansiedad por la persecución se suele manifestar en amenazas a la integridad del cuerpo –sobre todo durante episodios psicóticos–, el discurso de los demagogos se vuelve rico en metáforas sobre el "cuerpo comunitario" en momentos de agresiones físicas. La imagen de un cuerpo hindú o musulmán amputado, violado, acuchillado, se sirve del poder de la fantasía inconsciente para amplificar la amenaza de la persecución, anclando profundamente en el imaginario popular –a través del poder del mito– el discurso dudosamente representativo de una disputa política.

Al anhelado sueño de Gandhi de la "unidad de corazón duradera" entre hindúes y musulmanes, la respuesta de Sadhavi Rithambara es:

«Preguntan qué les pasaría a los musulmanes en una India hindú. Les digo que los musulmanes no se verían deshonrados en un estado hindú ni serían recompensados por sus votos. No se abriría ningún paraguas en las calles de la India si llueve en Pakistán. Si hay guerra en el Golfo, no se gritarían en las calles indias eslóganes de "Larga vida a Saddam Hussein". Y en cuanto a la unidad con nuestros hermanos musulmanes, decimos: "Hermano, estamos dispuestos a comer *sevian** en vuestra casa para celebrar el *Eid*,** pero vosotros no queréis jugar con polvos de colores en *Holi*".*** Oímos vuestras llamadas a la oración a la vez que las campanas de nuestros templos, pero a vosotros os molestan nuestras campanas. ¿Cómo se puede dar la unidad? El hindú mira para este lado [cuando reza], el musulmán lo hace de derecha a izquierda. El hindú reza cuando sale el sol, el musulmán mira la puesta de sol para la oración. Si el hindú come con la mano derecha, el musulmán lo hace con la izquierda. Si el hindú llama a la India "Madre", esta se convierte en una bruja para el musulmán. El hindú rinde culto a la vaca, el musulmán alcanza el paraíso comiéndosela. El hindú se deja bigote, el musulmán siempre se afeita el labio superior. Haga lo que haga el hindú, la religión del musulmán hace lo contrario. Yo digo: "Si queréis hacer todo al contrario que los hindúes, el hindú come con la boca, ¡deberíais hacer lo contrario en esto también!"».[24]

Del mismo modo, el fundamentalista musulmán, en este caso Ubedullah Khan Azmi, también ve a los hindúes y musulma-

---

* *Sevian* es un pudín de fideos cocinados en leche dulce, con pistachos, almendras y pasas, que los musulmanes de la India y Pakistán suelen tomar para marcar el fin del Ramadán. (*N. de la T.*)

** El *Eid al-Fitr*, que significa 'banquete de caridad' es una festividad religiosa musulmana que marca el fin del Ramadán. (*N. de la T.*)

*** *Holi* es una festividad hindú que celebra el fin del invierno (en la última luna llena del mes lunar Phalguna) en la que los hindúes se arrojan polvos de colores y encienden hogueras. (*N. de la T.*)

nes en competición continua. En el siguiente extracto mostramos, por ejemplo, su visión sobre qué comunidad es más civilizada, más fuerte y por lo general mejor:

«Fueron los creyentes del Corán los que os enseñaron [a los hindúes] las virtudes de la vida, os enseñaron cómo comer y beber. Antes no teníais más que tomates y patatas. ¿Qué teníais? Os trajimos jazmín, os trajimos franchipán. Os dimos el Taj Mahal, os dimos el Fuerte Rojo. La India se convirtió en la India gracias a nosotros. Vivimos aquí durante 800 años e hicimos brillar a la India. En 35 años habéis atenuado su luz y arruinado el país. Ni siquiera un mendigo estaría agradecido si se convirtiera en emperador. Montadle un festín y no le gustará. Tiradle un trozo de pan en el polvo y recuperará el apetito. No nos obliguéis a hablar. No nos obliguéis a presentarnos ante vosotros como un enemigo. Dios, mira su ignorancia al creer que no tenemos palabras cuando, por pena, les concedimos el poder de la palabra».[25]

El intento de Azmi de diferenciar claramente entre hindúes y musulmanes, al sugerir que los musulmanes se consideran a sí mismos como los que vinieron a la India desde el extranjero hace 800 años (y de una estirpe racial superior), puede interpretarse como el resultado de un intensificado antagonismo entre dos comunidades en la víspera de un disturbio. En esta situación, el fundamentalista exhorta a los musulmanes a que eviten la contaminación de símbolos hindúes y a que luchen para mantener su identidad islámica intacta y pura.

«Debéis rezar con regularidad –continúa– y hacer ayuno incluso durante el caluroso verano. Dadle un cariz religioso a vuestra vida. Vivid de acuerdo al Corán y estaréis destinados a tener éxito. Hemos pasado bajo arcos de espadas. Hemos atravesado el campo de batalla de Karbala. Hemos cruzado los valles de España, a través de las colinas de Gibraltar, a través de las llanuras de la India. Podemos decir con orgullo que a pesar de los muchísimos suplicios que hemos sufrido, la nación musulmana no tiene parangón. Nadie ama tanto su religión como el musulmán ama el islam. Nuestra fe se refuerza con cada reto que afronta y nos hace más poderosos».[26]

Rumores y disturbios

El contenido de los rumores que empiezan a circular en las dos comunidades permite vaticinar la inmediatez del estallido de la violencia.[27] Analicemos con detenimiento algunos de los rumores que circulaban durante uno de los episodios más terribles de violencia comunal en la historia india más reciente, los disturbios de Gujarat de 2002.

El 27 de febrero de 2002, una multitud musulmana atacó supuestamente el tren *Sabarmati Express*, en la estación de tren de Godhra, una pequeña ciudad cerca de Ahmedabad en el estado de Gujarat.[28] En el tren viajaban activistas del VHP (el brazo religioso de un renaciente nacionalismo hindú), que volvían de Ayodhya, el lugar de nacimiento del dios Rama, donde el VHP pensaba construir un polémico templo –en el mismo enclave en el que se erigía la mezquita de Babri antes de que una turba de nacionalistas hindúes la hubiera derribado–.

En el asalto al tren, unos 60 hindúes, mayoritariamente hombres pero también algunas mujeres y niños, fueron quemados vivos cuando la multitud, según se cree, prendió fuego al vagón donde viajaban (no se ha llegado a esclarecer qué provocó el incendio). Dos días después del morboso incidente estallaron disturbios en muchas partes de Gujarat, especialmente en los distritos centrales del estado en el que se ubican Godhra y Ahmedabad. La violencia duró más de un mes y se cobró más de 1 000 vidas, la gran mayoría de musulmanes.

La ciudad de Ahmedabad, con una población de más de 5 millones y la capital comercial, cultural y política de Gujarat (Gandhinagar, la verdadera capital del estado, es prácticamente un suburbio de Ahmedabad), fue la más afectada por los disturbios. Ahmedabad tiene cierta tradición de violencia hindú-musulmana desde hace más de 30 años. De hecho, se siguieron registrando incidentes violentos aislados hasta seis meses después de que la gran ola de asesinatos, incendios provocados y saqueos hubiera remitido.

Un hindú al que se le entrevistó recordaba cómo percibía la gente los rumores: «Nos llegaban rumores cada día, por la noche o por el día, que nos atormentaban. La gente no podía dormir por la noche. Durante tres meses, estos rumores nos quitaron el sueño. Afectaban muchísimo a las mujeres y niños; las mujeres solían llorar tras escucharlos y no podían hacer las tareas domésticas. Los hombres se quedaban en los cruces, para encontrarse con gente que no era de la localidad y preguntarle por lo que estaba ocurriendo en otras zonas. Y luego se lo contaban a los demás».

A partir del potencial paranoico que todos llevamos dentro, los rumores son el pasto, en forma de conversación, del que se alimenta el "cuerpo comunitario" colectivo. Es indudable que los rumores son el combustible y los disturbios, el fuego en el que se fragua un sentimiento intensificado de comunidad. Los rumores, al prestar palabras e imágenes, a cual más horrible, a la amenaza inminente de violencia mortal contra el Yo o la comunidad, hacen surgir emociones complejas, no solo sentimientos de terror y peligro, sino también de euforia, pues trascienden los límites individuales y los sentimientos de cercanía y pertenencia a una entidad que supera al Yo.

Prácticamente la mitad de los rumores en Ahmedabad eran los mismos entre hindúes y musulmanes: «No compres nada en las panaderías; estará envenenado»; «La leche está envenenada. Han inyectado veneno en las bolsas de leche». Si pasamos por alto los avances tecnológicos –distribuir la leche en bolsas de plástico en lugar de que la entregue el repartidor; panaderías en lugar de tiendas de ultramarinos–, algunos de estos rumores parecen ser perennes, puesto que han ido circulando en la mayoría de los disturbios de las últimas seis décadas. Durante los disturbios en Rohtak tras la Partición, había rumores entre los hindúes de que los musulmanes habían sobornado a los lecheros para envenenar la leche.[29] Se decía que había cuatro niños que yacían inconscientes y dos perros que habían muerto (en Ahmedabad en 2002, era un gato) después de haber bebido leche envenenada; muchos aseguraban haber visto personalmente a los perros agonizando. Las mujeres se apresuraban a vaciar los baldes de leche, y decían que había manchas extrañas y pegajosas de algo blanco que cubrían los adoquines de las calles. Se comentaba que los musulmanes habían entrado por la fuerza en las tiendas de ultramarinos por la noche y habían mezclado cristal en polvo con la sal. Se había visto una furgoneta de policía recorrer la ciudad advirtiendo a la gente de que no comprara sal.

Podríamos calificar estos rumores perennes sobre comida envenenada –comida que mata en vez de alimentar– como rumores fundamentales, en el sentido de que atacan a lo que el psicoanalista Erik Erikson llamaba nuestro sentido de "confianza básica", que adquirimos en nuestras primeras experiencias con una madre empática y que nos permite experimentar el "adentro" y el "afuera" como elementos positivos e interrelacionados.[30] La leche envenenada hace que se desvanezca esa seguridad de la presencia maternal que lleva-mos dentro. Rompe el "contexto de seguridad" de la persona, dando rienda suelta a nuestro potencial paranoico y la inhe-rente ansiedad persecutoria.[31] Esta ansiedad persecutoria se ve reforzada por otro rumor común a ambos grupos, que in-funde una sensación de peligro a actividades, hasta entonces seguras, que se llevan a cabo en espacios públicos comunes, como viajar en tren y autobús.

La segunda categoría de rumores que podemos calificar de perennes tiene que ver con la violencia sexual. En nuestro caso en particular, esta categoría queda representada en am-bas comunidades por los rumores sobre la violación de las mujeres de la comunidad y, además, entre los hindúes, por la amenaza de castrar a los hombres: «No dejéis a las chicas salir de casa. Las raptan y hacen "cosas malas" con ellas»; «Están diciendo que van a castrar a todos los infieles para que perezca toda la raza».

En la medida en que un disturbio socava el control que ejercemos sobre nuestra vida mental, es como la matrona de fantasías desconocidas y complejas emociones perturbado-ras. La sobrecargada atmósfera de violencia que respira una persona en su día a día levanta la tapa del caldero de los impul-sos instintivos cuando la sensibilidad civilizada amenaza con desbordarse. Los rumores sobre la violencia sexual durante un disturbio, y la mezcla de horror y deleite con la que se na-rran, también liberan la excitación más vergonzosa, mostran-do el deseo instintivo de la forma más cruda. Además de ex-presar la atrocidad moral, los rumores de violación les sirven a los hombres de satisfacción indirecta –que desean pero que no quieren– de sus impulsos sádicos. Los hombres corrientes y molientes hablan largo y tendido sobre la violación y la des-honra en un lenguaje muy gráfico que de otro modo encontra-ríamos solo en contextos de pornografía psicopática extrema.

Además de los rumores que son comunes a las dos comunidades, hay otros que son propios de cada grupo y que traicionan los miedos distintivos que desde hace tiempo tiene cada comunidad, que salen a la superficie en el momento del enfrentamiento.

En el caso de los musulmanes, estos rumores tienen que ver con la amenaza que perciben a su identidad religiosa: «El islam está en peligro»; «Están destrozando nuestras mezquitas»; «Ahora intentarán convertirnos al hinduismo, estad atentos»; «Obligan a los musulmanes a decir el nombre de Rama y te matan si te niegas». Estos rumores surgen del miedo de una minoría religiosa a ahogarse en el mar de la mayoría. De ahí que, para protegerse de la posesión de espíritus malignos, de los cuales las divinidades hindúes menores –los *devis* y *devatas*– se consideran los más peligrosos, los musulmanes de todo el subcontinente se unen para ser piadosos y proclamar incesantemente su fe. Estas llamadas a los puestos de combate de la fe reflejan el principal miedo de los musulmanes indios de dejar de practicar la fe y verse absorbidos por la insidiosa sociedad hindú que los rodea.

Otros rumores, propios de la comunidad musulmana, aunque no se mencionen con tanta frecuencia, tienen que ver con el papel de la policía. «La policía está arrestando y llevándose a los musulmanes», o «La policía está pegando a todo musulmán que se encuentra por la calle», o «La policía se está llevando a musulmanes en camiones y tirándolos en zonas hindúes donde los están matando» son algunos de los rumores que reflejan el comportamiento sesgado de la policía, de mayoría hindú. De hecho, en muchos pueblos y ciudades del norte de la India como Meerut, los enfrentamientos entre la policía y los musulmanes han desembocado en estallidos de violencia.

El miedo específico de la comunidad hindú se resume en rumores del tipo «Los musulmanes reciben desde Pakistán

grandes cantidades de armas y munición» y «Se han infiltra-
do terroristas a través de la frontera de Kachchh y se han dis-
persado por Gujarat». La mención de "terroristas" hace de
estos rumores la versión contemporánea del rumor que so-
lía oírse durante los disturbios de Ahmedabad de 1969 de haber visto a agentes pakistaníes armados lanzarse en paracaí-
das durante la noche.

De esta forma, la minoría musulmana, al estar asociada a
la imagen de un enemigo armado y peligroso, se convierte en
una amenaza psicológica que no se justificaría como tal si nos
fijáramos en las cifras. Los rumores reflejan y reviven la profunda desconfianza que tiene el nacionalista hindú respecto a
la lealtad del musulmán al Estado indio y las dudas sobre el
patriotismo musulmán si la comunidad ha de elegir entre su
país de nacimiento y el de sus correligionarios al otro lado de
la frontera. Los rumores evocan imágenes de un gran ejército
musulmán en las fronteras del país, de maleantes musulmanes medievales como Mahmud, el sultán del reino de Ghazni,
uno de los invasores musulmanes más crueles y voraces, que
barría el norte de la India cada año como un monzón de fuego y era conocido por doquier como el azote de los hindúes.

¿Tienen los rumores durante los disturbios religiosos también un sesgo de género? Es decir, ¿son algunos más propios del discurso de una mujer que del de un hombre? No es
el caso para la mayoría de los rumores. Sin embargo, las mujeres, tanto hindúes como musulmanas, parecen mostrar una
preferencia por los rumores más apocalípticos. «Estallará la
guerra y la India será destruida», «Están diciendo: "Los hindúes han oscurecido el cielo [por los incendios], los musulmanes teñirán la tierra de rojo [con sangre hindú]"», «Bhagwan
ha nacido; ahora ni un solo musulmán sobrevivirá» son solo
tres ejemplos de este tipo de rumores que prefieren las mujeres hindúes. «Ocurrirá tal y como está escrito en el Corán: la

destrucción universal» es el equivalente en boca de las mujeres musulmanas. Es de esperar que las mujeres se inclinen por rumores relativos a la seguridad de sus hijos, en el sentido de que los rumores sobre el secuestro de niños por parte de la comunidad enemiga circulan más a menudo entre las mujeres que entre los hombres.

Así pues, los rumores son el motor de la violencia cuando las personas empiezan a sentirse indefensas y asustadas (pero también cuando se apodera de ellas un júbilo frenético), liberadas de las ataduras cognitivas tradicionales y, por tanto, dispuestas a olvidarse de las explicaciones sociales, económicas o políticas del conflicto comunal que anteriormente defendían. La fuerte ansiedad que acompaña el brote de violencia puede sacar a muchas personas del "conocimiento" y llevarlas al "desconocimiento", o lo que es lo mismo, de un "conocimiento" de la causa de su angustia a un estado en el que no saben qué les provoca ansiedad aunque sí saben que sienten angustia. Un antídoto para la ansiedad paralizadora es la ira, preferiblemente en una afirmación violenta que incite a la movilización física, una violencia considerada siempre por quienes la ejercen como una acción preventiva ante el inminente ataque del enemigo.[32]

Exacerbada por los rumores, avivada por los demagogos religiosos, la ansiedad persecutoria es una señal de la aniquilación inminente de la identidad del grupo y ha de combatirse con contundente reafirmación. Sin embargo, el hecho de actuar con muestras de la identidad hindú o musulmana amenaza a los miembros de la comunidad rival, que también movilizan su identidad religiosa para defenderse. La espiral de retórica religiosa de amenazas por parte de un bando provoca que el otro bando reaccione con contraamenazas, alimentando así más aún la ansiedad persecutoria, de tal forma que la mínima chispa puede provocar el estallido de la violencia.

El hecho de que lo que está en juego sean las identidades religiosas, y no otro tipo de identidad, lejos de mitigar la violencia del conflicto lo que hace es avivarla. La religión aporta al conflicto entre grupos una mayor intensidad emocional y una confianza motivadora más profunda que el idioma, la región y otras marcas de identidad étnica. Al menos, así ocurre en los países donde la religión está muy presente en la vida colectiva, como es el caso de la India. Al aludir a la historia sagrada en lugar de a la profana y utilizar metáforas y analogías que proceden de leyendas sagradas, la justificación religiosa del conflicto afecta a los valores fundamentales y despierta algunas de nuestras pasiones más violentas. Además, el ritmo del ritual religioso, ya sea en la oración, las procesiones u otras actividades de la congregación, es especialmente propicio para derribar las fronteras entre los miembros de un grupo y consecuentemente, en tiempos de tensión y amenaza, llevarles a unirse en turbas violentas.

En cuanto a la violencia real, la mayoría de la gente no participa de los saqueos, incendios provocados o matanzas. Estos actos suelen quedar reservados para los jóvenes y los veteranos de la violencia de la comunidad, aunque todo el mundo –hombres, mujeres, niños– echará una mano si una muchedumbre ataca su propia casa o barrio. Los *goondas,* expertos en violencia, llevan la voz cantante, no solo por su experiencia, sino también por el "subidón" moral que les provocan los disturbios, ya que mientras estos duran no se les menosprecia, sino que son considerados, por sí mismos y por la comunidad, como soldados protectores de la comunidad y la fe.

Respecto a los políticos, su implicación no se puede poner en duda, aunque a menudo se exagera la influencia que puedan tener en el rumbo que tomen los disturbios. Con un ojo puesto en las ventajas electorales que pueden acarrear, los

políticos ciertamente utilizan los disturbios e incluso puede
que intenten organizarlos de antemano, pero por lo general
suelen toparse con que las muchedumbres que los generan no
actúan según sus planes.

El marco moral de la violencia

La sustitución a gran escala de las identidades personales por
una identidad comunitaria en un disturbio no significa que
las personas retrocedan a un estado primitivo y amoral donde el lado violento de la naturaleza humana esté abocado a liberarse de forma aleatoria. Simplemente implica un reajuste, de tal forma que la persona actúa siguiendo las normas
del grupo comunitario hindú o musulmán. Por ejemplo, en
un disturbio, es el código moral de cada grupo –y no la falta de código– lo que rige de forma diferente las acciones de
los hindúes frente a las de los musulmanes. En ambos grupos, los incendios provocados, los saqueos y las matanzas de
hombres de la otra comunidad dejan de ser esas graves transgresiones que habrían sido en tiempos de paz. Aun así, tanto entre los hindúes como entre los musulmanes hay consenso a la hora de condenar la violación y la matanza de mujeres
de la otra comunidad. En Hyderabad, donde ha habido disturbios con frecuencia, las dos comunidades comparten los
mandamientos «No matarás a una mujer» y «No violarás»,
aunque la intensidad de la atrocidad varía entre comunidades y dentro de cada comunidad. Ambas consideran los disturbios como una batalla exclusivamente entre hombres para
defender el honor de sus "naciones". Las mujeres, por regla
general, no son combatientes en esta guerra.

En Hyderabad, la tradición de violencia entre comunidades religiosas, derramando sangre casi cada año, ha propicia-
do el establecimiento de ciertas normas que rechazan rotun-

damente el uso de la violación como vector del desprecio, la furia o el odio de una comunidad hacia la otra. Además, a diferencia de otros conflictos étnico-religiosos, como el de Bosnia, los hindúes y musulmanes todavía tienen que convivir después de los disturbios, e interactuar no tanto en el plano social, pero sí principalmente en el económico. La violación no permitiría que se produjeran estas interacciones y convertiría la animosidad hindú-musulmana en un odio implacable, erigiría barreras impermeables entre los grupos, separándolos en una enemistad donde no habría ningún puente de unión entre los dos bandos.

Esto no quiere decir que no haya episodios de violencia sexual, aunque se suelan exagerar. Parecen ser obligados anticipos de violencia, actos sin los cuales el cuento de la violencia entre las dos comunidades quedaría a medio contar y se convertiría en un relato incompleto.

En el plano emocional más neutral, los hindúes y musulmanes también comparten la desaprobación de actos que hieran los sentimientos religiosos de la otra comunidad. Se condenan, incluso en periodos en los que salen a relucir las identidades comunitarias, actos tales como tirar huesos de cerdo en una mezquita o de vaca en un templo hindú, incidentes arquetípicos que precipitan los disturbios –en el sentido de que hay expectativas no declaradas de que este incidente forme parte del principio del relato de un disturbio hindú-musulmán–. Esta desaprobación se suele formular en términos de empatía: «Sus sentimientos religiosos son como los nuestros y no nos gustaría que nos lo hicieran a nosotros». El hecho de que se dé esta empatía, incluso en momentos de cruenta violencia, evita una deshumanización total del "enemigo", es decir, que un hindú o musulmán considere al otro como un ser infrahumano.

El futuro del conflicto hindú-musulmán

En los últimos años ha aumentado notoriamente la consciencia de pertenencia a una u otra comunidad religiosa (hindú o musulmana).

Cada vez que se produce un episodio de violencia entre los grupos religiosos en la India o en otra parte del subcontinente, el alcance y la difusión de los medios de comunicación modernos garantizan que en poco tiempo un gran número de personas esté al tanto del incidente. Cada disturbio y sus secuelas reviven el tema de la identificación de una persona con su grupo religioso. De una forma u otra, lo sacan a la superficie de la consciencia de cada persona, de forma fugaz para unos, durante un periodo más largo para otros, pero el proceso casi siempre pasa por preguntarse a uno mismo qué supone la comunidad religiosa para el propio sentido de identidad. En distintos periodos de tiempo, las personas experimentan de forma consciente su identidad a través de su grupo religioso más que a través de grupos conformados por motivos de casta, idioma, región o profesión. Son muchos los factores que influyen en la duración de este periodo o incluso en si habrá un cambio permanente en la forma de vivir su identidad para quienes se cubrirían con la armadura de una identidad comunitaria agresiva. No hay que desmerecer el éxito que tienen las organizaciones políticas evangelistas y fundamentalistas en fomentar tal cambio.

Respecto al futuro, hay más de un escenario posible para la evolución de las relaciones hindú-musulmanas. El nacionalista hindú, que ve el conflicto como un producto de las tradiciones religioso-culturales de las dos comunidades, cree que la única forma de evitar la violencia a gran escala es un cambio en la visión musulmana del papel de la comunidad, las tradiciones y las instituciones, para que el musulmán pueda "adaptarse" a la cultura de la mayoría hindú. Pedirles a los musulmanes que se reconozcan en la versión nacionalista hindú de la historia india, esperar que sientan que su cultura se reafirma, en los símbolos, rituales y celebraciones hindúes, es pedirles que renuncien a su identidad religioso-cultural y que borren su memoria colectiva para mimetizarse con sus vecinos hindúes. Este ha sido el mayor miedo de un musulmán indio –verse absorbido por la cultura hindú de su entorno– que han expresado hasta los sufíes medievales, normalmente considerados más afines a la tradición hindú y modélicos en la "tradición heterogénea, sincrética". Se teme una asimilación así precisamente porque es tentadora, al albergar la esperanza de una liberación del miedo a la violencia y una participación activa y plena de la cultura mayoritaria. El dilema del nacionalista hindú es que los musulmanes sigan rechazando una oferta que según ellos no se puede rechazar. Por tanto, el nacionalista cree que el pueblo musulmán es demasiado grande, tanto para ser absorbido como para ser expulsado.

El secularista, quien considera que el conflicto radica en factores socio-económicos, es más optimista respecto al futuro de las relaciones hindú-musulmanas. Cree que a largo plazo el desarrollo económico de la India alterará las condiciones socio-estructurales y, por tanto, relegará el conflicto, como expresa el tópico, al "olvido de la historia" a medida que se desvanezcan las identidades religiosas y su papel sea cada vez menor en la vida privada, pero especialmente en la pública. Sin embargo, es necesario que adoptemos una postura escéptica ante la creencia de que las estructuras políticas y económicas desempeñan un papel fundamental en la conformación de la consciencia. Las tradiciones culturales –incluidas las creencias sobre el "Otro" demonizado– se transmiten a través de la familia y evolucionan por un camino distinto del de los sistemas políticos y económicos de una sociedad. Lo que nos gustaría creer (o lo que más bien esperamos) es que nos movemos hacia una época en la que se reconocen las diferencias hindú-musulmanas, en lugar de empeñarse en encontrar puntos comunes ilusorios, que avanzamos hacia una sociedad multicultural más que hacia una cultura "heterogénea". Este multiculturalismo, lejos de ser dañino y peligroso, es necesario, puesto que permite que distintos grupos religiosos se enfrenten al proceso de modernización de forma activa en lugar de refugiarse en el lamento por las desigualdades de la modernización o soportarla como víctimas pasivas. Es posible que tengamos que renunciar al sueño de Gandhi de una "unidad de corazón duradera" y contentarnos con la creación de una esfera pública común, al tiempo que en privado miremos a la otra comunidad con "benigna indiferencia". Inevitablemente se producirán episodios de violencia en el camino. A largo plazo, solo se puede esperar que no haya cabida para el odio religioso y que se rechace de forma generalizada la violencia al servicio de la fe. A corto plazo, no hay más alternativa que lo que el politólogo Donald Horowitz señalaba como la clave para evitar los disturbios étnicos por todo el mundo: el despliegue efectivo de una fuerza estatal, especialmente en el periodo de tregua, es decir, las 12 a 24 horas que transcurren entre el primer incidente y el principal estallido de violencia.[33] Donde la voluntad política necesaria es débil o inexistente, como parece haber sido el caso de Gujarat en 2002, los horrores de la violencia en masa pronto superan cualquier intento bienintencionado de contener los disturbios.

LA MENTE INDIA

En este libro hemos intentado describir las manifestaciones del espíritu de la India en diversos aspectos de la vida y pensamiento indios. Con "el espíritu de la India" no nos referimos a algo inalcanzable o etéreo, sino que hablamos de esquemas mentales comunes a una cultura, una cierta indianidad que se refleja en la forma que tienen los habitantes del subcontinente de abordar el día a día y las eternas preguntas existenciales. ¿Cuáles son las piezas que conforman el rompecabezas de la indianidad que hemos montado en los capítulos anteriores? Empecemos con la visión india (una vez más, principalmente hindú) del mundo.

La visión hindú del mundo

Cada civilización tiene una forma única de concebir el mundo. Esta visión del mundo, el centro de gravedad de la civilización, es un crisol de ideas que define el fin de la existencia humana, los medios para conseguir ese fin, los errores que se han de evitar y los obstáculos que se pueden encontrar por el camino. La visión del mundo interpreta las principales vivencias del ser humano y da respuesta a las eternas preguntas sobre lo que es bueno o malo, lo que es real o irreal, lo que es la naturaleza esencial de los hombres y mujeres y el mundo en el que viven, y cuál es la conexión del ser humano con la naturaleza, con otros seres humanos y con el cosmos.

Por ejemplo, si nos fijamos en China (y en las sociedades chinas en todo el mundo), podemos definir los siguientes elementos de la visión confuciana del mundo predominante en estas regiones: no hay otro mundo más que aquel en el que vivimos. El significado último de la vida está inmerso en la vivencia práctica cotidiana y es inseparable de esta. El significado de la vida se descubre a través del desarrollo personal en la comunidad y con el apoyo que se recibe de la familia, el clan, el colegio o en el lugar de trabajo. Lo que mantiene a la sociedad unida no es el derecho, sino lo que los chinos llaman *li*, una forma civilizada de conducta. Una de las principales características de la visión china del mundo es el sentido del deber por encima de la reclamación de derechos.

Del mismo modo, en la India, hay elementos concretos e identificables de la preponderante visión hindú del mundo. Lo que aquí nos ocupa no son tanto las doctrinas filosóficas, relevantes solo para las élites religiosas e intelectuales, sino las creencias y actitudes (muchas de ellas inconscientes) que se reflejan en las vidas, canciones y cuentos de un gran número de indios. Estas creencias se recogen en mitos y leyendas, proverbios y metáforas, aparecen representadas en rituales religiosos, se transmiten en los cuentos para niños, adquieren un cariz moderno en las películas de Bollywood y las series de televisión, y se perciben en las advertencias de los padres a sus hijos o en cómo ven su futuro. La visión del mundo de la que hablamos se adquiere, por tanto, desde los primeros años de vida, y no a través del cerebro, sino del corazón.

Tres elementos interrelacionados conforman gran parte de la visión hindú del mundo: *moksha, dharma* y *karma*. Las razones por las que nos interesan estos tres conceptos no son filosóficas, textuales o históricas, sino psicológicas. En lo que nos gustaría centrarnos es en cómo esta antigua trini-

dad ha contribuido a conformar la mente india y sus rever-
beraciones en los pensamientos y acciones de los indios de
hoy en día.[1]

El moksha, el propósito de la vida

El *moksha*, que puede significar realización personal, tras-
cendencia, salvación, liberación de este mundo, ha sido tradicionalmente considerado por los hindúes como el propósito
de la vida del ser humano. La idea de *moksha* está íntimamente relacionada con la convicción india de que existe otro
nivel "más elevado" de realidad más allá de la realidad empírica, verificable y común de nuestro mundo, nuestros cuerpos y nuestras emociones. Un valor fundamental común a la
mayoría de las escuelas del hinduismo (y a los sufíes en el islam) es la creencia en la existencia de una realidad "última"
(relacionada con la realidad cotidiana del mismo modo que
la consciencia despierta lo está con el sueño), y es una verdad
incontestable en la cultura india, es el común denominador
de las innumerables enseñanzas de los gurús de esta cultura. Se considera que el propósito más elevado y el significado de la vida humana es entender esta realidad "última", que
se dice está por encima del pensamiento conceptual y, de hecho, de la mente. El pensamiento intelectual, el naturalismo
y otras pasiones de la mente que intentan captar la naturaleza empírica de nuestro mundo gozan, por tanto, de un estatus muy bajo en esta cultura, en comparación con las prácticas de meditación o incluso el arte, puesto que se supone que
las experiencias estéticas y espirituales están íntimamente li-
gadas. En el sistema de creencias de la cultura, el poder esté-
tico de la música y del verso, de un cuento bien narrado y de
una obra bien representada los hace más –en lugar de menos–
reales que la vida misma.

Este énfasis en lo espiritual que subyace a las prácticas de diversas escuelas de "realización personal", como las de Yoga, da un toque de color al tono emocional con el que un indio concibe la vida. Para la mayoría de los indios, la vida es una combinación de tragedia y comedia. Es trágica en la medida en que los indios ven la experiencia humana llena de ambigüedades e incertidumbres, en las que el ser humano no tiene más elección que soportar la carga de preguntas que no tienen respuesta, conflictos ineludibles e incomprensibles jugarretas del destino. Sin embargo, por encima de la tragedia, la visión india del *moksha* plantea una búsqueda romántica: el nuevo viaje es una búsqueda y el buscador, si supera las trabas del camino, recibirá por recompensa una exaltación más allá de la mundana experiencia del ser humano.

La creencia en la existencia de una "realidad última", esta nostalgia del alma india, denota que la mayoría de los indios tienen un "sentimiento más elevado", que se da por igual en todas las clases y castas, salvando la distancia entre los hombres del campo y los de la ciudad, entre las personas sin estudios y con estudios, entre los ricos y los pobres. Pocas veces veremos a un indio teniendo una visión irónica de la vida, que implica una perspectiva distante y excesivamente humilde sobre lo trágico y en la que los dioses tienen pies de barro. Incluso si los que viven en modernos enclaves occidentales se muestran irónicos con lo espiritual, no es más que una afectación que tienen algunos jóvenes y que van superando a medida que crecen.

Si la espiritualidad ha sido central en la imagen que los indios tienen del mundo, sería razonable esperar que siga condicionando la mente india, poniendo una inconfundible nota de color a las respuestas intelectuales, artísticas y emocionales. En otras palabras, esta creencia tiene diversos impactos culturales. Uno de ellos es no perder nunca la esperanza, ni siquiera en las circunstancias más funestas de la vida. Durante siglos, la civilización india ha transmitido al niño la convicción casi somática de que hay un orden –aunque esté encubierto y sea desconocido– que rige nuestro mundo visible, que hay un diseño en el que confiar a pesar de los pesares, crueldades e injusticias de la vida. La mente india, por tanto, tiende a convertir incluso el más ligero rayo de esperanza en un resplandor de luz. Pongamos el caso de un hombre de un pueblo en Rajasthan que vive en un barrio de chabolas de Delhi. Trabaja dejándose la piel 14 horas al día en la construcción, vive con otros seis familiares en una vivienda alquilada de una sola habitación y se alimenta, si es que puede, de comida rancia en un plato con el esmalte ya desportillado. Y aun así rechaza, con gran asombro, la idea de que pueda tener una vida mejor en su pueblo. La ciudad, con las posibilidades que ofrece –por ejemplo, la escolarización de sus hijos–, le ha dado una pizca de esperanza. Es probable que el cínico considere que estas aspiraciones de una vida mejor no son nada realistas, y lo vea como alguien que se agarra a un clavo ardiendo, que no ha aprendido que hay algo que se llama esperar demasiado o esperar en vano. No obstante, lo que mantiene a este hombre –y a otros tantos millones– alegre y expectante, incluso en las condiciones económicas, sociales y políticas más adversas, es precisamente esta esperanza, que es una sensación de poder hacerse dueño de su propio destino, por muy lejos que quede. Otra consecuencia de la orientación espiritual (la firme creencia en una realidad "superior") es la fascinación y el respeto del indio medio por el ocultismo y los que lo practican. Tienen en alta estima a astrólogos, adivinos, clarividentes, faquires y chamanes varios –que abundan en la sociedad india–, puesto que se cree que tienen cierto contacto con la realidad última. En la India, son los "dioses-hombres", los gurús, más que los líderes polí-

ticos, sociales o intelectuales, los que encarnan la omniscien-
cia y la perfección que en la niñez buscamos en las figuras
paternas. Puede que se respete a los estudiosos o científicos,
pero se venera solo a los "hombres sagrados", los hombres de
dios. Su supuesto contacto con otra realidad les confiere poderes sobrenaturales, un estatus sobrehumano y una excelen-
cia moral por encima de la media.

Desde un punto de vista psicológico, quizá la consecuencia más importante de la orientación espiritual hindú –la tan
extendida creencia en la realidad última, la divinidad inma-
nente en cada ser humano– es el sentimiento de autoestima
que emana de una convicción preconsciente de la trascenden-
cia metafísica de uno mismo. Por muy menospreciada o irrelevante a nivel económico que se sienta una persona en su
vida diaria, la sensación de ser una pieza clave en el universo y no quedar relegada al último rincón del mundo, de estar conectada al mismo nivel que el resto de las personas al
Urgrund de la existencia humana, alimenta discretamente la
autoestima de la persona y se erige como el bastión contra
la desesperación y la rabia por las desigualdades de la vida.

El dharma, *lo correcto y lo incorrecto*

Si el *moksha* es el propósito de la vida, entonces el *dharma*
–que se puede traducir como ley, obligación moral, acción
correcta, conformidad con la verdad de las cosas– es el medio por el que el ser humano persigue el propósito deseado.
Hoy en día, son muchas las quejas por la falta de *dharma* en
las instituciones sociales y a nivel individual en cada persona. Los indios tradicionales y modernos están de acuerdo en que no queda prácticamente ninguna institución en
la que las personas que ocupan puestos de poder no se hayan desviado del *dharma*. Mientras que los indios modernos

también apuntarían al revuelo social que está provocando la llegada de los modernos ideales de igualdad, los tradicionalistas consideran que es la desaparición del *dharma* lo que ha provocado el conflicto social, la opresión y el malestar sociales que caracterizan a la sociedad india contemporánea. En cuanto al *dharma* a nivel individual, también en este caso la queja más común es que las cosas ya no son lo que eran. Hubo un tiempo, aquellos utópicos años, en el que se sabía que lo importante no era lo que una persona hacía en favor de su desarrollo espiritual, sino si actuaba de conformidad con su *dharma*. La actividad en sí misma (ya sea la de un zapatero o un sacerdote, un ama de casa o un granjero, un trabajador social que ayuda a los demás y alivia la miseria, o un asceta aparentemente indiferente al sufrimiento que lo rodea) se consideraba igualmente buena y correcta si iba acorde con el *dharma*. Puesto que los indios tradicionales suelen contar una historia cuando quieren demostrar algo o transmitir cómo es o debería ser el mundo, sirviéndose de la narrativa como forma de pensar y como una indagación sobre la naturaleza de la realidad, bien podrían narrar un cuento como el siguiente:

> «Había una vez un rey que paseaba a orillas del Ganges con su séquito de ministros. Era la estación del monzón y el río estaba crecido, con las arremolinadas aguas apresurándose hacia el mar. Al rey le sobrecogieron el gran cauce y la fuerte corriente del río crecido. De repente, al darse cuenta de lo insignificante que era, les preguntó a sus ministros: "¿No hay nadie en el mundo que pueda invertir la corriente de este río de tal forma que fluya desde el mar hacia las montañas?". Los ministros, meneando la cabeza, sonrieron ante la ingenuidad del rey. Pero una prostituta que oyó por casualidad su pregunta dio un paso adelante y se dirigió al río de la

siguiente forma: "Oh, madre Ganges, si yo me he esforzado para cumplir mi *dharma* como puta entregando mi cuerpo a todos los que se me acercan, sin hacer distinción entre ricos y pobres, feos y guapos, viejos y jóvenes, ¡entonces invierte tu corriente!". Las aguas se pararon por un momento, como de forma deliberada, y después el río empezó a fluir a contracorriente».

Hoy en día, proseguirían los conservadores, los ideales de la modernidad occidental con sus nociones sobre la igualdad y la elección individual, que subrayan la importancia de las recompensas materiales frente al espíritu de la actividad del ser humano, y ponen el acento en las aspiraciones del ser humano en lugar de en sus limitaciones, han llevado a la envidia social generalizada, la avaricia y el egoísmo desenfrenados en la sociedad india. La mayoría estarían de acuerdo, no sin dolor, en que de los principales elementos de la visión hindú tradicional del mundo, el *dharma* es el que más peligro corre y quizá esté ya desmoronándose por el impacto de la modernidad. Es, por tanto, un aspecto del *dharma* que sigue siendo de vital importancia para entender la mente india, y no solo la de los hindúes ortodoxos, ya que incluso si se rechazan muchos valores tradicionales asociados con el *dharma*, este sigue siendo fundamental en la conformación de la sensibilidad ética india.

La característica principal de esta sensibilidad, que la diferencia de la islámica o la judeo-cristiana, es un marcado relativismo ético que ya está afianzado en el pensamiento hindú. ¿Cómo sabe una persona cuál es la acción correcta, que está actuando según la ley moral y «de conformidad con la verdad de las cosas»? La respuesta tradicional ha sido que no puede puesto que la acción correcta depende de la cultura de su país (*desa*), la época histórica en la que vive (*kala*), los esfuerzos que se le exigen en esta etapa de su vida (*srama*) y, por último, el carácter innato (*guna*) que ha heredado de una vida anterior. Una persona nunca puede conocer plenamente cómo se entrelazan todos estos factores, ni siquiera influir en ellos. Tampoco hay un libro, o intérpretes autorizados como la Iglesia, que puedan ayudarle a resolver sus dudas sobre cómo debe actuar la persona en todas las situaciones imaginables. Los conceptos de "correcto" e "incorrecto" son, por tanto, relativos; en función del contexto, cada acción puede ser correcta o incorrecta.

Al rebajar la carga de responsabilidad que una persona tiene sobre sus acciones, la visión cultural de la acción correcta alivia la culpa que experimentan en algunas sociedades los que transgreden los estrictos axiomas del "se debe" o "no se debe". Por el contrario, las acciones de un indio se rigen por una filosofía más permisiva y relajada, pero al mismo tiempo más ambigua, que se traduce en "se puede intentar". Por un lado, esta incertidumbre básica es lo que hace posible tomar decisiones poco convencionales y arriesgadas; por otro lado, tales decisiones están ensombrecidas por una duda constante sobre la conveniencia de la iniciativa de la persona, de tal forma que las acciones voluntarias e independientes no son comunes entre las personas que buscan seguridad psicológica actuando como lo hicieron sus ancestros y como lo hace hoy en día su grupo social (principalmente su casta). El relativismo del *dharma* respalda la tradición y la modernidad, la innovación y el conformismo.

El difunto poeta y estudioso A.K. Ramanujan amplió el relativismo ético del *dharma* al incluir la forma en la que los indios piensan en la mayoría de las situaciones. En un inspirador ensayo,[2] Ramanujan empieza su planteamiento con una encuesta que se hizo hace unos 30 años a intelectuales indios en la que se les pedía que describieran el "carácter indio".

Como se puede imaginar, teniendo en cuenta el talento indio para la autocrítica, los intelectuales escribieron comentarios bastante mordaces. Todos parecían coincidir en una cosa: los indios son hipócritas. Los indios no piensan lo que dicen, y dicen cosas distintas en cada momento. Muchos viajeros occidentales en los últimos siglos se han quejado de ello y, de hecho, el indólogo Max Mueller, en sus famosas conferencias de 1883 sobre la India, se vio obligado a responder ante estas acusaciones y escribió un capítulo titulado «La sinceridad de los indios».[3]

Todavía hoy las contradicciones de los indios resultan desconcertantes: ¿cómo puede un afamado astrónomo, que trabaja en un conocido instituto de ciencias fundamentales, ser al mismo tiempo un astrólogo en activo? ¿Cómo es posible que el ejecutivo de una multinacional, que ha estudiado en Occidente, consulte los horóscopos y a los hombres sagrados para tomar decisiones familiares? ¿Por qué un ministro con estudios en Oxford pospone una reunión importante porque la hora no es auspiciosa desde el punto de vista astrológico?

Sin embargo, estas incoherencias que hemos señalado, afirma Ramanujan, no tienen nada que ver con el nivel educativo o el rigor lógico de una persona. Se entiende mejor si reconocemos que las culturas pueden optar por normas que dependen o no del contexto, y los indios se rigen por las que sí dependen. Profundicemos en esta cuestión.

En la cultura india no existe el concepto de una naturaleza universal del ser humano, y por tanto no se pueden deducir reglas éticas como «El hombre no debe matar», o «El hombre no debe mentir», o ninguna otra ley única para todos los seres humanos. Lo que debería o no hacer una persona depende del contexto. De ahí que Manú, el antiguo legislador indio, dijera lo siguiente: «Un Chatrya [un hombre que pertenece a la casta de los guerreros], por haber injuriado a un Bracmán, merece una multa de cien panas;* un Vaisya [alguien que pertenece a la casta de agricultores y comerciantes], una multa de ciento cincuenta o doscientos; un Sudra [un hombre que pertenece a la casta de sirvientes], una pena corporal».[4] Ni siquiera decir la verdad es un imperativo incondicional. Veamos una cita de otro libro de Derecho: «Una mentira dicha por personas que están bajo la influencia de la ira, la alegría excesiva, el miedo, el dolor o la pena, por los niños, por las personas mayores, por las personas que trabajan bajo un engaño o la influencia del alcohol no hace que el que la dice tropiece [es decir, no es pecado]».[5]

El mandamiento cristiano que prohíbe desear a la «mujer del prójimo» aparece también en los libros de Derecho hindú que proclaman que «en este mundo no hay nada tan perjudicial para una larga vida que una conversación delictiva con la mujer de otro hombre». De hecho, los hindúes son aún más estrictos al definir el adulterio: hablar a una mujer sola en el bosque, «o en la confluencia de dos ríos», ofrecerle regalos, tocar sus adornos y vestimenta o sentarse con ella en una cama son todos ellos actos adúlteros. La naturaleza del castigo depende, por supuesto, de las respectivas castas de la pareja adúltera, pero también hay excepciones, como la que consiente el adulterio con «las mujeres de los bailarines y de los cantores».[6] Aunque contiene un capítulo con el título «Las mujeres de otros hombres», el *Kamasutra* tampoco consiente el adulterio. Pero una vez más hay excepciones, como por ejemplo, que la pasión no correspondida le haga enfermar, y una vez enumeradas tales excepciones Vatsyayana pasa a resumir las distintas formas de seducir a las mujeres de otros

---

* *Pana* era una moneda perforada que se empezó a utilizar en la llanura indogangética a partir del siglo VI a. de. C. (*N. de la T.*)

hombres.[7] Su postura parece ser del tipo «no debería hacerlo, pero si tiene que hacerlo, estas son las formas de proce-
der. Pero por supuesto, ante todo no debería haberlo hecho».
Las virtudes, al igual que las transgresiones, también dependen del contexto. La valentía puede ser una virtud para el
kshatriya, el guerrero, pero ciertamente no lo será para el *ba-
niya*, el mercader. Ramanujan comenta que para la tradición
cristiana occidental, que se basa en la premisa de la universa-
lización (la regla de oro del Nuevo Testamento), esa visión de
que cada clase de ser humano tiene sus propias leyes, su propia ética, que no se puede universalizar, ha de ser desconcer-
tante y, en última instancia, suponer una ofensa.

La importancia que se le concede al contexto no es una
característica exclusiva de la ley moral tradicional, sino que
se extiende a otras muchas áreas de la vida y pensamiento indios de hoy en día. El psicólogo cultural Richard Shweder,
que ha comparado frases descriptivas que utilizan los oriyas*
de la India oriental con los habitantes del medio oeste de los
Estados Unidos, muestra que los dos describen a las personas
de forma muy diferente.[8] Los americanos utilizan palabras
abstractas y genéricas como «buena», «agradable», mientras
que los oriyas recurren a descripciones más concretas y re-
feridas al contexto como «me ayuda», «trae caramelos», etcétera. Las descripciones de los indios eran más específicas
según la situación y más relacionales que las de los americanos. En general, se centran en el comportamiento, describen
lo que se hizo, dónde se hizo y a quién o con quién se hizo.
Los entrevistados indios decían: «No tiene tierra que cultivar, pero le gusta cultivar la tierra de otros», o «Cuando surge
una pelea, no puede resistir la tentación de decir algo», o «Se

* Los oriyas son una etnia del este de la India y de raza indio-aria. De mayoría hindú, tiene amplia tradición de rendir culto al sol. (*N. de la T.*)

comporta de forma adecuada con los invitados, pero lamenta que supongan un gasto». Lo importante es el comportamiento en sí y no tanto el atributo interno que supuestamente subyace a este. Es propio de todos los indios, independientemente de su clase social, nivel de educación o alfabetización, adornar sus descripciones con un contexto. Parece, por tanto, que esta forma de describir que tienen los indios no se debe a que no tengan la habilidad de abstraer ejemplos concretos para elaborar una proposición general, sino que es más bien fruto de que consideran que las deducciones universales sobre las personas no tienen significado ni ofrecen información.

Si la verdad es relativa, algo que uno no está destinado a saber, entonces no hay más opción que ser tolerante con la verdad de los demás. La historia de los seis hombres ciegos que discutían sobre la naturaleza de un elefante, basándose en las distintas partes del animal que cada uno había explorado con sus manos, es un cuento con moraleja que solo podría ser de inspiración hindú. Por tanto, el origen de la tan pregonada tolerancia hindú se encuentra en esa forma de pensar dependiente del contexto. Aun así, debido a la íntima conexión con la fe religiosa, para los valores más profundos de una persona, este legado de la civilización que marca que la acción ética no se puede separar del contexto no es igual en todas las comunidades religiosas.

Se percibe claramente si nos fijamos en los juicios morales de los hindúes y los musulmanes sobre las interacciones con el otro, tanto en tiempos de paz como de conflicto.[9] Son muchas las muestras de interacción en un periodo de normalidad: comer con un miembro de la comunidad rival, trabajar con él, castigar a un miembro de la otra comunidad que se ríe de los símbolos religiosos o insulta a una mujer de la otra comunidad. Y luego están las que se producen durante los disturbios: matanzas, incendios provocados y violaciones. En comparación con los musulmanes, los hindúes eran mucho más relativistas y tenían más en cuenta el contexto a la hora de tildar de transgresión un comportamiento determinado y más flexibles al proponer un castigo para acciones que se consideraron incorrectas. Independientemente de la edad y el sexo, la respuesta casi refleja era: «Todo depende». Cuando se trataba de la interacción con musulmanes, las respuestas casi siempre estaban enmarcadas en un contexto temporal o espacial. La relación entre la moralidad y el tiempo se expresaría de la siguiente manera: «[Matar] era incorrecto en otros tiempos, pero ahora no lo es». De esta forma, la persona puede afirmar con total convencimiento que una acción es incorrecta en momentos adecuados y correcta en momentos inadecuados. El espacio también es un elemento de los juicios morales. Los hindúes solían decir que acciones tales como pegar a un musulmán o incendiar o saquear las tiendas de los musulmanes eran incorrectas si se producían en un barrio de mayoría hindú. Como resultado de esta postura dependiente del contexto, las acciones incorrectas que cometían los miembros de la propia comunidad evocaban menos emoción y rectitud que las mismas acciones perpetradas por los musulmanes. En la misma situación, los musulmanes eran mucho más firmes e inequívocos respecto a qué acciones eran correctas y cuáles eran incorrectas, incluso durante los disturbios.

El relativismo moral de la mente hindú no consiste en una falta de código moral, sino que simplemente es una forma más dependiente del contexto de considerar y tratar la infracción de tal código. En muchos sentidos, los hindúes son extremadamente estrictos a la hora de tipificar qué representa una desviación de la moralidad. Pongamos por caso una historia popular del *Mahabharata*, la epopeya cuya obra central narra la gran guerra entre las fuerzas del bien y el mal, representadas por los Pandavas y los Kauravas, respectivamente. (Por supuesto, teniendo en cuenta la inclinación hindú por la relatividad, el bien y el mal no son polos opuestos: Yuddhishtira, el más virtuoso de los hermanos Pandava, que nunca había mentido en su vida, era un jugador compulsivo; el poderoso Bhima no podía controlar su temperamento; otro de los hermanos miraba lascivamente a las mujeres.) Llegado cierto punto en la guerra, las flechas de Drona estaban diezmando el ejército Pandava. Drona, gran arquero e instructor de los príncipes Pandava y Kaurava, era uno de los dioses-hombres que luchaban del lado del mal en esta guerra, por su *dharma*, su obligación moral. Los hermanos Pandava acudieron rápidamente a Krishna, quien accedió a darles consejo, y le preguntaron cómo podían evitar que Drona los destruyera.

–Solo hay una forma –dijo Krishna–. Drona quiere a su hijo Ashwathama más que a su propia vida. Si oye que Ashwathama ya no está, depondrá el arco y morirá.

–Pero ¿por qué debería creernos? –preguntaron los Pandavas.

–Al único al que cree es a Yuddhishtira, pues todo el mundo sabe que Yuddhishtira nunca miente –sugirió Krishna.

Pero Yuddhishtira se negó.

–No puedo mentir, aunque eso suponga que perdamos esta guerra.

Los príncipes Pandava le pidieron consejo de nuevo a Krishna.

–Bueno –dijo Krishna– tenéis en vuestro ejército un elefante que tiene el mismo nombre que el hijo de Drona. Si matáis al elefante, entonces Yuddhishtira solo tiene que decir «Ashwathama está muerto» y no será una mentira.

Yuddhishtira, sin embargo, siendo perseverante sostenía que estaría describiendo un hecho, pero no la verdad.

Después de intentar persuadirlo y advertirle de que el mal triunfaría en la Tierra si no ayudaba, Yuddhishtira accedió a gritar a las líneas del enemigo «Ashwathama está muerto» y después añadir en un tono normal «pero el elefante».

Se mató al elefante, como estaba previsto. Yuddhishtira anunció a gritos la noticia de la muerte de Ashwathama; cuando tocaba decir «pero el elefante», los Pandavas empezaron a tocar los tambores de guerra para que Drona oyera solo la primera parte de la frase. Los arqueros de la primera fila bajaron sus arcos y murieron de pena.

Muchos años después de que la gran guerra hubiera acabado y todos los protagonistas estuvieran muertos, sus almas iniciaron el viaje al otro mundo, cayendo uno por uno en el largo camino al cielo. Tan solo Yuddhishtira y su perro pudieron ascender directamente a las puertas del cielo, pues hasta Krishna tuvo que pasar un tiempo en el mundo de las tinieblas por su participación en el engaño que llevó a Drona a la muerte. A las puertas del cielo le dijeron a Yuddhishtira que tenía que pasar un día en el infierno antes de poder entrar.

–Pero ¿por qué? –protestó el virtuoso Yuddhishtira–. Nunca he dicho una mentira en mi vida.

–Quizá –le respondieron–, pero en una ocasión no dijiste la verdad lo suficientemente alto.

Es digno de mención que el virtuoso Yuddhishtira tuvo que expiar un lapsus prácticamente inexistente porque su contexto era el de la integridad, el del «hombre que nunca miente», mientras que Krishna, el Señor del Universo y consecuentemente del plano moral, se libró del castigo y apenas se llevó un tirón de orejas (teniendo en cuenta su participación en la mentira), pues su contexto aquí no era el de dios sino el de asesor político-estratégico para el que el engaño es de rigor.

El **karma** *y el renacimiento según la mente india*

La tercera idea esencial de la visión hindú del mundo es el *karma*. Un aldeano expresa de la siguiente forma cómo se concibe habitualmente el *karma*: «Aun en el momento de su muerte, un hombre debe desear realizar buenas acciones y debe desear renacer en un lugar donde pueda realizar buenas acciones de nuevo. Entonces alcanzará la iluminación y llegará a conocer sus vidas anteriores. Después de muchas vidas, el hombre alcanza *mukti* [otra palabra para *moksha*]. Si alguien hace malas acciones, su forma cambia y cae más abajo hasta convertirse en *jar* [objeto inanimado]».[10] Es probable que otros hindúes, cuando se les pregunte qué entienden por *karma*, expresen ideas similares –a saber, los ciclos del nacimiento y la muerte en la que el alma individual avanza (o retrocede) por distintos niveles de existencia; y cómo el *karma* del alma de la persona puede controlar este movimiento, el equilibrio entre las acciones "correctas" e "incorrectas" que acompaña a la persona de un nacimiento a otro–.

Desde un punto de vista psicológico, lo que más nos interesa en la teoría del *karma* es esa idea de tendencias innatas (*samskaras*), una herencia de la vida anterior con la que se cree que el recién nacido llega al mundo y que limita en cierto modo la socialización del niño. En otras palabras, los indios no consideran la naturaleza del niño como *tabula rasa*, totalmente maleable y que puede, por tanto, ser moldeada en la forma que los padres quieran. Con la creencia cultural en la noción de los *samskaras*, hay poca presión social para fomentar la creencia de que si los cuidadores fueran lo suficientemente buenos y estuvieran siempre pendientes, el niño desarrollaría todo su potencial. Al poner énfasis en los límites interiores del ser humano, no existe esa sensación de urgencia, ni esa lucha contra el mundo exterior que a veces parece impulsar las vidas occidentales. Para ilustrarlo, contaremos otra historia.

En la ribera del Ganges vivía una vez un santo llamado Yajnavalkya con su esposa. Un día, mientras meditaba, sintió que algo pequeño y suave le caía en las manos. Abrió los ojos y vio que era una ratoncita que debía de haberse caído de las garras de un águila que le sobrevolaba. Al hombre sagrado le dio pena la ratoncita y, sirviéndose de sus poderes ocultos, la transformó en una niña pequeña y la llevó a casa. La niña creció como la hija de la casa, y cuando alcanzó la edad casadera, la esposa de Yajnavalkya le reprochó lo siguiente: «¿No ves que tu hija ya es madura y necesita un marido?». Yajnavalkya respondió: «Tienes razón. He decidido que debería tener el mejor marido de todos los mundos». Llamó al dios sol y cuando este apareció, Yajnavalkya dijo: «Te he elegido como mi yerno». Entonces se volvió a la hija y le preguntó: «¿Te gustaría tener como marido a la luz de tres mundos?». Pero ella respondió: «Ay, padre, es muy regordete y con la cara roja. Búscame otro marido». El hombre sagrado sonrió y le preguntó al sol si conocía a alguien que fuera mejor que él. El sol respondió: «¡Oh, hombre sagrado! La nube es incluso más fuerte que yo, pues puede cubrirme». Yajnavalkya llamó al dios de las nubes, pero una vez más cuando pidió el consentimiento de su hija, esta le respondió: «Ay, padre, parece tener mal humor. Búscame un marido mejor». Yajnavalkya le preguntó a la nube si había en el mundo alguien mejor. La nube respondió: «La montaña es sin duda mejor, pues puede pararme». El hombre sagrado llamó al dios de las montañas, pero en el instante en que este apareció la hija gritó: «¡Oh, padre, es enorme y muy torpe! Búscame un marido mejor». A Yajnavalkya se le estaba agotando la paciencia, pero puesto que quería a su hija le preguntó a la montaña si conocía a alguien mejor aún. La montaña respondió: «El ratón puede excavar en mí tantos agujeros como quiera. Teniendo esto en cuenta, tiene que ser más fuerte que yo». Yajnavalkya llamó al ratón, y tan pronto como la chica lo vio, exclamó: «¡Padre! Este es el único marido con el que puedo ser feliz. Ay, ¿no podrías convertirme en un ratón?». El hombre sagrado cumplió su deseo. Y cuando los dos ratones desaparecieron entre los arbustos, se fue a casa, sonriendo y diciendo: «Aunque el sol, la nube y la montaña se presentaron ante ella como pretendientes, la niña necesitaba volver a ser lo que era: un ratón. No pudo renegar de su naturaleza innata».

El equilibrio *karmico* de una vida anterior y consecuentemente las tendencias innatas con las que uno llega a la vida presente ayudan a un hindú a aceptar las inevitables decepciones que acontecen incluso en las vidas más afortunadas. Y aun así, mientras que la idea de las tendencias heredadas puede consolar y ayudar a sanar, también puede servir para negar la responsabilidad personal. De ahí que una mujer de 30 años, paciente de psicoterapia, al darse cuenta a partir de un sueño de los impulsos agresivos hacia su marido, exclamara de forma espontánea: «Ah, se deben a mis *samskaras*. Por mucho que me esfuerce por ser una buena esposa, mis *samskaras* me lo impiden».[11]

Yo y el otro: separación y conexión

Si consideramos que cada uno de nosotros empieza la vida como un místico, inundado de un sentimiento de unidad omnipresente donde no hay distancia entre uno mismo y el mundo exterior, entonces el proceso de separar el "Yo" del "no-Yo" es una de las principales tareas de nuestros primeros años. La tarea implica reconocer (proceso que después se da por sentado, al menos durante la mayor parte de las horas en las que estamos despiertos y en un estado de relativa cordura) que soy algo separado de todo lo que no es yo, que mi "Yo" no está fusionado sino desligado del "Otro". Esta experiencia de la separación se origina en nuestros primeros años de vida, aunque sus ecos siguen persiguiéndonos hasta el final de la existencia, agitando la mente, a veces de forma violenta, en tiempos de crisis psicológica o espiritual.

El barniz con el que los indios cubren los dilemas y el dolor de ese destierro del sentimiento originario de unicidad, el exilio del universo, ha consistido en enfatizar la conexión duradera de una persona con la naturaleza, lo divino y todos los seres vivos. Esta visión unitaria del soma y de la psique, la persona y la comunidad, el Yo y el mundo, sigue presente en la mayoría de las expresiones culturales populares de hoy en día. Desde los ritos religiosos a los festivales folclóricos, desde la devoción piadosa de los cantos comunales en los templos a los excesos orgiásticos de *Holi* –el festival de los colores– hay una negación de la separación y una celebración de la conexión.

Sin lugar a dudas, el gran valor cultural que se le concede a la conexión se manifiesta de forma más evidente en las relaciones de la persona con los otros. El ansia por las relaciones, por la presencia alentadora de las personas queridas y el oxígeno psicológico que ofrecen, es la modalidad dominante en las relaciones sociales en la India, particularmente en las familias extensas. No se otorga valor a la individualidad y la independencia. Es común que los familiares que acompañan a un paciente a la primera consulta psicoterapéutica se quejen de la autonomía del paciente, como si fuera un síntoma del desorden que tiene. De ahí que el padre y la hermana mayor de un ingeniero de 28 años que había tenido un episodio psicótico hablaran de una autonomía poco natural, como si fuera el principal problema del familiar: «No para hasta que consigue lo que quiere, sin tener en cuenta lo que nosotros queremos. Cree que sabe lo que es mejor para él y no nos escucha, y que su propia vida y su carrera son más importantes que las preocupaciones del resto de la familia».[12]

El hecho de que se valore la conexión hasta tal punto no significa que un indio sea incapaz de actuar cuando está solo, o que no sepa cómo gestionar su propia vida. Lo que sí implica es que tiene una mayor necesidad de recibir constantemente asesoramiento, guía y ayuda de los demás para apañárselas en la vida, y presenta una mayor vulnerabilidad ante los sentimientos de impotencia cuando estos vínculos se tensan.

El ansia por las relaciones, por la presencia alentadora de las personas queridas, y la angustia que provoca que estas no estén disponibles cuando se las necesita no son tan evidentes en las sociedades occidentales. En este caso, el sistema de valores dominante premia la autonomía, la privacidad y la realización personal, y sostiene que la independencia e iniciativa individual son "mejores" que la dependencia mutua y la comunidad. No obstante, depende, por supuesto, de la opinión de la cultura sobre lo que es "una buena sociedad" y el "mérito personal", sobre si el comportamiento de una persona en la escala entre fusión y aislamiento está más cerca del extremo de la fusión con los otros que del extremo del aislamiento completo. En otras palabras, los polos universales que enfrentan lo individual y lo relacional, la cercanía y la distancia en las relaciones humanas, son objeto de creencias y expectativas conformadas culturalmente. Tomemos prestada la imagen de Schopenhauer: los seres humanos son como erizos en una noche fría. Se arriman unos a otros buscando calor, se pinchan con las púas del otro y se retiran hasta que, al sentir frío de nuevo, se vuelven a acercar. Siguen repitiendo este vaivén hasta que alcanzan una posición óptima en la que la temperatura corporal está por encima del punto de congelación y el dolor que le causan las púas (la cercanía del otro) todavía es soportable.

La importancia que le conceden a la conexión se traduce también en la imagen india del cuerpo, un elemento clave en el desarrollo de la mente. Como vimos anteriormente, en el sistema médico tradicional del ayurveda se cree que todo en el universo, animado o inanimado, está compuesto de cinco formas de materia. Los seres humanos son solo un tipo determinado de organización de la materia y sus cuerpos absorben constantemente los cinco elementos de la materia del entorno. Para el ayurveda, el cuerpo humano está íntimamente conectado con la naturaleza y el cosmos y no hay nada en la naturaleza que no sea relevante para la medicina. La imagen india del cuerpo se centra, por tanto, en un intercambio constante con el entorno, acompañado al mismo tiempo de un incesante cambio en el cuerpo. Además, según la visión india, no hay una diferencia esencial entre cuerpo y mente. El cuerpo no es más que la forma burda de la materia (*sthulasharira*), mientras que la mente es una forma más sutil (*sukshmasharira*); ambas son distintas manifestaciones de la misma materia, que es a la vez cuerpo y mente, la *sharira*.

Por el contrario, la imagen occidental es la de un cuerpo de límites bien definidos, nítidamente diferenciado del resto de objetos del universo. Esta visión del cuerpo como una fortaleza, con un número limitado de puentes levadizos que mantienen un contacto indirecto con el mundo exterior, tiene cierta repercusión en la esfera cultural. Consideramos que en el discurso occidental, tanto en el científico como en el artístico, hay una notable preocupación con lo que ocurre "dentro" de la fortaleza del cuerpo de la persona. Se tiende a explicar el comportamiento preferentemente con parámetros psicológicos que derivan de la biología (en detrimento del entorno natural y metanatural). El afán de hoy en día por encontrar una base genética a cualquier fenómeno psicológico, sin tener en cuenta el mérito científico, es una consecuencia natural de la imagen que se tiene del cuerpo en Occidente. Las características naturales del entorno (la calidad del aire, la cantidad de luz solar, la presencia de pájaros y animales, las plantas y los árboles) a priori se ven, si es que se tienen en consideración, como totalmente irrelevantes para el desarrollo intelectual y emocional. Habida cuenta de esta imagen occidental del cuerpo, es comprensible que las creencias indias más "exóticas" sobre los efectos en la *sharira* de las constelaciones planetarias, las energías cósmicas, los campos magnéticos de la Tierra, los ritmos estacionales y diarios y las piedras y metales preciosos sean relegados sumariamente al ámbito de la fantasía, donde interesan solo a los "lunáticos" de la sociedad occidental.

El énfasis que los indios ponen en la conexión influye en su concepción no solo del cuerpo, sino también de las emociones. Tal y como han señalado los psicólogos culturales, emociones como la compasión y los sentimientos de comunión con el prójimo y vergüenza, que tienen que ver con otras personas, pasan a un primer plano, mientras que las emociones más individualistas como la ira y la culpa pasan a un segundo plano. Para la mente india es difícil experimentar y expresar ira y culpa, pero le resulta más fácil que a la psique occidental tratar con sentimientos de compasión y vergüenza. Si el indio expresa orgullo de forma abierta, suele ser respecto a un colectivo del que el Yo forma parte. Los esfuerzos para ser ascendido en el trabajo están relacionados solo de una forma indirecta con la necesidad individual de realización, que sin embargo sería la principal motivación en

Occidente. El primer pensamiento consciente o preconsciente en la mente india es: «¡Qué feliz y orgullosa se va a sentir mi familia!». Esto explica que los indios tiendan a idealizar a sus familias y sus antepasados, que haya un predominio de los mitos familiares y el orgullo familiar, y que las personas de referencia para los jóvenes sean casi exclusivamente familiares, muy a menudo el padre, más que actores de películas, héroes del deporte u otras figuras públicas que sí gozan del favor de los jóvenes en Occidente.

Esta orientación más "dividualista"[13] (por contraposición a "individualista") o relacional concuerda con el principal contenido temático del arte indio. En la pintura, y en especial en las esculturas de los templos indios, el hombre no aparece representado como una presencia diferenciada, sino más bien integrado en el entorno; la persona no aparece separada, sino conviviendo con una multitud de conexiones. Esta escultura, como señala Thomas Mann en su novela corta india *Las cabezas trocadas*, «en confusión fluyente y desbordadora de lo humano, lo divino y lo animal [...] rostros de la vida encarnada, tal como goza, dolientemente, de sí misma, en miles de figuras [...] que se entrelaza pululando y se transforma de continuo».[14]

Si no limitamos nuestra visión de Eros al significado meramente sexual, sino que lo ampliamos a la connotación de "conectividad" (en la que el abrazo sexual es la conexión más íntima de todas), entonces la importancia que la mente india concede a lo relacional posiciona al pueblo indio como uno de los más "eróticos" del mundo. La orientación relacional, sin embargo, se transforma fácilmente en conformismo y comportamiento convencional, haciendo que muchos indios, aun siendo jóvenes, sean viejos en el plano psicológico. Por otro lado, la orientación individualista de Occidente tiende al ensalzamiento de uno mismo, "la búsqueda del número uno", y la creencia de que la satisfacción de los deseos (la mayoría relacionados con el consumo) es el camino directo a la felicidad. Marcado por un énfasis postmoderno en las "identidades fluidas" y una actitud transitoria de "avanzar" en las relaciones, el hombre occidental de hoy en día (y el indio moderno de clase alta) podría sin problemas encarnar lo que los discípulos de Jung denominan *puer aeternus* (el eterno niño, siempre persiguiendo sus sueños, lleno de vitalidad, pero alimentándose solo a sí mismo a la par que vacía a los que lo rodean).[15]

Por supuesto que no estamos proponiendo ninguna dicotomía simplificada entre la imagen cultural occidental de una persona, de un Yo autónomo y un Yo relacional y transpersonal de la sociedad india. Estos son prototipos que no existen en su forma pura en ninguna sociedad. La psicoterapia con pacientes occidentales de clase media nos muestra que la autonomía del Yo en realidad es tan precaria como lo es la noción del Yo indio que se fusiona con su entorno familiar y comunitario. Ambas visiones de la experiencia humana están presentes en la mayoría de las culturas, aunque una cultura en concreto puede, pasado un tiempo, resaltar y enfatizar una en detrimento de la otra. A lo largo de la historia, la conexión del ser humano con el universo, en concreto con su comunidad, ha sido un valor importante también en la tradición occidental, aunque puede haber estado camuflado en determinados periodos de la historia, especialmente en el siglo XIX y principios del siglo XX. Lo que se conoce como el valor de la contra-ilustración forma parte de la tradición relativista y escéptica que se remonta a la antigüedad occidental. Subraya que la pertenencia a una comunidad es una necesidad fundamental del ser humano, y afirma que solo si un ser humano pertenece realmente a esa comunidad puede, de forma natural y desinhibida, embarcarse en la corriente de la vida y llevar una vida plena, creativa y espontánea. Del mismo modo, la celebración de los placeres de individualidad y de una vida guiada por el deseo, aunque refrenado, no han estado totalmente ausentes en la India y, de hecho, están resurgiendo en muchos indios modernos.

Lo masculino y lo femenino

Otro aspecto fundamental de la mente india que la diferencia de la occidental está relacionado con el momento de la infancia en el que uno se da cuenta de la diferencia de género. Para un niño implica aceptar y darse cuenta de que todos los seres vivos y especialmente sus padres, tan queridos, pertenecen al sexo masculino o al femenino.

Esta distinción evidentemente es universal, pero nuestra herencia cultural se encarga de idear lo que implica ser, parecer, pensar y comportarse como un hombre o como una mujer. Se torna más evidente si pensamos en la escultura griega o romana que, a nuestro parecer, ha influido ampliamente en las representaciones occidentales del género. Los dioses-hombres se representan con pechos y cuerpos muy musculosos y sin grasa. Es tan solo cuestión de comparar las estatuas griegas y romanas con las representaciones esculpidas de los dioses hindúes, o del Buda, en las que los cuerpos son más blandos, flexibles y cuyos insinuantes pechos evocan la figura femenina. Muchas imágenes budistas de *Avalokiteshwara* ("el Señor que escucha los gritos del mundo") son las de una figura masculina en la postura tradicionalmente femenina –cargando el peso en la cadera izquierda, la rodilla derecha hacia adelante; son los precursores indios de la diosa china, sexualmente ambigua, Kuan Yin–.[16] Esta escasa diferencia entre las figuras masculinas y femeninas alcanza su máxima expresión en la forma *Ardhanarishwara* (mitad hombre y mitad mujer) del gran dios Shiva, que se representa con las características sexuales secundarias de ambos sexos.

La diferenciación menos marcada visualmente entre las representaciones femeninas y masculinas en la cultura india adquiere más fuerza por el importante, y quizá dominante, carácter religioso, que sirve no solo para dar el visto bueno a las inclinaciones femeninas del hombre, sino también para elevar tales inclinaciones al nivel de una búsqueda religioso-espiritual. En el vishnuismo devocional, solo Krishna es hombre y todos los devotos, independientemente de su sexo, son mujeres. Es una cultura en la que se cree que uno de los mejores poetas de amor en sánscrito, Amaru, un hombre, es la reencarnación número 101 de un alma que ha ocupado cuerpos de mujer en sus 100 vidas anteriores; donde la voz del poeta-santo tamil Nammalavar –hombre también–, que escribió 370 poemas de amor, siempre era la de una mujer.[17] Es una cultura en la que los rasgos femeninos en los seres humanos superiores se fusionan con los masculinos, de forma que un héroe cultural como Gandhi puede proclamar públicamente que mentalmente se había convertido en una mujer, y que (antes que la psicoanalista Karen Horney) hay muchas más razones para que un hombre desee haber nacido mujer, o viceversa, y asumir que va a ser bien recibido por su público.

Habida cuenta de las diversas interpretaciones de la experiencia universal sobre la distinción de género, no sorprende que los británicos en la época colonial tildaran a los hombres indios de "afeminados" (exceptuando a las "razas de guerreros" como los sikhs, rajputs y jats). Tales juicios son el resultado reflejo de convicciones bien asentadas, y que nunca se han revisado, sobre lo que es masculino y lo que es femenino. Entre una mínima diferenciación de género necesaria para funcionar heterosexualmente con un cierto atisbo de placer, y un máximo que acaba con cualquier sentido de empatía y contacto emocional con el otro sexo, al que se ve como una especie totalmente distinta, hay toda una gama de posturas, cada una de ellas considerada por una cultura como la única forma madura y sana de abordar el tema.

Para concluir subrayaremos una vez más que la visión hindú del mundo, la orientación relacional, la dependencia del contexto y la escasa distinción de género que conforman la mente india no son abstracciones que se hayan de entender mejor o peor en la edad adulta. Constituyen la psique india que el niño asume como la verdad subyacente al mundo, al relacionarse con sus padres desde los primeros años de vida. Esta parte cultural de la mente, que pocas veces se somete al examen consciente, no viene determinada por patrones universales ni es claramente idiosincrática. La representación mental de nuestra herencia cultural se mantiene en conversación permanente con los aspectos universales e individuales de nuestra mente a lo largo de la vida, cada uno influyendo y dando forma al otro en cada momento de nuestra existencia.

NOTAS Y REFERENCIAS

Introducción

1. Roth, Gerhard: entrevista en *Die Zeit* (23 de febrero de 2006), pág.36. Traducción al inglés de Sudhir Kakar. Se puede encontrar un buen resumen del punto de vista de la neurociencia en Pinker, Steven. *The Modern Denial of Human Nature*. Londres: Penguin Press Science, 2003.
2. McCrindle, John. *Ancient India as Described by Megasthenes and Arrian*. Calcuta: Chukkervertty, Chatterjee & Co, 1960, pág. 100. Traducción tomada de Kakar, Sudhir. *El mundo interior*. Mastrangelo, Stella (trad.) México: Fondo de Cultura, 1987, pág. 22.
3. Nehru, Jawaharlal. *The Discovery of India*. Calcutta: Signet Press, 1946, pág. 30. Traducción tomada de Kakar, Sudhir. *El mundo interior. Un estudio psicoanalítico de la infancia y la sociedad en la India*. Mastrangelo, Stella (trad.) México: Fondo de Cultura, 1987, pág. 35.
4. Chaudhuri, N.C. *The continent of Circe*. Londres: Chatto & Windus, 1965, pág.86.
5. El círculo exterior cobra cada vez más importancia con el avance de la globalización. De ahí que, aunque hay libros sobre el "círculo interior" en Europa, como Barzini, L. *The Italians*. Nueva York: Touchstone, 1996; Craig, G. *The Germans*. Nueva York: Plume, 1991; Fox, K. *Watching the English*. Londres: Odre & Stoughton, 2003, prevemos que pronto habrá un libro sobre "Los europeos" pues Europa se esfuerza en definir una identidad europea en términos culturales y psicológicos que la distinga de sus fronteras políticas y geográficas.

El hombre jerárquico

1. Datta-Ray, S.K. «Where Rank Alone Matters» en *The Times of India*. Julio 2005.

2. Varios estudios que apoyan esta tesis han sido compilados por Patricia Uberoi en Uberoi, Patricia (ed.). *Family, Kinship and Marriage in India*. Delhi: Oxford University Press, 1993, pág.387.

3. En una encuesta realizada a jóvenes de edades comprendidas entre los 18 y los 35 años, en 14 ciudades indias (*India Today*, 26 de febrero de 2006, pág. 44), el 68 % de los encuestados prefería vivir en familias extensas, siendo ligeramente mayor el porcentaje de hombres que de mujeres.

4. Gran parte de lo que se expone a continuación se basa en Kakar, Sudhir. *The Inner World: A Psychoanalytical Study of Childhood and Society in India*. Delhi y Nueva York: Oxford University Press, 1978, cap. 3. [Versión en castellano: Kakar, Sudhir. *El mundo interior. Un estudio psicoanalítico de la infancia y la sociedad en la India*. Mastrangelo, Stella (trad.) México: Fondo de Cultura, 1987, cap. 3.]

5. Véase también Béteille, André. «The Family and the Reproduction of Inequality» en Uberoi, Patricia (ed.). *Family, Kinship and Marriage in India*, págs. 435-451.

6. Dumont, Louis. *Homo Hierarchicus: The Caste System and its Implications*. Chicago: University of Chicago Press, 1970. [Versión en castellano: *Homo Hierarchicus. Ensayo sobre el sistema de castas*. Madrid: Aguilar, 1970.]

7. Lewis, M. Language, *Thought and Personality in Infancy and Childhood*. Nueva York: Basic Books, 1964, pág.33.

8. Kakar, Sudhir. «The Theme of Authority in Social Relations in India» en *Journal of Social Pyschology 84*, 1971, págs. 93-101. Sobre las relaciones de autoridad en la familia, véase Kakar, Sudhir. *Inner World*. Delhi y Nueva York: Oxford University Press, 1978, págs. 119-120. [Versión en castellano: Kakar, Sudhir. *El mundo interior. Un estudio psicoanalítico de la infancia y la sociedad en la India*. Mastrangelo, Stella (trad.) México: Fondo de Cultura, 1987.]

9. Véase también Chhokar, J.S. «Leadership and Cultura in India», en Chhokar, J.S. *et al*. (eds.) *Cultures, Leadership and Organizations: The GLOBE Book of Countries* (por publicar); Singh, P. y Bhandarker, A. *Corporate Success and Transformational Leadership*. Nueva Delhi: Wiley Eastern, 1990.

10. Sinha, J.B.P. *The Nurturant Task Leader*. Nueva Delhi: Concept, 1979.

11. Kakar, Sudhir *et al*. «Leadership in Indian Organizations from a Comparative Perspective», en *International Journal of Cross Cultural Management* 2:2, 2002, págs. 239-250.

12. House, R.J. *et al*. *Leadership. Culture and Organizations: The GLOBE Study of 62 Societies*. Thousand Oaks. California: Sage, 2004.

13. Javidan, M. *et al*. «Cross-Border Transfer of Knowledge: Cultural Lessons from Project GLOBE», en *Academy of Management Executive 19:2*. 2005, págs. 59-76. Las otras comparaciones también se han tomado de este artículo. Se puede consultar un estudio internacional anterior que confirma la gran distancia de poder en las organizaciones indias en Hofstede, G. *Cultures' Consequences*. Londres: Sage, 1980.
14. Javidan, pág. 63.
15. Escritos antropológicos más antiguos dan fe de que este patrón es clave en la relación padre-hijo. Véanse Mandelbaum, D.G. *Society in India*, vol. 2. Berkely: University of California Press, 1970, pág. 60; Mayer, A.C. *Caste and Kinship in Central India*. Londres: Routledge, Kegan and Paul, 1970, pág. 218, y Ross, A.D. *The Hindu Family in its Urban Setting*. Toronto: Universtity of Toronto Press, 1962, pág.10.
16. Kakar, Sudhir. *The Inner World*, págs. 200-201. [Versión en castellano: Kakar, Sudhir. *El mundo interior. Un estudio psicoanalítico de la infancia y la sociedad en la India*. Mastrangelo, Stella (trad.) México: Fondo de Cultura, 1987.]
17. Yogananda, Parmahansa. *Autobiography of a Yogi*. Los Angeles: Self-Realization Fellowship, 1972, pág. 268 [Versión en castellano: Yogananda, Parmahansa. *Autobiografía de un yogui*. Los Angeles: Self-Realization Fellowship, 2008, p. 333.]
18. Roopnarine, J.L. y Suppal, P. «Kakar's Psychoanalytic Interpretation of Indian Childhood: The Need to Emphasize the Father and Multiple Caregivers in the Socialization Equation», en Sharma, D. (ed.) *Childhood, Family and Sociocultural Change in India*. Delhi: Oxford University Press, 2003, págs. 115-137; véase también Derne, S. «Culture, Family Structure, and Psyche in Hindu India», en Sharma, págs. 88-114.

La interiorización de la casta

1. Dumont, Louis. *Homo Hierarchicus*, pág. 43. Dumont lo denomina "la oposición entre lo puro y lo impuro". La mayoría de las autoridades sobre el sistema de castas comparten la visión de Dumont, por ejemplo, F.G. Biley. *Caste and the Economic Frontier*. Manchester: Manchester University Press, 1957; M. Mariott, *International and Atrributional Theories of Caste Ranking*. Man 39, 1959, págs. 92-107; M.N. Srinivas. *Caste in Modern India and Other Essays*. Bombay: Asia Publishing House, 1962, págs. 150-151. Aunque algunos exper-

tos sobre la casta han propuesto otros principios rectores para la jerarquía de la casta, por ejemplo, la oposición entre lo auspicioso y lo
no auspicioso (Raheja; Das y Uberoi) o la diferencia en estatus social
(Milner; Sheth), la mayoría de los expertos suscriben el criterio de pu-
reza-contaminación.

2. Citado en Karwe, Irawati. «What is Caste?», en *Economic Weekly 11*,
1959, pág. 157.

3. Fuchs, Stephen. *At the Bottom of Indian Society: The Harijans and
Other Low Castes*. Nueva Delhi: Munshiram Manoharlal, 1981, pág.
238. Un artículo de periódico del sur de la India da cuenta de la degradación que han tenido que sufrir los *dalits* en una comunidad que
ocupa los puestos más bajos de la jerarquía: los *vannars*, que están
obligados a mendigar por comida como muestra de su inferioridad y
degradación. «Se reprime sin piedad a los que desafían la antigua jerarquía. Se han dado casos de *vannars* que se han negado a mendigar
por comida, por lo que se les ha obligado a formar fila o se les ha expulsado del pueblo»; cf. Vinoj Kumar, P.C. 'Wretched of the Earth', en
Tehelka, 13 de agosto de 2005.

4. Dumont, Louis. *Religion, Politics and History in India*. La Haya:
Hague Press, 1970.

5. Gandhi, M.K. «Untouchability and Swaraj», en *Collected Works of
Mahatma Gandhi*, vol. 28. Nueva Delhi: Departamento de publicaciones del Gobierno de la India, pág. 137. De ahora en adelante CWMG.

6. Dundes, Alan. *Two Tales of Crow and Sparrow*. Lanham: Rowman and
Littlefield, 1997.

7. Volkan, Vamik. «An Overview of Psychological Concepts», en Volkan,
Vamik *et al.*, (ed.), *The Psychodynamics of International Relationships*.
Lexington: Lexington Books, 1990, págs. 31-46.

8. Gandhi, M.K. «Speech at Suppressed Classes Conference April 13,
1921», en CWMG, vol. 23.

9. Kubie, L. 'The Fantasy of Dirt', en *Psychoanalytic Quarterly* 6, 1937,
pág. 391

10. Dhar, Sheila. «Siddheswari Devi: A Bird of Paradise'» en *Here's
Someone I'd Like You to Meet: Tales of Innocents, Musicians and
Bureaucrats*. Delhi: Oxford University Press, 1996, págs. 129-154.

11. Dumont, Louis. *Homo Hierarchicus*, pág. 54. Al relacionar la suciedad con la jerarquía de casta, el sociólogo Milner considera la suciedad
como un aspecto social más que físico; cf. Milner, Murray. *Status and
Sacredness: A General Theory of Status Relations and an Analysis of
Indian Culture*. Nueva York: Oxford University Press, 1994.

12. Winnicott, D.W. *Collected Papers: Through Paediatrics to Psychoanalysis*. Londres: Taristock Publications, 1958, pág. 34.
13. Durga Bhagvat, Durga. «The Sparrow and the Crow», en *Indian Folklore* 2, 1959, págs. 213-215; citado en Dundes, óp.cit., págs. 32-33.
14. En Uttara Ramayana se cuenta la historia de que una vez Yama, el dios de la muerte, tenía miedo de Ravana, el rey de los demonios, y huyó adoptando la forma de un cuervo.
15. Béteille, André en Uberoi, Patricia (ed.). *Family, Kinship and Marriage in India*, págs. 448-449.

La mujer india: tradición y modernidad

1. Por poner otro ejemplo, el indólogo William Sax señaló que las representaciones de los personajes en los mitos hindúes vienen determinadas más por la casta que por el género. Léase el artículo «Gender and the Representation of Violence in Pandava Lila» en Leslie, J. y McGee, M. (eds.), *Invented Identities: The Interplay of Gender, Religion and Politics in India*. Nueva Delhi: Oxford University Press, 2000, págs. 252-264.
2. Pande, M. *Daughter's Daughter*. Delhi: Penguin, 1993, págs. 85-86. Las descripciones de cómo se cría a una niña en la India tradicional que aparecen en este capítulo han sido extraídas de Kakar, Sudhir. *The Inner World*, págs. 56-73 [Versión en castellano: *El mundo interior. Un estudio psicoanalítico de la infancia y la sociedad en la India*. Mastrangelo, Stella (trad.) México: Fondo de Cultura Económica, 1987, págs. 108-152], mientras que la información sobre la mujer india moderna procede de Kakar, Sudhir. «Modernity and Female Childhood», en *Culture and Psyche: Selected Essays*. Delhi: Oxford University Press, 1997, págs. 60-73.
3. MacDonell, A.A. *Vedic Religion*, pág. 165; citado en Das, R.M. *Women in Manu and His Seven Commentators*. Benarés: Kanchana Publications, 1962.
4. Roopnarine, J.L. *et al.* «Characteristic of Holding, Pattern of Play and Social Behaviors between Parents and Infants in New Delhi, India», en *Developmental Psychology* 26(4), 1990, págs. 667-673.
5. Pande, pág. 45.
6. Véase por ejemplo Bennett, L. *et al. Gender and Poverty in India: A World Bank Country Study*.Washington, D.C.: World Bank, 1991. La discriminación hacia la niña es una realidad incluso en estados progresistas como Tamil Nadu, con alto índices de alfabetización y par-

ticipación en el mercado laboral por parte de la mujer; véase Sundari Ravindran, T.K. «Female Autonomy in Tamil Nadu», en *Economic and Political Weekly*, Abril, 1999, págs. 17-24, WS34-44

7. Anandalakshmy, S. (ed.). *The Girl Child and the Family*. Delhi: Departamento para el desarrollo de la mujer y la infancia, Ministerio para el desarrollo de recursos humanos, Gobierno de la India, 1994.

8. Véase Kakar, Sudhir. *The Inner World*, págs. 60-61. [Versión en castellano: *El mundo interior. Un estudio psicoanalítico de la infancia y la sociedad en la India*. Mastrangelo, Stella (trad.) México: Fondo de Cultura Económica, 1987], págs. 118-119.

9. Pande, 45.

10. Kakar, Sudhir. *The Inner World*, pág. 62. [Versión en castellano: *El mundo interior. Un estudio psicoanalítico de la infancia y la sociedad en la India*. Mastrangelo, Stella (trad.) México: Fondo de Cultura Económica, 1987, pág. 120.]

11. «The Laws of Manu», Buhler, G. (trad.) en Mueller, M. (ed.) Sacred Books of the East, vol. 25. Oxford: Clarendon Press, 1886, pág. 56. [Versión en castellano: *Las leyes de Manú: Manava Dharma Sastra. Traducido, prologado y anotado por Juan B. Bergua*. Ediciones Ibéricas, La Crítica Literaria, 2010, 5.145.] De ahora en adelante, Manú.

12. Verma, R.K. y Ghadially, R. «Mother's Sex-Role Attitudes and Demands», en *Indian Journal of Social Work* 46(1), 1985, págs. 105-111.

13. Luthar, S.S. y Quinlan, D. «Parental Images in Two Cultures: A Study of Women in India and America», *Journal of Cross Cultural Psychology* 24(2), 1993, págs. 186-202.

14. En la encuesta publicada en *India Today* (20 de febrero de 2006) sobre la juventud en las ciudades, el 71 % estaba de acuerdo en que el divorcio es mejor que un mal matrimonio.

15. Dube, L. *Anthropological Explorations in Gender: Intersecting Fields*. Nueva Delhi: Sage, 2001.

16. Anandalakshmy, pág. 66.

17. Véase Eapen, M. y Kodoth, P. «Family Structure, Women's Education and Work: Re-examining the High Status of Women in Kerala», en Mukhopadhyay, S. y Sudarshan, R.M. (eds.), en *Tracking Gender Equity and Economic Reform: Continuity and Change in South Asia*. Nueva Delhi: Kali for Women, 2003, págs. 227-267.

18. Véase Ravindran. *Sundari*, WS34-44.

19. Ibíd., WS-38.

20. Debido al regusto de bienestar que deja el final feliz de la película, se suele pasar por alto el hecho de que el matrimonio por amor del héroe y la heroína suele acabar siendo un matrimonio concertado "después del hecho de que" una de las dos parejas de padres dejan de oponerse a la unión por amor y ambos se reúnen al final de la película para bendecir a la pareja.

21. Véase Kakar, Sudhir y Ross, J.M. *Tales of Love, Sex and Danger*. Nueva York: Blackwell, 1987, cap. 1.

22. Ravindran. *Sundari*, WS-38.

23. Véase Kakar, Sudhir. *Intimate Relations: Exploring Indian Sexuality*. Chicago: University of Chicago Press, 1990, cap. 5.

24. Ramu,G.N.*Women, WorkandMarriage in UrbanIndia*.Delhi: Sage,1990.

25. Kernberg, O. «Love, the Couple, and the Group: A Psychoanalytic Frame», en *Psychoanalytic Quarterly 49*, 1980, págs. 78-108.

Sexualidad

1. Castleman, M. «Review of Wendy Doniger and Sudhir Kakar's Kamasutra: A New Translation. Londres & Nueva York: Oxford University Press, 2002» en *Salon.com*, 29 de mayo de 2002. Gran parte de lo que se expone a continuación se ha tomado de la introducción del libro de Doniger y Kakar, siendo Doniger la autora con mayor experiencia. Las citas del *Kamasutra*, en la traducción de Doniger, han sido tomadas del mismo libro.

2. Schmidt, R. *Beitreage zur Indischen Erotik.Das Liebesleben der Sanskritvoelker*. Berlín: Verlag Barsdorf, 1911, pág. 1

3. Kalidasa, «Kumara Sambhava», en Joshi, V.P. (ed.), *The Complete Works of Kalidasa*. Leiden: E.J. Brill, 1976 8:1.

4. Manú, 5:154.

5. Kamasutra, 6.3.41-43. Traducción tomada de Doniger, Wendy y Kakar, Sudhir. *Kamasutra*.Vázquez Alonso, Mariano José (trad.). Madrid: Edaf, 2005, 6.3.41-43, pág. 251-252.

6. Manú, 9:14

7. Kamasutra, 5.1.8 Traducción tomada de Doniger, Wendy y Kakar, Sudhir. *Kamasutra*.Vázquez Alonso, Mariano José (trad.). Madrid: Edaf, 2005, 5.1.8, pág. 205.

8. Ibíd., 2.10.6-13. Traducción tomada de Doniger, Wendy y Kakar, Sudhir. *Kamasutra*.Vázquez Alonso, Mariano José (trad.). Madrid: Edaf, 2005, 2.10.6-13, pág. 167.

9. Kakar, Sudhir y Ross, John M. *Tales of Love, Sex and Danger*, Delhi: Oxford University Press, 1986, pág. 202.

10. Kamasutra, 2.2.31.Traducción tomada de Doniger, Wendy y Kakar, Sudhir. *Kamasutra*.Vázquez Alonso, Mariano José (trad.). Madrid: Edaf, 2005, 2.2.30, pág. 134.

11. Varahamira, *Brihatsamhita*, vol. 2, Bhat, M.R. (trad.) Delhi: Motilal Banarsidas, 74.20.

12. Jayadeva. *Gita Govinda*. Stoler Miller, Barbara (trad.). Nueva York: Columbia University Press, 1977, pág. 89. [Versión en castellano: Jayaveda. *Gita Govinda: los amores del dios Krishna y de la pastora Radha*. Traducción del sánscrito de Fernando Tola, Madrid: Editorial Biblioteca Nueva 1999, canto XII, canción 24.25. Pág. 127.]

13. Bouhdiba, A. *La Sexualite en Islam*. París: Presses Universitaires de France, 1975.

14. O'Flaherty, Wendy. *Asceticism and Eroticism in the Mythology of Siva*. Londres: Oxford University Press, 1971, pág. 51.

15. Véase, Bott, S. y Jejeebhoy, S. «Adolescent Sexual and Reproductive Behavior: A Review of Evidence from India», en Ramasubban, R. y Jejeebhoy, S. (eds.). *Women's Reproductive Health in India*. Jaipur: Rawat Publications, 2000, págs. 40-101.

16. Poggendorf-Kakar, K. *Hindu Frauen zwischen Tradition und Moderne*. Stuttgart: Metzler Verlag, 2002, págs. 81 y 54.

17. Ibíd., pág. 82.

18. Kakar, Sudhir. *Intimate Relations*, óp.cit., pág. 20.

19. Geetha, V. «On Bodily Love and Hurt», en John, M. y Nair, J. (eds.). *A Question of Silence: The Sexual Economies of Modern India*. Delhi: Kali for Women, 1998, págs. 304-331.

20. Kakar, Sudhir. *Intimate Relations*, pág. 19.

21. Ravindran, Sundari. WS-42.

22. Pande, M. *Stepping Out: Life and Sexuality in Rural India*. Delhi: Penguin, 2003.

23. Kakar, Sudhir. *Intimate Relations*, cap. 5.

24. Khan, M.E. *et al*. «Sexual Violence within Marriage», Seminar 447, 1996, págs. 32-35, citado en Jejeebhoy, S. y Bott, S. *Non-consensual Sexual Experiences of Young People: A Review of Evidence from Developing Countries*. Delhi: Population Council, 2003, pág. 9. Véase también George, A. «Newly Married Adolescent Women: Experiences from Case Studies in Urban India», en Bott, S. *et al*. (eds.), *Toward Adulthood: Exploring the Sexual Reproductive Health of Adolescents in South Asia*. Ginebra: OMS, 2003, págs. 67-70.

25. Kamasutra, 3.2.5-6. Traducción tomada de Doniger, Wendy y Kakar, Sudhir. *Kamasutra.*Vázquez Alonso, Mariano José (trad.). Madrid: Edaf, 2005, 3.2.1-6 págs. 174-175.

26. Esta parte del libro se desarrolla en profundidad en Kakar, Sudhir. *The Inner World*, págs. 87-103. [Versión en castellano: Kakar, Sudhir. *El mundo interior. Un estudio psicoanalítico de la infancia y la sociedad en la India.* Mastrangelo, Stella (trad.) México: Fondo de Cultura, 1987, págs. 152-193.]

27. Ramanujan,A.K.«The Indian Oedipus»,en Lowell,E.y Dundes,A.(eds.) *Oedipus: A Folklore Casebook.* Nueva York: Garland, 1984, pág. 254.

28. Gore, M.S. «The Husband-Wife and Mother-Son Relationship», en *Sociological Bulletin 11*, 1961, págs. 91-102.

29. Dube, S.C. *Indian Village.* Nueva York: Harper and Row, 1967, págs. 190-197.

30. Asthana, S. y Oostvogels, R. «The Social Construction of Male Homosexuality in India: Implications for HIV Transmission and Prevention», en *Social Science & Medicine 52*, 2001. Véase también Seabrook, J. *Love in a Different Climate: Men Who Have Sex with Men in India.* Londres: Verso, 1999.

31. Entrevista a Ashok Row Kavi, http://gaytoday.badpuppy.com/garchi-ve/interview/050399in.htmmailto:@AAin.htm.

32. Vanita, R. y Kidwai, S. (eds.), *Same-Sex Love in India.* Nueva York: St Martin's Press, 2000, págs. 28-30.

33. Véase la introducción de Saleem Kidwai a la parte 3 de *Same-Sex Love in India*, óp.cit., págs. 107-122.

34. Este era el caso en concreto de los poetas en urdu de la época precolonial. «Boy Love in Urdu Ghazal», en *Annual of Urdu Studies 7*, 1990, págs. 1-20; Naim, C.M. «The Theme of Homosexual (Pederastic) Love in Pre-Modern Urdu Poetry», en Memon, M.U. (ed.), en *Studies in the Urdu Ghazal and Prose Fiction.* Madison: University of Wisconsin, 1979, págs. 120-142.

35. Shastri, Devadatta. Citado en Doniger, Wendy y Kakar, Sudhir. *Kamasutra*, Vázquez Alonso, Mariano José (trad.). Madrid: Edaf, 2005, pág. 46.

Salud y sanación: enfrentarse a la muerte

1. Gran parte de este capítulo se ha tomado de Kakar, Sudhir. *Shamans, Mystics and Doctors.* Nueva York: Knopf, 1982, cap. 8 [Versión en

castellano: *Chamanes, místicos y doctores. Una investigación psicológica sobre la India y sus tradiciones para curar.* Martínez Peñaloza, María (trad.) México: Fondo de Cultura Económica, 1990, cap. 8] y Kakar, Sudhir. «Health and Medicine in the Living Traditions of Hinduism», en Sullivan, L. (ed.). *Healing and Restoring Health and Medicine in the World's Religious Traditions.* Nueva York: Macmillan, 1989, págs. 111-126.

2. Obeyesekere, G. «The Theory and Practice of Psychological Medicine in the Ayurvedic Tradition», en *Culture, Medicine and Psychiatry* 1, 1977, pág. 155.

3. Bode, M. «Taking Traditional Knowledge to the Market: The Commoditization of Indian Medicine», en *Anthropolgy and Medicine* 13:3, 2006, págs. 225-236.

4. Véase también Nisula, T. «In the Presence of Biomedicine: Ayurveda, Medical Integration and Health Seeking in Mysore, South India», en *Anthropology and Medicine,* 13:3, 2006, págs. 207-224.

5. Bode, óp.cit.

6. Prerna. «VHP Bares Fangs Against Conversion», en *Tehelka.com*, 4 de marzo de 2001.

7. Vishwa Hindu Parishad. *The Hindu Awakening: Retrospect and Promise.* Nueva Delhi: Vishwa Hindu Parishad, s.f.

8. Gopnik, A. «Two Cooks», en *The New Yorker*, 5 de septiembre de 2005, págs. 91-98.

9. Ibíd., pág. 97.

10. Citado en Das, B. «A History of Ayurveda», en http://www.ayurveda-herbs.com/

11. Hay numerosos estudios que refrendan estas conclusiones. Se pueden consultar estudios antiguos como por ejemplo, Ramachandran, H. *Environment, Health and Health Care System.* Bangalore, 1984; Khan, M.E. y Prasad, C.V.S. *Health Seeking Behavior and Adoption of Family Planning in Himachal Pradesh.* Baroda: ORG, 1984. Hay estudios más recientes que documentan que nada ha cambiado en las dos últimas décadas como Raina, M. y Bonu, S. «Rural Indian Women's Care Seeking Behavior and Choice of Provider for Gynecological Symptoms», en *Studies in Family Planning* 34:3, 2003, págs. 175-185. Véase una visión integral de estudios sobre atención sanitaria a niños pobres en Awasthi, S. y Agarwal, S. «Determinants of Childhood Mortality and Morbidity in Urban Slums in India», en *Indian Pediatrics* 40, 2003, págs. 1.145-1.161.

12. Se puede consultar una excelente reseña del estado de la atención sa-

nitaria primaria en la India en Bajpai, N. y Goyal, S. *Primary Health Care in India: Coverage and Quality Issues*. Earth Institute, Columbia University, 2004.

13. Das, Saumya. «Epidemic Proportions», en *The American Prospect Online*, 29 de julio de 2001.

14. *Bhagavad-gita*, 2:27. [Versión en castellano. *Bhagavad-gita o el canto del bienaventurado*. Barrio Gutiérrez, José (trad.). Madrid: Edaf, 2010, 2:26-27, pág. 19.

15. Das, V. «Reflections on the Social Construction of Adulthood», en Kakar, Sudhir (ed.). *Identity and Adulthood*. Delhi: Oxford University Press, 1979, pág. 98.

Religión y espiritualidad

1. Michaels, A. *Der Hinduismus: Geschichte und Gegenwart*. Múnich: Beck Verlag, 1998. págs. 17-18.
2. Gran parte de esta sección se basa en Kakar, Sudhir. «In Krishna's Mouth: Globalization and Hindu Nationalism», una ponencia no publicada que se presentó en el *Centre for Study of Religions* (Centro de estudios religiosos), Harvard University, octubre de 2000.
3. Véase Jaffrelot, C. *The Hindu Nationalist Movement and India Politics*. Nueva Delhi: Penguin, 1996.
4. Savarkar, V. *Hindutva (1923)*. Mumbai: Swatantrya Veer Savarkar Rashtriya Samarak, 1999.
5. Prerna. «VHP Bares Fangs Against Conversion», en *Tehelka.com*, 4 de marzo de 2001.
6. Vishwa Hindu Parishad, *The Hindu Awakening: Retrospect and Promise*. Nueva Delhi: Vishwa Hindu Parishad (s. f.)
7. Joshi, M.M. «Need for Selective Globalization», en *Organizer*, 21 de mayo de 2000. Traducción tomada de Rutiaga, Luis. *Gandhi*. México: Grupo Editorial Tomo, 2005, pág. 15.
8. Grew, R. «On Global History», ponencia no publicada redactada para *Conference on Global History*. Bellagio, 16-21 julio de 1991.
9. Klostermeier, K. «The Response of Modern Vaishnavism», en Coward, H.G. (ed.) *Modern Indian Responses to Religious Pluralism*. Albany: SUNY Press, 1987.
10. Sudarshan, K.S. «Vijayadashmi Speech», en *Organizer*.
11. Idate, D. *Global Hindutva in the Twenty-first Century and Rashtriya Swayamsevak Sangh*. Mumbai: Hindu Vivek Kendra,1997, pág. 1.

12. Pandya, A. *Hindu Thought and World Harmony*. Mumbai: Bharatiya Vidya Bhavan, 1989, pág. 51-52.
13. Véase Poggendorf-Kakar, K. *Hindu Frauen Zwischen Tradition und Moderne*. Stuttgart: Melzer Verlag, 2002.
14. Poggendorf-Kakar, K. *Der Gottesmensch aus Puttaparthi*. Hamburg: Dr Kovacs Verlag, 1999. Véase también «Adaption- Reinterpretation-Interdependenz: Postmoderne Religiositaet an Beispiel der Sathya-Sai Baba-Bewegung», en Bergunder, M. (ed.), *Reinterpretation Hinduistischer Tradition in Kulturellen Kontext* (por publicar).
15. Swami Vivekananda. *The Complete Works*, Mayavati Memorial Edition. Calcuta: Advaita Ashram, 1955, vol. 1, págs. 331-332.
16. Gurumurthy, S. «Unravel Truth through Debates», en *Organizer*, 10 de septiembre de 2000.

El conflicto entre hindúes y musulmanes

1. Gandhi, M.K. «Hindu-Muslim Tension: Its Cause and Cure», en CWMG, vol. 28, pág. 65.
2. Gran parte de este capítulo se basa en Kakar, Sudhir. *The Colors of Violence*. Chicago: University of Chicago Press, 1996.
3. Véase, por ejemplo, Majumdar, R.C. *Historiography in Modern India*. Bombay: Asia Publishing House, 1970.
4. Thapar, Romila *et al.*, *Communalism and the Writing of Indian History*. Delhi: People's Publishing, 1969.
5. Pandey, G. *The Colonial Construction of Communalism in North India*. Delhi: Oxford University Press, 1990.
6. Davis, N. *Society and Culture in Early Modern France*. Cambridge: Polity Press, 1987; Rude, G. *The Crowd in History: A Study of Popular Disturbances in France and England, 1848*. Nueva York: Wiley, 1964; Engineer, A.A. (ed.), *Communal Riots in Post-Independence India*. Hyderabad: Sangam Books, 1985.
7. Walzer, M. «Nations and Minorities», en Fried, C (ed.). *Minorities: Community and Identity*. Berlín: Springer Verlag, 1982.
8. Marty, M. y Appleby, S. (eds.). *Fundamentalisms Observed*. Chicago: University of Chicago Press, 1991.
9. Varshney, A. y Wilkinson, S. *Hindu-Muslim Riots, 1960-1993*. Nueva Delhi: Rajiv Gandhi Institute of Contemporary Studies, 1996.
10. Krishna, G. «Communal Violence in India», en *Economic and Political Weekly 20*, 1985, págs. 117-131.

11. Gandhi, M.K. «What May Hindus Do?» en *CWMG*, vol. 28, pág. 183.
12. Las citas se han extraído de Kakar, Sudhir. *The Colors of Violence*, cap. 4 y 5.
13. Dube. *Indian Village*, pág. 187.
14. Kakar, Sudhir. *The Colors of Violence*, pág. 137.
15. Dubois, A.J. *Hindu Manners, Customs and Ceremonies*, H.K. Beauchamp, (ed. y trad.) Calcuta: Rupa, 1992, pág. 218.
16. Kakar, Sudhir. *Shamans, Mystics and Doctors*, cap. 3. [Versión en castellano: *Chamanes, místicos y doctores*. Martínez Peñaloza, María (trad.) México: Fondo de Cultura Económica, 1990, cap. 3.]
17. Kakar, Sudhir. *The Colors of Violence*, pág. 161.
18. Ibíd.
19. Hasan, M. «Minority Identity and its Discontents: Responses and Representations», ponencia para el *International Congress of Asian Studies* (Congreso internacional de estudios asiáticos). Hong Kong, agosto de 1993.
20. Ahmed, A.S. *Discovering Islam*. Nueva Delhi: Vistaar Publications, 1990, págs. 158-160. Véase también Ahmed, I. (ed.). *Modernization and Social Change among Muslims*. Delhi: Manohar, 1983.
21. Kakar, Sudhir. *The Colors of Violence*, págs. 114-118.
22. Ibíd., págs. 161-162.
23. Ibíd., pág. 180.
24. Ibíd., pág. 165.
25. Ibíd., pág. 182.
26. Ibíd., pág. 184.
27. Esta sección es una adaptación de «Rumors and Riots», en Fine, G. *et al.* (eds.), *Rumor Mills*. Hawthorne, NY: Transaction, 2005, págs. 53-60.
28. Se creó una comisión judicial para esclarecer los hechos.
    A finales de 2012, la comisión Nanavati-Mehta todavía no ha emitido una opinión definitiva. Si bien sus conclusiones (recogidas en un informe parcial de 2008 y posteriormente ratificadas por el Tribunal Supremo en febrero de 2011) apuntan a que se trató de una conspiración planificada por grupos musulmanes, la investigación se ve entorpecida por la supuesta implicación de Narendra Modi, jefe del Gobierno de Gujarat, en los disturbios que siguieron al ataque, asunto investigado por el equipo especial de investigación creado en 2009 por el Tribunal Supremo. Recientemente, la comisión ha solicitado una extensión extraordinaria de 6 meses (hasta diciembre de 2012) para emitir una opinión definitiva y concluyente sobre ambos aspectos de la investigación. (*N. de la T.*)
29. Kakar, Sudhir. *The Colors of Violence*, pág. 43.

30. Erikson, E.H. *Childhood and Society*. Nueva York: Norton, 1952.
31. Véase Gampel, Y. «The Role of Social Violence in Psychic Reality», en Ahumada, J. *et al.* (eds.), *The Perverse Transference and Other Matters*. Northvale, Nueva Jersey: Aronson, 1997.
32. Likierman, M. «The Function of Anger in Human Conflict», en *International Review of Psychoanalysis* 14:2, 1987, págs. 143-162.
33. Horowitz, D. *The Deadly Ethnic Riot*. Berkeley: University of California Press, 2001, pág. 545-555.

La mente india

1. Para una explicación más detallada de la visión hindú del mundo, véase Kakar, Sudhir. *The Inner World*, cap. 2 [Versión en castellano: Kakar, Sudhir. *El mundo interior. Un estudio psicoanalítico de la infancia y la sociedad en la India*. Mastrangelo, Stella (trad.) México: Fondo de Cultura Económica, 1987, cap. 2.]
2. Ramanujan, A.K. «Is There an Indian Way of Thinking?», en Marriott, M. (ed.), *India through Hindu Categories*. Newbury, California: Sage, 1990, págs. 41-58.
3. Max Mueller, F. *India: What Can it Teach Us?*. Nueva Delhi: Penguin, 2000.
4. Manú, 8:267.
5. Gautama, citado en Ramanujan. «Is There an Indian Way of Thinking?», pág. 46.
6. Manú, 8:352-362.
7. *Kamasutra*, Libro 5.
8. Shweder, R. y Bourne, E.J. «Does the Concept of the Person vary Cross-Culturally?» en Shweder, R. y LeVine, R. (eds.). *Culture Theory*. Nueva York: Cambridge University Press, 1986, págs. 158-199.
9. Kakar, Sudhir. *The Colors of Violence*, cap. 5.
10. Kakar, Sudhir. *The Inner World*, págs. 44-45. [Versión en castellano: Kakar, Sudhir. *El mundo interior. Un estudio psicoanalítico de la infancia y la sociedad en la India*. Mastrangelo, Stella (trad.) México: Fondo de Cultura Económica, 1987, pág. 90.]
11. Ibíd., pág. 97.
12. Kakar, Sudhir. «Psychoanalysis and Non-Western Cultures», en *International Review of Psychoanalysis* 12, 1985, págs. 441-448.
13. La expresión es de McKim Marriott; véase Marriott, McKim. «Hindu Transactions: Diversity without Duality», en Kapferer, B. (ed.),

Transactions and Meaning. Philadelphia: Institute for the Study of Human Issues, 1976, págs. 109-142.

14. Citado en Lannoy, R. *The Speaking Tree*. Londres: Oxford University Press, 1976, pág. 78. [Traducción tomada de Mann, Thomas. *Las cabezas trocadas*. Ayala, Francisco (trad.) Barcelona: Edhasa, 2002, págs. 58-59.]

15. Franz, F. *Puer Aeternus: A Psychological Study of the Adult Struggle with the Paradise of Childhood*. Toronto: Inner City Books, 2000. Hemos tomado esta referencia y comentario de Johnston, David. «A Comprehensive Approach to Psychotherapy» (sin publicar), noviembre 2005.

16. Véase también Schaffner, B. «Androgyny in Indian Art and Culture: Psychoanalytic Implications», en *Journal of American Academy of Psychoanalysis* 29(1), 2000, págs. 113-125.

17. Véase Kakar, Sudhir y Ross, John M. *Tales of Love, Sex and Danger*, pág. 99.

editorial Kairós

Puede recibir información sobre nuestros
libros y colecciones o hacer comentarios
acerca de nuestras temáticas en

www.editorialkairos.com

Numancia, 117-121 • 08029 Barcelona • España
tel +34 934 949 490 • info@editorialkairos.com